事例詳解

介護現場における虐待・事故の予防と対応

弁護士・介護支援専門員
松宮 良典 著

日本加除出版株式会社

は じ め に

　私は，介護支援専門員の資格を有し，訪問介護・通所介護の相談員，特別養護老人ホーム等のサービスを提供する高齢者福祉施設副施設長の経験があることから，社会福祉法人の顧問・第三者委員，指定管理者選定委員，研修講師，高齢者・障がい者虐待対応の会議等への出席などをさせていただきました。これまで事故報告書は1万通以上，苦情報告書は数百通以上をチェックしてきており，研修も数百は行ってきました。2018年1月のある日，大阪府高槻市内で開業している弁護士山田徹先生とお話しをさせていただいたとき，このような経験を活かして本を単著で出したらよいと仰っていただき，同先生の紹介で，翌月2月に，虐待・事故の予防，苦情対応等について，事例を用いて詳しく解説した本を出版することが決まりました。虐待・事故（転倒・転落，誤嚥）・苦情（ホワイトクレーム）のみで400頁以上の草稿になりました。項目的にも，内容的（凡例の【本書では直接引用していないが，参考にしたい文献】等も踏まえて，さらなる深化をなどと考えておりましたが，書き出すと終わらないことに気付きました。）にも当初の道半ばの状態ではありますが，この時期に，虐待・事故の予防に関する本書を世に出すことになりました。

　私は，介護・福祉の仕事は，他人の人生に継続的に関わっていく中で，自らの支援によって，利用者が最期まで自分らしく生活できるような環境を整備していくことを通して，利用者から，あなたに会えて良かったと感謝され，支援者も自分らしく生活するためのエネルギーや居場所を得られる点で（生きるエネルギーの循環），素晴らしいと思っております。職員自身が，自分の仕事にやりがいを持って生き生きと仕事ができるようにと思い，今回，虐待・事故の予防について，まとめました。

　本書の特徴は，まず，比較的詳しい事例に基づいて，理論面をできる限りわかりやすく解説するとともに，現場での対応については，私の上記の経験から培ったものを反映させながら，詳しく書くように配慮しました。私が仮に今施設長なら，虐待・事故の予防についてこのように取組みたいという考えのもと，独自の考え方も多く含まれています。どの事業所も具体的な対応

はじめに

について悩んでいると思いますので，その悩みに少しでも役立てることができれば幸いです。もっとも，本書の内容が正解（事例とその解説等で書かれている，個別の支援内容等については，利用者・施設ごとの個別性を踏まえて検討していくものであるので，架空ではありますが，あくまである利用者・施設での実践例という参考程度にすぎないと思います。）や完璧（私も発展途上ですので，本書をたたき台にして，チーム内でより良いサービスへの向上へと発展させていただきたいと思います。）というものではないと思っておりますので，皆様から様々な忌憚のないご意見を頂戴したいと思います。また，具体的な対応を意識していますので，解説の順も虐待・事故発覚後に現場で対応していくときの手順を意識して整理しております。

　次に，介護事故では，裁判例をまとめた本がたくさん出ていますが，概ね一つ一つの裁判例ごとに解説するというパターンで，現場の職員としては正直使い勝手が悪いと感じておりました。そこで，思い切って，私なりに整理した項目に従って裁判例の一部を抜粋するという方法で整理してみました。判決は裁判官が事案の全体像を把握するとともに，全主張・証拠を総合的に検討した上で座りの良い結論を導いていくので，一部を抜粋するというのは，判決の趣旨を逸脱する危険があるのですが，本書では，あえて職員のわかりやすさを優先させました。

　本書の事例をもとに，個人ワーク・グループワーク・本書の解説をたたき台としたチームでの検討等を内容とした研修に使う，虐待・事故の予防・対応の中で，疑問や不安が生じたときに，該当箇所を参考に対応を検討する，各種マニュアル作りの参考にする，などにより，職員の仕事のやりがい，サービスの質の向上，利用者の幸せにつながれば，私にとっても生きる喜びとなります（生きるエネルギーの循環）。

　最後に，本書の出版にあたりお世話になった，弁護士山田徹先生や草稿を読んで意見を寄せていただいた方々，編集の星野将慶氏には，この場を借りて，お礼を申し上げたい。

2019 年 9 月

弁護士・介護支援専門員　　松宮　良典

凡　　例

【判例表記】

東京地裁判決平成 22 年 7 月 28 日判例時報 2092 号 99 頁
＝東京地裁平成 22 年 7 月 28 日判決判時 2092 号 99 頁
と略記した。

　なお，判決文中の下線は筆者による。

【法令表記】

介保法：介護保険法
防止法：高齢者虐待の防止，高齢者の養護者に対する支援等に関する法律

【略語例】

運営基準：指定介護老人福祉施設の人員，設備及び運営に関する基準
H 270206 通知：平成 27 年 2 月 6 日付け老発 0206 第 2 号・厚生労働省老健
　　　　　　　局長通知
H 271113 通知：平成 27 年 11 月 13 日付け老発 1113 第 1 号・厚生労働省老
　　　　　　　健局長通知・養介護施設従事者等による高齢者虐待の再発防
　　　　　　　止及び有料老人ホームに対する指導の徹底等について（通知）
H 280219 通知：平成 28 年 2 月 19 日付け老発 0219 第 1 号・厚生労働省老健
　　　　　　　局長通知
認知症自立度：認知症高齢者の日常生活自立度
事業者：自宅サービスも含む場合，又は経営者（法人）
施設：事業所に滞在する場合，又は建物

【判決集等略語】

民集：最高裁判所民事判例集

iii

凡　例

判時：判例時報
判タ：判例タイムズ

【主要文献略語】＊本書で引用等している文献
■虐待に関して
H 29 虐待調査結果：平成 29 年度「高齢者虐待の防止，高齢者の養護者に対
　　する支援等に関する法律」に基づく対応状況等に関する調査結果
H 29 虐待調査結果添付資料：平成 29 年度「高齢者虐待の防止，高齢者の養
　　護者に対する支援等に関する法律」に基づく対応状況等に関する調査結果
　　（添付資料）
　　　https://www.mhlw.go.jp/stf/seisakunitsuite/bunya/hukushi_kaigo/
　　　kaigo_koureisha/boushi/index.html
H 30 マニュアル：平成 30 年 3 月。「市町村・都道府県における高齢者虐待
　　への対応と養護者支援について」厚生労働省老健局
　　　https://www.mhlw.go.jp/stf/seisakunitsuite/bunya/0000200478.html
手引き：平成 24 年 3 月。「市町村・都道府県のための養介護施設従事者等に
　　　　よる高齢者虐待対応の手引き」公益社団法人　日本社会福祉士会
　　　http://www.jacsw.or.jp/01_csw/07_josei/2011/index.html#hojo2011
障害者手引き：障害者福祉施設等における障害者虐待の防止と対応の手引き
　　　　　　　　（施設・事業所従事者向けマニュアル）（平成 30 年 6 月）
　　　https://www.mhlw.go.jp/stf/seisakunitsuite/bunya/hukushi_kaigo/
　　　shougaishahukushi/gyakutaiboushi/tsuuchi.htmll
■事故に関して
判タ 1425：『判例タイムズ 1425 号』（判例タイムズ社，2016）
H 21 三菱：平成 21 年 3 月。「高齢者介護施設における介護事故の実態及び
　　対応策のあり方に関する調査研究事業報告書」株式会社三菱総合研究所
H 25 三菱：平成 25 年 3 月。「特別養護老人ホームにおける介護事故予防ガ
　　イドライン」株式会社三菱総合研究所
ゼロ：平成 13 年 3 月。身体拘束ゼロへの手引き～高齢者ケアに関わるすべ

ての人に〜厚生労働省「身体拘束ゼロ作戦推進会議」

笑顔：平成 14 年 3 月 28 日。福祉サービスにおける危機管理（リスクマネジメント）に関する取り組み指針〜利用者の笑顔と満足を求めて〜　福祉サービスにおける危機管理に関する検討会

■支援に関して

初任者Ⅰ：黒澤貞夫他『介護職員初任者研修テキスト【第 1 巻】』（中央法規出版，2017）

初任者Ⅱ：黒澤貞夫他『介護職員初任者研修テキスト【第 2 巻】』（中央法規出版，2017）

■契約書・重要事項説明書に関して

介護福祉施設サービス利用契約書　等

　　https://www.nichibenren.or.jp/contact/information/kaigohoken.html

【本書では直接引用していないが，参考にしたい文献】

■意思決定支援に関して

　平成 30 年 6 月。「認知症の人の日常生活・社会生活における意思決定支援ガイドライン」厚生労働省

　　https://www.mhlw.go.jp/stf/seisakunitsuite/bunya/0000212395.html

■人生の最終段階における医療に関して

　平成 30 年 3 月改訂。「人生の最終段階における医療・ケアの決定プロセスに関するガイドライン」厚生労働省

　　https://www.mhlw.go.jp/stf/houdou/0000197665.html

　令和元年 6 月 3 日。「身寄りがない人の入院及び医療に係る意思決定が困難な人への支援に関するガイドライン」厚生労働省

　　https://www.mhlw.go.jp/stf/seisakunitsuite/bunya/kenkou_iryou/iryou/
　　miyorinonaihitohenotaiou.html

■組織的課題の改善に関して

　「より良い職場・サービスのために今日からできること（業務改善の手引き）」厚生労働省老健局

凡　例

https://www.mhlw.go.jp/stf/shingi2/0000198094_00013.html

■苦情に関して

H 31 三菱：平成 31 年 3 月。「介護現場におけるハラスメント対策マニュアル」株式会社三菱総合研究所

https://www.mhlw.go.jp/stf/newpage_05120.html

【記号例】

O：法人の運営をチェックする職員又は弁護士等の専門職

X：法人

Y：施設・事業所

甲，乙，丙：担当職員

P：その他の職員

A：利用者

a，b：要件

α，β：要件

目　次

第1編　従事者による虐待対応及び防止

第1章　総論 ———————————————————— 3

第1　虐待に対する杜撰な対応は施設運営上の最大のリスクである ···· 3

第2　行政の方針〜虐待に対する適切な対応の強化が求められている ··········· 4

　1　平成27年11月13日付け老発1113第1号厚生労働省老健局長
　　通知 ·· 4

　2　平成28年2月19日付け老発0219第1号及び平成29年3月23
　　日付け老発0323第1号厚生労働省老健局長通知 ······················ 4

第3　虐待予防・対応のための重要なポイントとは ························ 5

　1　概観 ··· 5

　2　重い処分が下される場合の処分理由とは ··························· 6

　　⑴　処分理由の整理 ·· 6

　　⑵　事業の適正な運営確保の視点 ································· 6

　3　虐待の未然防止のための重要なポイント ························· 7

　4　虐待の早期発見のための重要なポイント ························· 8

　5　虐待に対する迅速かつ適切な対応のための重要なポイント ······· 8

　　⑴　ⅲ事実調査・確認 ·· 8
　　　ア　権利保護施設と権利侵害施設の違い…8／イ　a施設全体の
　　　様子観察（高齢者の心身の状態・職員の数・仕事の様子等を含
　　　む。）…9／ウ　b各種記録のチェック…11／エ　c虐待を受け
　　　たとされる利用者及び他の利用者からの聴き取り…18／オ　d管
　　　理者層・他の職員・虐待を行ったとされる職員からの聴き取り…19

　　⑵　ⅳ適切な評価 ·· 20

　　⑶　ⅴ被虐待者である利用者の安全確保及び利用者に対する支援 ······ 20

vii

目　　次

　　　　　ア　被虐待者である利用者の安全確保…20 ／ イ　再アセスメント
　　　　　⇒支援計画の策定…21
　　(4)　vi虐待の再発防止策（改善計画）の策定 ……………………… 21
　　　　　ア　虐待に至った具体的な経緯や理由等の把握…21 ／ イ　組織的
　　　　　課題につなげる…21 ／ ウ　再発防止策（改善計画）の策定の際の
　　　　　ポイント…22 ／ エ　再発防止策（改善計画）の策定の類型化…22
　　(5)　vii実施 ……………………………………………………………… 23
　　(6)　viii虐待の再発防止策の実施状況の把握及びその評価 ……… 23
　　(7)　ix終結 …………………………………………………………… 23
　6　防止法の概要 ………………………………………………………… 23
　　(1)　虐待の類型 …………………………………………………………… 23
　　(2)　養介護施設・事業所，従事者の責務と役割 ……………………… 25
　　　　　ア　高齢者虐待の防止に関する取組み（防止法20条）…25 ／ イ
　　　　　通報等の義務（防止法21条）…25 ／ ウ　成年後見の利用促進…26
　　(3)　行政の虐待対応の大きな流れ …………………………………… 26

第2章　身体的虐待の例 ———————————— 28
～市が虐待と認定した場合の対応

【事例】 ………………………………………………………………………… 28

解説

第1　身体的虐待について ………………………………………………… 28

　1　虐待の本質 …………………………………………………………… 28
　2　身体的虐待とは ……………………………………………………… 29
　　(1)　定義 …………………………………………………………………… 29
　　(2)　暴行とは ……………………………………………………………… 29
　　(3)　身体的虐待の例～暴力的行為 …………………………………… 29
　　(4)　身体的虐待の例～その他 ………………………………………… 30

第2　本事例の場合 ………………………………………………………… 30

　1　虐待認定 ……………………………………………………………… 30
　2　刑法と防止法の違い～法領域の相対性 ………………………… 31
　　(1)　身体的虐待は職員の故意による暴行事案のみではない ……… 31

viii

　　　　　　　　　　　　　　　　　　　　　　　目　　次

　　(2)　刑法上問題がなくとも防止法では問題となる場合がある ……… 31
　　(3)　刑法と防止法の効果が異なる→効果によって違法性の判断も
　　　　異なる ………………………………………………………………… 32
　3　市による虐待認定後の対応の特殊性 …………………………………… 32
　　(1)　市町村の虐待認定を否定して適切に対応しない施設の例 ……… 32
　　(2)　市町村の虐待認定に対しては真摯に対応すべき（自浄作用を働か
　　　　せるべき）………………………………………………………………… 33
　4　利用者に対する支援 ……………………………………………………… 33
　　(1)　本人Aに対する支援 …………………………………………………… 33
　　　ア　発生した虐待に対する支援…33 ／ イ　利用者の今後に向けた
　　　支援…33
　　(2)　他の利用者に対する支援 ……………………………………………… 34
　5　再発防止策（改善計画）の検討 ………………………………………… 34
　6　身体的虐待の他の類型 …………………………………………………… 34

第3章　身体的虐待のうちの身体拘束の例 ──── 36
　　〜職員が虐待を発見した場合の対応

【事例】 ………………………………………………………………………… 36

解説

第1　身体拘束について ……………………………………………………… 36
　1　身体拘束とは ……………………………………………………………… 36
　　(1)　身体拘束の3つの弊害 ………………………………………………… 36
　　(2)　身体拘束の目的に着目 ……………………………………………… 37
　2　本事例の場合 ……………………………………………………………… 38
　3　考え方〜違法性阻却事由 ………………………………………………… 38
　　(1)　実体的要件 ……………………………………………………………… 39
　　　ア　3つの要件…39 ／ イ　①切迫性…39 ／ ウ　②非代替性…40
　　　／ エ　③一時性…40
　　(2)　手続的要件 ……………………………………………………………… 40
　　　ア　手続的要件が求められる理由…40 ／ イ　手続的要件の内

　　　　　　　　　　　　　　　　　　　　　　　　　　　　　　　　ix

目　次

　　　　容…40　／ウ　④組織的判断…40　／エ　⑤事前の個別的同意…41
　　　　／オ　⑥経過観察・再評価…41

　　4　発見時の事実調査・確認 ……………………………………………… 43
　　(1)　手続的要件 ……………………………………………………… 43
　　　　ア　④身体拘束開始前の組織的判断について…43　／イ　⑤利用者
　　　　等に対する説明・同意について…43　／ウ　⑥再検討について…44
　　(2)　実体的要件 ……………………………………………………… 44
　　　　ア　①切迫性について…44　／イ　②非代替性について…45　／ウ
　　　　③一時性について…45

第2　本事例の場合 ……………………………………………………… 46
　　1　最高裁平成22年1月26日第三小法廷判決民集64巻1号219頁 ……46
　　2　事例に対する評価 ……………………………………………… 47
　　(1)　①切迫性 ………………………………………………………… 47
　　(2)　②非代替性 ……………………………………………………… 48
　　(3)　③一時性 ………………………………………………………… 48

　　3　事例に対する対応及び改善計画 …………………………………… 48
　　(1)　Aに対する対応 ………………………………………………… 48
　　(2)　他の対応 ………………………………………………………… 49
　　　　ア　①切迫性…49　／イ　②非代替性…50　／ウ　③一時性…51
　　　　／エ　検討の結果，実体的要件を満たさない場合…51　／オ　検
　　　　討の結果，実体的要件を満たす場合…51
　　(3)　改善計画 ………………………………………………………… 51
　　　　ア　施設長等のトップの姿勢…51　／イ　指針（ルール）の整備と
　　　　周知徹底…51　／ウ　職員の琴線に触れる研修の実施…52　／エ
　　　　身体拘束廃止委員会等の実施…52

第4章　心理的虐待 ———————————— 53
　　～市町村から立入調査の事前連絡があった場合の対応

【事例】 ………………………………………………………………………… 53

解説

第1　心理的虐待及び立入調査について …………………………………… 53

x

目　次

1　心理的虐待とは ……………………………………………… 53
 (1)　定義 …………………………………………………………… 53
 (2)　「著しい」又は「著しく」が明記された趣旨 ……………… 53
 (3)　「著しい」又は「著しく」の判断の目安 …………………… 54
 (4)　心理的外傷の有無の判断基準 ……………………………… 54
 (5)　心理的虐待の例 ……………………………………………… 54

2　本事例の場合 ………………………………………………… 55
 (1)　苦情1の場合 ………………………………………………… 55
 (2)　苦情2の場合 ………………………………………………… 55

3　市町村等の立入調査(H 30マニュアル 78～80頁のフロー図参照) ……… 56
 (1)　3つの方法 …………………………………………………… 56
 (2)　上記3つの方法の違い ……………………………………… 56
 　　ア　措置権限行使の可否…56 ／イ　事前通知の要否…57
 (3)　方法選択の目安 ……………………………………………… 58
 　　ア　①「監査（立入検査等）」が基本…58 ／イ　方法選択の際の
 　　考慮要素…58 ／ウ　①「監査（立入検査等）」選択の例…59 ／エ
 　　②実地指導，③任意調査選択の場合…59
 (4)　本事例の場合 ………………………………………………… 59

4　行政による連絡後の事実調査・確認 ……………………… 60
 (1)　①「監査（立入検査等）」だと思って対応すべき ………… 60
 (2)　虐待発覚後から立入調査当日までにすべきこと ………… 60
 (3)　改善できることは速やかに改善する ……………………… 61
 (4)　各種記録の整備 ……………………………………………… 61
 (5)　施設内での職員の聴き取り ………………………………… 61
 (6)　立入調査当日の留意点 ……………………………………… 62

5　立入調査時の対応 …………………………………………… 62

第2　立入調査後の対応 ………………………………………… 63

1　改善計画 ……………………………………………………… 63
 (1)　職員に対する事情聴取の悪い例 …………………………… 63
 (2)　Y1の場合～原因の掘り下げ ……………………………… 64

2　尊厳の理解 …………………………………………………… 64

xi

目　　次

(1)　尊厳とは ……………………………………………… **64**

(2)　尊厳を理解できないのは利用者の情報が不足しているから …… **65**

(3)　利用者には生きる楽しみがない？ …………………… **65**

(4)　利用者は役に立っていない？ ………………………… **66**

　　ア　職員は福祉の仕事を続けている理由を自覚すべし…**66** ／ イ
職員が利用者から得ているものを自覚すべし…**66** ／ ウ　組織的に
利用者から得ているものを繰り返し確認すべし…**67**

(5)　Ｙ２の場合～アンガーコントロール ………………… **67**

　　ア　腹が立ったプロセスを職員から聴取すべし…**67** ／ イ　腹が立
つ対象を自覚する…**68** ／ ウ　腹が立つ理由を自覚する…**69** ／ エ
組織的課題につなげる…**69**

第5章　ネグレクト（介護・世話の放棄・放任）———— **72**
～事故報告書から判明した場合の対応

【事例】 ……………………………………………………… **72**

（解説）

第1　ネグレクトについて ……………………………………… **73**

1　ネグレクト（介護・世話の放棄・放任）とは ……………… **73**

(1)　ネグレクトの定義 …………………………………… **73**

(2)　「職務上の義務」とは ……………………………… **73**

(3)　「著しく」とは ……………………………………… **74**

(4)　ネグレクトの例 ……………………………………… **75**

2　本事例の場合 ………………………………………………… **75**

(1)　ケアコールを手の届かないところに置く行為（事故報告書1）……… **75**

　　ア　ネグレクトは不作為である…**75** ／ イ　ネグレクトの本質は利
用者からサービスを受ける機会を奪うことにある…**76** ／ ウ　ケア
コールを手の届かないところに置く行為について…**76**

(2)　褥瘡ができていた（事故報告書2）………………… **77**

　　ア　褥瘡予防は職務上の義務…**77** ／ イ　「著しく」といえるか否
かの判断…**77**

3　事実調査・確認及び評価 …………………………………… **78**

xii

目　次

　　⑴　事故報告書1について ……………………………………………… 78
　　⑵　事故報告書2について ……………………………………………… 78
　　　　ア　ネグレクト事案では各種記録をチェックすべき…78 ／ イ　ネ
　　　　グレクト事案では実施していたサービス内容をチェックすべき…78
　　　　／ ウ　PDCA サイクルのどの段階で問題があったのかを特定すべ
　　　　き…79

　第2　本事例に対する対応 …………………………………………………… 79
　　1　対応の類型 ………………………………………………………………… 79
　　⑴　本人A・Bに対する対応 …………………………………………… 79
　　⑵　他の利用者に対する対応 …………………………………………… 80
　　2　改善計画 …………………………………………………………………… 80
　　⑴　事故報告書1の場合 ………………………………………………… 80
　　　　ア　ネグレクトに関する理解を深めるための研修の実施…80 ／ イ
　　　　組織的課題につなげる…81 ／ ウ　利用者に対する支援内容の見直
　　　　し…81
　　⑵　事故報告書2の場合 ………………………………………………… 81

第2編　事故防止

第1章　総論 ———————————————————— 85

　第1　介護事故について ……………………………………………………… 85
　　1　介護事故とは ……………………………………………………………… 85
　　2　介護事故の類型 …………………………………………………………… 85
　　⑴　従来の事故類型 ……………………………………………………… 85
　　⑵　直接介護，見守り，その他 ………………………………………… 86
　　　　ア　十分に検討すべき事案を絞ってもよい…86 ／ イ　直接介護中
　　　　の事故の検討を最優先かつ十分に検討すべき…86 ／ ウ　余力があ
　　　　れば見守りをしていた事案でも検討すべき…87
　　⑶　事故が発生する時間帯及び場所をある程度特定できるか否か … 88

xiii

目　次

　　(4)　直接介護の場面，見守りをする場面の見極め ………………… 89

　3　原因分析を行う上での重要な視点 ……………………………… 90

　　(1)　過失責任 ………………………………………………………… 90

　　　ア　三段階の基準とは…90 ／ イ　転倒事故の特徴…91 ／ ウ　誤
　　　嚥事故の特徴…91

　　(2)　事故防止の核心は事故の予見にあり ………………………… 92

　4　再発防止策の検討～安全配慮義務違反を参考に ……………… 93

　5　サービス内容と施設が責任を負う範囲 ………………………… 94

　6　事故の再発防止策を検討する上での視点 ……………………… 94

　　(1)　利用者の自由の保障・拡大が最重要 ………………………… 94

　　(2)　リスクに対するフォローをする ……………………………… 94

　　(3)　リスクの高い利用者の入浴例 ………………………………… 95

　7　事故の発生又は再発防止等は誰のために行うのか …………… 96

　　(1)　利用者のため …………………………………………………… 96

　　(2)　職員（自分）自身のため ……………………………………… 96

　8　法令上の定めについて …………………………………………… 97

　9　事故の対応手順 …………………………………………………… 98

第2　事故発生時・直後の対応 …………………………………………… 98

　1　利用者の心身の状況の確認・応急処置及び救急車・医療機関等
　　への通報・連絡・搬送 …………………………………………… 99

　　(1)　利用者の安全確保が最優先 …………………………………… 99

　　(2)　救急車の要請 …………………………………………………… 99

　　(3)　同乗者等の選定・役割 ………………………………………… 99

　　(4)　緊急性が認められない場合 …………………………………… 100

　　(5)　普段からの緊急時対応の準備・訓練 ………………………… 100

　2　利用者の家族への連絡，説明等 ………………………………… 100

　　(1)　連絡 ……………………………………………………………… 100

　　　ア　連絡のタイミング…100 ／ イ　緊急連絡先の整備…101 ／ ウ
　　　連絡の手段…101

　　(2)　事実確認・調査終了前の説明・謝罪等 ……………………… 101

　　　ア　説明者について…101 ／ イ　謝罪について…102 ／ ウ　説明

xiv

内容の注意点…102 ／ エ　録音はしてもよい…103 ／ オ　普段から信頼関係の形成を…103

3　本部・施設長・管理・監督者への報告 ……………………………… 104

4　職員間の引継ぎ …………………………………………………………… 104

  (1)　医療機関に搬送した場合 …………………………………………… 104

  (2)　医療機関に搬送しなかった場合 …………………………………… 104

  (3)　記録と経過観察 ……………………………………………………… 104

  (4)　他の留意点 …………………………………………………………… 105

5　警察への対応 …………………………………………………………… 105

第3　利用者に対する対応が一段落した後（事故発生から数日経過した後）の対応 ……………………………………………………………………… 105

1　対応の概観 ……………………………………………………………… 105

  (1)　多岐にわたる対応 …………………………………………………… 105

  (2)　事故後の利用者や家族に対する精神的なケアも重要な仕事の1つ …………………………………………………………………… 106

2　事実調査・確認 ………………………………………………………… 106

  (1)　客観的な具体的事実を明らかにする ……………………………… 106

  (2)　職員が見聞きしたことなどを詳細に聴き取る …………………… 107

  (3)　聴き取りは事故があったその日に行う …………………………… 107

  (4)　医師からの聴き取り，写真等 ……………………………………… 108

  (5)　記録の確認 …………………………………………………………… 108

3　事故報告書の作成 ……………………………………………………… 108

  (1)　事故報告書の作成目的 ……………………………………………… 108

    ア　具体的事実を書く…108 ／ イ　事故の再発防止，職員の資質の向上，サービスの質の向上のため…109 ／ ウ　行政に提出する事故報告書作成上の留意点…109 ／ エ　再発防止策は実現可能かつ具体的な対策を…109

  (2)　事故報告書の項目 …………………………………………………… 110

  (3)　事故報告書のうち事故に至る経緯・事故時の状況・事故後の対応を書く際のポイント ……………………………………………… 110

    ア　時系列に沿って客観的に書く…110 ／ イ　複数の職員から聴取すべき…110 ／ ウ　利用者からも聴き取る…111 ／ エ　転倒事

目　次

故を例に…111 ／ オ　その他の留意点…112

（4）　事故の原因分析 ……………………………………………… 112

ア　事故に至る経緯をできる限り特定する…112 ／ イ　利用者要因，介護者要因及び環境要因の観点から分析する…113 ／ ウ　組織的課題へとつなげる…114 ／ エ　原因を絞り込む…114

（5）　直接介護による事故 …………………………………………… 115

4　保険会社への連絡 ……………………………………………… 116

5　事実確認・調査終了後の利用者・家族への謝罪・説明・補償 ……… 117

（1）　概要 …………………………………………………………… 117

ア　施設側の過失の有無を問わず共通…117 ／ イ　施設が施設側に過失が認められると判断した場合…117 ／ ウ　施設が施設側に過失が認められないと判断した場合…117

（2）　説明 …………………………………………………………… 117

ア　事実をありのままに説明すべき…117 ／ イ　家族に対する精神的ケアの視点…118 ／ ウ　説明の時期…118 ／ エ　説明者について…118 ／ オ　録音…119 ／ カ　説明内容…120 ／ キ　書類の開示…120

（3）　謝罪 …………………………………………………………… 121

（4）　補償 …………………………………………………………… 121

ア　損害賠償責任保険の範囲内で補償…121 ／ イ　見舞金…122 ／ ウ　対保険会社との話合い…123 ／ エ　補足：訴訟に移行する場合…123 ／ オ　説明…124

6　原因分析の組織的検討 ………………………………………… 124

（1）　組織的検討の重要性 ………………………………………… 124

ア　目的〜チームでの組織的検討…124 ／ イ　目的〜施設長も含めた施設全体又は法人本部をも含めた組織的検討…125 ／ ウ　検討内容…126 ／ エ　準備物…126 ／ オ　検討時期…126 ／ カ　検討メンバー…127 ／ キ　事故検討は２段階，又は３段階に分ける…127 ／ ク　検討事案の絞り込み…128 ／ ケ　ハインリッヒの法則（１：29：300の法則）の視点を活用する…128 ／ コ　ヒヤリハットの数を集めるのが目的ではない…129 ／ サ　ヒヤリハットと事故の区別基準の考え方…129 ／ シ　②チーム又は施設全体で検討する段階で十分に検討する事案のまとめ…130

（2）　ⅰ事業者に事故の予見可能性があったか …………………… 131

ア　事故の予見可能性の判断の考え方…131　／　イ　予見可能性についての事故検討の在り方…133

(3)　ⅱ　結果発生回避のための対策をとっていたか ……………… 137
ア　検討手順（6つのステップ）…137　／　イ　6つのステップの説明…138　／　ウ　原因の掘り下げ～⑥①のとおり実施しなかった（できなかった）理由の問題点の分析（課題設定）…141　／　エ　事故の発生に最も影響を及ぼした場面・要因を特定する…142

(4)　ⅲ　結果拡大回避のための対策をとっていたかどうか ……… 143

7　再発防止策の組織的検討（事故の再発防止策の計画策定）………… 144
(1)　事故当時よりもさらに実効性を高める再発防止策を ………… 144
(2)　業務マニュアルの改訂 ………………………………………… 144
(3)　サービス計画の見直し～人的側面 …………………………… 145
(4)　サービス計画の見直し～環境面 ……………………………… 146
(5)　居宅サービスの場合はサービス担当者会議を開催してもらう …… 146

8　行政への報告 ……………………………………………………… 147
9　組織的取組み～事故発生の防止のための委員会 ……………… 147
10　まとめ …………………………………………………………… 148

第2章　誤嚥事故 ——————————————— 150

【事例1】支援中の事故の例 ……………………………………… 150
【事例2】見守り中の事故の例 …………………………………… 151
【事例3】悩ましい事案 …………………………………………… 152

解説

第1　誤嚥事故に対する基本的な理解 ……………………………… 154

1　誤嚥事故の特徴 ………………………………………………… 154
(1)　死亡に至る割合が高い ……………………………………… 154
(2)　事故が発生する時間，場所，場面をある程度特定できる … 155
(3)　利用者の状況 ………………………………………………… 155
(4)　まとめ ………………………………………………………… 156

2　嚥下の仕組みと誤嚥について ………………………………… 156

xvii

目　　次

第2　事故発生時・直後の対応 ……………………………………… 157

　1　利用者の心身の状況の確認・応急処置及び救急車・医療機関等
　　への通報・連絡・搬送 …………………………………………… 157

　　(1)　まず食事中の利用者の異変は誤嚥事故を疑うべき ………… 157

　　(2)　誤嚥事故発生時特有の応急対策 ……………………………… 158

　　(3)　サービスの性格と注意義務の程度～特に誤嚥であると認識す
　　　べき義務の程度 ………………………………………………… 159

　　　　ア　介護士と看護師の応急対策義務の程度…159 ／ イ　医療機関
　　　　との違い…160

第3　事故の原因分析 ……………………………………………… 161

　1　ⅰ事業者に誤嚥事故の予見可能性があったか …………………… 161

　　(1)　利用者に関する情報の把握 …………………………………… 161

　　　　ア　咳き込みやむせ込み等の有無や頻度…161 ／ イ　その他，事
　　　　故日前日までの情報…163 ／ ウ　その他，事故日当日の情報…163
　　　　／ エ　ハインリッヒの法則（1：29：300の法則）の視点を活用す
　　　　る…163

　　(2)　事例検討：担当職員の認識～【事例1】についての検討 ……… 164

　2　ⅱ結果発生回避のための対策をとっていたか …………………… 165

　　(1)　食材・食事形態の選択 ………………………………………… 165

　　　　ア　食材・食事形態の選択の考え方について…165 ／ イ　事故検
　　　　討会…169 ／ ウ　事例検討…169

　　(2)　支援方法～食事介助（直接介護）の方法について ………… 174

　　　　ア　食事介助（直接介護）の方法について（検討手順ステップ①に
　　　　ついて）…174 ／ イ　事故検討会～【事例1】について…177

　　(3)　支援方法～見守り体制について ……………………………… 181

　　　　ア　見守り体制について…181 ／ イ　見守りに関する裁判例…182
　　　　／ ウ　【事例2】について…185

　　(4)　記録の重要性 …………………………………………………… 188

　　　　ア　利用者の状況に関する具体的事実の記載…188 ／ イ　見守り
　　　　の支援内容の記載～事故報告書作成上の注意点…189

　3　リスクマネジメントを考える上での対立利益の調整の視点～誤
　　嚥の危険性が高い場合に経口摂取を実施すべきか ……………… 190

　　(1)　考え方 …………………………………………………………… 190

xviii

ア　利用者の意思を最大限に尊重して実現すべき…190 ／ イ　利用者にとっての食事の意義を十分に踏まえて判断すべき…191

(2)　【事例3】について ……………………………………………… 192
ア　施設サービス計画の重要性…192 ／ イ　食事介助の検討…195

第3章　転倒事故 ——————————————— 198

【事例1】支援中の事故の例 ……………………………………… 198
【事例2】トイレへ誘導した後，離脱したときの事故の例 ……………… 200
【事例3】居室内で転倒した事故の例 …………………………… 201

解説

第1　転倒事故に対する基本的な理解 ……………………………… 203

1　転倒・転落型の特徴 …………………………………………… 203
(1)　いつ発生するか予見するのが困難 ………………………… 203
(2)　発生時刻・発生場所等 ……………………………………… 204
(3)　事故による被害の内容 ……………………………………… 205
(4)　利用者の属性 ………………………………………………… 205
(5)　個別性が高い ………………………………………………… 205

2　移動の自由の重要性 …………………………………………… 206
3　転倒・転落のパターン ………………………………………… 206
(1)　車いすに関係する転倒・転落 ……………………………… 206
ア　職員による支援を受けていない場合…206 ／ イ　職員による支援を受けている場合…207
(2)　歩いていて転倒・立った姿勢から転倒 …………………… 208
ア　職員による支援を受けていない場合…208 ／ イ　職員による支援を受けている場合…208
(3)　ベッドからの転倒・転落 …………………………………… 208
ア　職員による支援を受けていない場合…208 ／ イ　職員による支援を受けている場合…209
(4)　居室内での転倒 ……………………………………………… 209

第2　事故発生時・直後の対応 …………………………………… 209

目　次

1　緊急性の判断 ……………………………………… 209
(1)　緊急性の判断をする際の着眼点 ………………… 209
(2)　応急処置等 ………………………………………… 209
(3)　事故報告書や看護・介護記録等 ………………… 210

2　医師の診察を受けさせる義務 ………………… 210
(1)　医師の診察を受けさせる義務あり …………… 210
(2)　義務違反を判断する際の考慮要素 ……………… 211

3　様子観察 ………………………………………… 211
(1)　頭部を打った場合 ……………………………… 211
　　　ア　様子観察の着眼点…211　／　イ　転倒事故⇒様子観察⇒病院へ
　　　の搬送に問題がなかった例…211

(2)　頭部を打っていない場合などのように生命に対する危険があ
　　　るとまでいえない場合（転倒事故⇒様子観察⇒病院への搬送に
　　　問題があった例） ………………………………… 212

(3)　【事例3】の事故報告書 ………………………… 213

第3　事故の原因分析 ………………………………… 214

1　ⅰ事業者に転倒事故の予見可能性があったか ………………… 214
(1)　本人の心身の状態の把握 ……………………… 214
　　　ア　転倒事故やふらつき等の有無や頻度…214　／　イ　ハインリッ
　　　ヒの法則（1:29:300の法則）の視点を活用する…215　／　ウ　事故
　　　前日までの事実…215　／　エ　事故日当日の事実…217

(2)　利用者の生活リズムの把握 ……………………… 219
　　　ア　転倒・転落事故が発生する時間・場所・場面を特定するのは困
　　　難…219　／　イ　利用者の目的・行動パターンの把握が重要…219
　　　／　ウ　事故直後に利用者から移動の目的・理由を聴取する…219
　　　／　エ　24時間シート等の活用…220　／　オ　認知症高齢者に対し
　　　て…220　／　カ　生活リズムの把握の重要性を示す裁判例…221　／
　　　キ　事故検討会…222　／　ク　事例検討～【事例3】について…222

(3)　環境面 …………………………………………… 223
　　　ア　自分1人で歩きたいという気持ちは最大限尊重されるべき…223
　　　／　イ　環境面の整備の重要性…223　／　ウ　環境面の整備は事業者
　　　の義務…223　／　エ　誘発事例…225　／　オ　裁判例～施設外の注意
　　　点…229

xx

目　次

(4)　予見可能性について否定した裁判例 ………………………… 230
　　　ア　職員の知らない間に居室で転倒していた事案…230 ／ イ　職
　　　員が傍にいたときの事案…232
(5)　事例検討～予見可能性の検討 ………………………………… 234
　　　ア　【事例1】について…235 ／ イ　【事例2】について…237 ／
　　　ウ　【事例3】について…238

2　事故報告書の作成 …………………………………………………… 239
(1)　転倒事故の事故内容及び経緯で書くべき事実 ……………… 239
(2)　事例検討 ……………………………………………………… 241
　　　ア　【事例1】（支援中の事故事例）について……241 ／ イ【事例
　　　2】（離脱事例）について……243 ／ ウ【事例3】（単独事例）につ
　　　いて……245

3　ⅱ結果発生回避のための対策をとっていたか ………………… 247
(1)　転倒・転落事故の防止のための対策（安全配慮義務）をでき
　　る限り尽くすべき ……………………………………………… 247
(2)　予見可能性を肯定しながら結果回避義務違反について否定し
　　た裁判例 ………………………………………………………… 248
　　　ア　事故概要…248 ／ イ　予見可能性を肯定…249 ／ ウ　常時の
　　　見守りを否定…249 ／ エ　結果回避義務の履行～環境の整備＋見
　　　守り…250
(3)　環境整備（福祉用具・備品等の設置，照明等） ……………… 251
　　　ア　居室…251 ／ イ　食堂・リビング…263 ／ ウ　車いす…264 ／
　　　エ　事例検討～【事例3】について：環境面の整備…265
(4)　移動・移乗介助（直接介護） ………………………………… 268
　　　ア　総論…268 ／ イ　裁判例…269 ／ ウ　事例検討～【事例1】
　　　について…270 ／ エ　利用者が支援を拒絶した場合…277
(5)　見守り ………………………………………………………… 283
　　　ア　見守りとは…283 ／ イ　食堂・リビング…286 ／ ウ　居
　　　室…287 ／ エ　トイレ…288 ／ オ　浴室・脱衣室…289 ／ カ　ま
　　　とめ…289 ／ キ　事例検討～【事例3】について：見守り…289
(6)　離脱・目を離す ……………………………………………… 291
　　　ア　浴室…291 ／ イ　トイレ…297 ／ ウ　事例検討～【事例2】
　　　について…299

xxi

目　次

判例索引 ……………………………………………………………… 307

事項索引 ……………………………………………………………… 309

第 **1** 編

従事者による
虐待対応
及び防止

第1章 総論

第Ⅰ 虐待に対する杜撰な対応は施設運営上の最大のリスクである

　適切に施設運営をしていくには，経営の安定化が重要であるところ，「6か月間の新規受入停止及び6か月間の介護報酬請求上限8割（報酬の20％減額）」などの指定の一部効力停止処分などがなされた場合には，施設経営は厳しくなってしまう。H29年虐待調査結果添付資料によれば，虐待の事実を認めた事例574件（28年度以前に虐待と認定して29年度に対応した64件を含む。）について行った対応のうち，市町村又は都道府県が，介護保険法の規定による権限の行使として実施したものは，「報告徴収，質問，立入検査」が172件，「改善勧告」が66件，「改善勧告に従わない場合の公表」が3件，「改善命令」が12件，「指定の効力停止」が3件，「指定の取消」が1件，老人福祉法の規定による権限の行使として実施したものは，「報告徴収，質問，立入検査」が55件，「改善命令」が16件であった。

　このように，施設運営の適切性をチェックする立場からは，虐待の発生及び杜撰な対応が施設運営上の最大のリスクの1つになっていることを肝に銘じるべきである。

第1編　従事者による虐待対応及び防止

第2　行政の方針
～虐待に対する適切な対応の強化が求められている

1　平成27年11月13日付け老発1113第1号厚生労働省老健局長通知

　平成27年11月13日付け老発1113第1号厚生労働省老健局長通知で，「養介護施設従事者等による高齢者虐待の再発防止及び有料老人ホームに対する指導の徹底等について」という標題で通知が発出された。防止法20条は，養介護施設・事業所に対して養介護施設従事者等による高齢者虐待を防止するための措置として，研修の実施や苦情処理体制の整備，その他高齢者虐待の防止のための措置を講ずることを定めており，同通知で，①養介護施設等が自ら企画した研修を定期的に実施すること，②苦情処理体制が施設長等の責任の下，運用されること，③メンタルヘルスに配慮した職員面談等を組織的に対応すること，④業務管理体制を常に自主的に点検し，必要に応じ，体制の見直しや運用の改善に努めること，と同条の内容を具体化している。また，防止法21条1項は，養介護施設従事者等に対して，業務に従事している養介護施設・事業所において，業務に従事する養介護施設従事者等による高齢者虐待を受けたと思われる高齢者を発見した際の通報義務を課しているので，同通知は，通報義務が適切に履行されるように徹底することを求めている。

2　平成28年2月19日付け老発0219第1号及び平成29年3月23日付け老発0323第1号厚生労働省老健局長通知

　その約3か月後に平成28年2月19日付で，厚生労働省老健局長から，養介護施設従事者等による高齢者虐待の状況等を踏まえた対応の強化についての通知が発出された。これは，平成26年度の養介護施設従事者等による高齢者虐待の相談・通報件数及び虐待判断件数が，前年度に比較して，158件(16.4%)，79件(35.7%)増えていること，さらに，平成28年2月15日に，神奈川県の有料老人ホームの元職員が，高齢者（3人）に対する殺人容疑

4

第1章　総論

（平成 26 年 11 〜 12 月，87 歳の男性と，86 歳，96 歳の女性（年齢はいずれも当時）を施設のベランダから投げ落としたというもの）で逮捕されたことを踏まえたものであった（横浜地裁平成 30 年 3 月 22 日判決判時 2391 号 68 頁では死刑）。同通知では，高齢者虐待の未然防止及び早期発見が強調され，具体的には「養介護施設従事者等への研修等に重点的に取り組むとともに，高齢者虐待の兆候をきめ細かく把握し，できる限り早期に発見し，対応していくことが重要」とされている。

　さらに，平成 30 年 3 月 28 日付及び平成 31 年 4 月 1 日付で，下記のように養介護施設従事者等による高齢者虐待と判断した件数が増え続けていることを踏まえて，厚生労働省老健局長から，より一層の対応の強化を求める通知が発出された。

【養介護施設従事者等による高齢者虐待の相談・通報件数と虐待判断件数の推移】

（年）	18	19	20	21	22	23	24	25	26	27	28	29
相談・通報（件）	273	379	451	408	506	687	736	962	1120	1640	1723	1898
虐待判断（件）	54	62	70	76	96	151	155	221	300	408	452	510

第3　虐待予防・対応のための重要なポイントとは

1　概観

　虐待の問題については，まず，Ⅰ虐待発生前とⅡ虐待発生後に分けられ，Ⅰ虐待発生前においては，A虐待の未然防止が，Ⅱ虐待発生後は，B虐待の早期発見及びC虐待に対する迅速かつ適切な対応が求められる。

5

第1編　従事者による虐待対応及び防止

2　重い処分が下される場合の処分理由とは

(1)　処分理由の整理

　ここで，行政が施設の運営上問題にしている点を整理しておく。特に，一部効力停止処分などの重い処分がなされる理由として，利用者に対する虐待が，例えば介保法 88 条 6 項（要介護者に対する人格尊重義務）違反であることを指摘するとともに，他に，①高齢者虐待の防止に関する研修の未実施（主に前記 A・B），②苦情処理体制及び危機管理体制の未整備等により，高齢者虐待を適切に防止する措置を怠ったこと（主に前記 A・B），③虐待のおそれがある事例の行政への報告義務違反（主に前記 B・C），④施設が虐待の事実を把握しながら虐待の事実は無かったと行政に対して虚偽の答弁をしたこと（主に前記 C）などが認められていることが多い。特に，上記④は，施設が組織的に虐待の事実を隠蔽していると言わざるを得ず，施設内での自浄作用が期待できない以上，行政処分が重くなるのは当然である。

(2)　事業の適正な運営確保の視点

　処分理由については以上のように整理できるが，ではなぜ行政が一部効力停止処分などの重い処分を下す場合に，虐待に該当する事実以外に，上記①ないし④などの事実を指摘しているかである。防止法 24 条が，「市町村長又は都道府県知事は，養介護施設の業務又は養介護事業の適正な運営を確保することにより，当該通報又は届出に係る高齢者に対する養介護施設従事者等による高齢者虐待の防止及び当該高齢者の保護を図るため，老人福祉法又は介護保険法の規定による権限を適切に行使するものとする」と明記しているように，防止法は，施設の適切な運営の確保を重視している。虐待による結果が，死亡や他の重篤な結果を惹起せしめた場合であれば，その虐待の事実のみで重い処分を下すと考えられるが，重篤な結果までを生じさせていない場合には，施設の適切な運営の確保という観点を考慮していると思われる。①高齢者虐待の防止に関する研修を全職員に対して定期的に実施している，②苦情処理体制及び危機管理体制を整備している，③虐待のおそれがある事例の行政への報告をしている，④施設が虐待

6

第1章　総論

の事実を発覚時から認めているような場合には，今後，施設の適切な運営の確保できる可能性が高いので，あえて老人福祉法又は介護保険法の規定による権限を行使する必要が無いからである。

　よって，施設運営をチェックする職員又は専門職の立場からは，普段から，虐待の未然防止等の取組みを積極的に実施できているかをチェックする必要がある。

3　虐待の未然防止のための重要なポイント

　では，いかなる点をチェックすべきか。この点については，障害者手引きが参考になる。障害者手引き（17〜19頁）では，虐待防止のための具体的な環境整備として，α事故・ヒヤリハット報告書，自己チェック表とPDCAサイクルの活用，β苦情解決制度の利用，γサービス評価やオンブズマン，相談支援専門員等外部の目の活用，δボランティアや実習生の受入れと地域との交流，ε成年後見制度や日常生活自立支援事業の利用が挙げられている。他に，H30マニュアル94頁の指導内容が参考になる。

　以上を踏まえると，チェックポイントとして，Ⅰ法人の決意やルール作りとして，ア）虐待対応マニュアルの整備及び職員全員に対する虐待対応マニュアル等の周知徹底，Ⅱ職員に対する教育として，イ）定期的な研修（特に外部の専門家による研修が重要）の実施，虐待の自己チェックシートの活用等による職員の質の向上，Ⅲ不適切ケア及び虐待の早期発見・予防の日常的な職員の取組みとして，ウ）事故・ヒヤリハット報告書，苦情報告書のチェック，エ）PDCAサイクルの活用，職員以外の取組みとして，オ）サービスの外部評価やオンブズマン，相談支援専門員，ボランティアや実習生，成年後見制度や日常生活自立支援事業の利用等による外部の目の活用，Ⅳ虐待発生後に組織として適切に対応していくための取組みとして，オ）苦情処理体制及び危機管理体制の整備，カ）第三者委員会の設立，Ⅴ職員に対するフォローとして，キ）メンタルヘルスに配慮した職員面談等の組織的対応，ク）風通しのよい職場づくり等が挙げられる。

7

第1編　従事者による虐待対応及び防止

4　虐待の早期発見のための重要なポイント

　虐待発生後の対応としては，ⅰ高齢者虐待の早期発見→ⅱ通報者から具体的事実の聴取→ⅲ事実調査・確認→ⅳ適切な評価→ⅴ被虐待者である利用者の安全確保・虐待発見後の支援→ⅵ虐待の再発防止策の計画策定→ⅶ実施→ⅷ虐待の再発防止策の実施状況の把握及びその評価→ⅸ終結という流れになる。

　虐待の早期発見のためには，ア）虐待対応マニュアルの整備及び職員全員に対する虐待対応マニュアル等の周知徹底，イ）定期的な研修の実施，虐待の自己チェックシートの活用等による職員の質の向上により，職員が虐待であると気付く力を高めるとともに，ウ）事故・ヒヤリハット報告書，苦情報告書を組織的にチェックしたり，エ）PDCA サイクルのうち，モニタリング等のチェック段階等で，チーム内で指摘し合ったり，オ）サービスの外部評価やオンブズマン，相談支援専門員，ボランティアや実習生，成年後見制度や日常生活自立支援事業の利用等による外部の目の活用により，早期発見していくことが必要である。

　これらのうち，第1編では，本部職員が施設見学を実施して発見したパターン（第3章），事故報告書から発見したパターン（第5章）を取り扱う。

5　虐待に対する迅速かつ適切な対応のための重要なポイント

　ここではⅱ以下について要点のみを説明する。詳しくは，第2章以下で説明する。

　通報者がいる場合には，ⅱ通報者から具体的事実を聴取する必要がある。

⑴　ⅲ事実調査・確認

　調査項目は，H 30 マニュアル 85・86 頁のとおりである。

　ア　権利保護施設と権利侵害施設の違い

　　事実調査・確認は，高齢者虐待の防止と虐待を受けた高齢者の保護を図るとともに，適正な運営を確保するために，サービスの実体を把握して，虐待及び不適切ケアに該当する事実があるか否かを判断するのに必要な事実を広く収集することを目的とすべきである。

8

権利侵害施設は，虐待の範囲を狭く捉えて，虐待とまではいえない不適切ケアや事故にとどまり，今回は虐待に当たらないと断言したいために，虐待と認定すべき事実の範囲を矮小化し，調査も最低限で終わらせ，できる限り虐待を否定する根拠となる事実を集めようとする。例えば，職員が利用者を平手で頭を殴ったという通報に対して，聴き取りの対象者を殴ったとされる職員のみに限定し，聴き取りの際には，「平手で頭を殴った」のかと質問し，その職員は「いいえ」と言ったことから，調査終了として，虐待はなかったと判断する。他方，権利保護施設は，事実調査・確認を行う以上，適正な運営の確保という観点から，今回の事実調査・確認が，サービスの質の向上を図る良い機会であると捉えて，虐待の事実調査・確認に当たっては，通報等の内容に関する事実の存否を確認するのはもちろんのこと，他にも虐待又はその疑いと思われる事実（不適切ケアも含む。）の存否を確認する。しかも調査は，ａ施設全体の様子観察（高齢者の心身の状態・職員の数・仕事の様子等を含む。），ｂ各種記録のチェック，ｃ虐待を受けたとされる利用者及び他の利用者からの聴取り，ｄ管理者層・他の職員・虐待を行ったとされる職員からの聴取りを実施する。

以下，権利保護施設の取組みを概観する。

イ　ａ施設全体の様子観察（高齢者の心身の状態・職員の数・仕事の様子等を含む。）

事実調査・確認を行う者が，施設職員以外の本部職員や外部の者である場合には，まず，施設見学を実施して，施設全体の様子を観察すべきである。

(ア)　食事時を選ぶべき

施設見学の際には，上記ｃ及びｄの面談の際に，質問したい内容を集めるという見地から，幅広く目配せしながら情報を収集する。見学は，食事の場面を選ぶべきである。

見学の際に，本人が嫌がっているのに職員のペースで口に入れて食べさせる，利用者が自分で食事ができるのに，職員の都合を優先し，

第1編　従事者による虐待対応及び防止

本人の意思や状態を無視して食事の全介助をするなどの虐待があるか否かを確認すべきである。

(ｲ)　食事の場面でのチェックポイント例

　さらに，施設サービスの適切性のチェックの観点から，次のようなことも確認すべきである。例えば，昼食の場面では，食事は，人間らしく生きる源となるので，食事を安全に，安心して，おいしく，楽しく食べることができるように様々な観点から工夫されているのかをチェックする。①利用者の個別性に応じて，食器，箸，飲み物，ふりかけ等のご飯のお供等が，個別に提供されているか，②食事前に利用者がお手拭きを渡されているだけか，手洗い，うがいをしているかの確認。③食事を安全に安心して食べやすくするために，机・椅子の高さが本人に身体状況に合っているのか，姿勢が保持できるようにクッション等をうまく使っているか，姿勢が崩れていたら，食べやすい姿勢にするためにケアをしているか，飲み込みやすくするための体操をしているか等の確認。④利用者も配膳に参加しているか，例えば，箸を配る，配膳を手伝う等，自立支援を促しているかの確認。⑤スプーンなどで口まで運ぶなど食事介助が必要な利用者がいる場合，介護者１人が，同時に何人もの利用者の食事を介護していないかの確認。口に運んだ後，口内に入った食物を確実に飲み込んだことを確認して次の食物を口まで運んでいるかの確認。⑥食事介助の際の職員の利用者に対するメニュー等の声かけの確認。例えば，「これは，サンマです。○○産です。」などと声かけしているかの確認。このような声かけにより，利用者は，ああ，美味しそうなサンマなんだと認識し，食欲が湧くものである。⑦利用者同士で，会話のきっかけがつかめない，会話が続かない場合もあるので，職員が会話を取り持っているかも確認。⑧栄養士が，自分が栄養のバランス等を考え，たてた献立を誰がどのように食べているか，どのようなものが好みで食事が進むか等，確認しに来ているかを確認。⑨看護師が，自分が担当する利用者が今日はどの程度，何を食べているか，嚥下状態等，確認しに来ているか

も確認すべきである。

また，見守り状況も確認すべきである。第2編第2章第3の2(3)（181頁）参照。

(ウ) 職員にどんどんと質問する

また，施設見学の際に，同行している職員に，なんでも，見たこと等について，どんどん質問していく。例えば，全員同じ椅子に座っているのはどうしてですか？　車いすのフットレストに足を置いたままの方と，床に足を下ろしている方がいらっしゃいますが，どうしてですか？　等。権利保護施設は，根拠に基づいてケア等を実施しているので，質問すれば根拠について説明できる。調査者は，意見を言う必要はなく，気付いたことを質問し，回答してもらうことで，後で質問したい内容を増やしていくことになる。

ウ　b各種記録のチェック

事故報告書及びヒヤリハット報告書は第2編第1章第3の3（108頁）を参照。

ここでは，PDCAサイクルに関する各種記録のチェックについて述べる。

(ア)　各種記録のつながり

権利保護施設では，①利用者・その家族との面談，アセスメント→②居宅・施設サービス計画案の作成→③居宅・施設サービス計画の検討・確定，利用者・その家族の同意→③´サービス担当者会議録の作成，④ケア等の実施，介護・看護・相談の経過記録の作成，アセスメントの継続→⑤利用者・その家族との面談→⑥モニタリング会議→⑥´モニタリング会議録の作成→⑦適宜居宅・施設サービス計画の改定→⑧利用者・その家族との面談……これらのいわゆるPDCAサイクルの流れが，一貫しており，かつ，相互にリンクして内容に矛盾なく整合している。各種記録のチェックに当たっては，このことを踏まえて，以下のように，チェックすべきである。

各種記録のチェックを行う際には，日々記録しているものについ

て，虐待が疑われる事実の日の直近1か月程度をチェックすべきである。

(イ) サービス計画に関する記録

　i　チェックポイント

　サービス計画に関する記録には，アセスメント記録，居宅・施設サービス計画，サービス担当者会議録，モニタリング会議録等がある。

　確認する内容としては，高齢者の心身状態に即した施設サービス計画が作成されているか，状態変化に応じた見直し，高齢者の要望に即した見直しが行われているか。アセスメントは定期的に行われているか，状態の変化に応じて行われているか。当該高齢者にどのような生活課題があり，その課題に対してどのような対処がなされていたか（方針，具体的な対応方法等）が挙げられる（以上，手引き79頁）。

　要は，サービス計画記載のサービス内容が，どのような根拠（高齢者等の要望，アセスメント等）に基づいて計画されたのかを把握し，根拠となる事実が現実に存在していたのか否かをケア等の実施に関する記録で確認していくことが求められる。

　権利保護施設としては，以下のようなチェックポイント例を押さえておくとよい。居宅・施設サービス計画書では，まずその(1)の「利用者及び家族の生活に対する意向」の欄に着目する。居宅・施設サービス計画書(2)の「サービス内容」が，この意向を踏まえたサービス内容となっていない場合には，利用者の意に反したサービスの強制（身体的虐待，心理的虐待）に当たる可能性がある。

　アセスメント記録と居宅・施設サービス計画書(2)との整合性についても検討する。アセスメントを踏まえた居宅・施設サービス計画書になっていない場合には，利用者の状態を無視した職員の都合によるサービスの強制（身体的虐待）に当たる可能性がある。

　サービス担当者会議録では，具体的なサービス内容を選択した根

拠として，検討内容の欄に，利用者の明示の意思，又はその合理的
意思，利用者の自立支援の目的が明記されているかをチェックす
る。これらの記載がない場合には，利用者の意に反したサービスの
強制（身体的虐待，介護放棄，心理的虐待）に当たる可能性がある。

ⅱ　身体拘束の場合～最高裁平成 22 年 1 月 26 日第三小法廷判決民
　集 64 巻 1 号 219 頁のような事例の場合（第 1 編第 3 章第 2 の 1（47
　頁）参照）

　両手にミトンを使用して両上肢をベッドに固定するという事例が
あった場合，両手首をひもで縛りつけ，ベッド柵と固定すること
までは不要で，両手にミトンを装着すれば足りることから，非代替性
の点で，行政法上は（第 1 編第 3 章第 2（46 頁）頁参照），違法の疑い
が極めて高いであろう。

　仮に，単に，両手にミトンを装着していた場合であっても，身体
拘束は，原則違法であるから，違法性が阻却されるための実体 3 要
件の検討がなされているはずである（サービス担当者会議以外の会議で
検討されている場合には，その議事録をチェック）。

　ミトン等をしないと利用者等の生命又は身体が危険にさらされる
可能性が著しく高いと認められる根拠として，鼻腔に酸素チューブ
を装着している本人が，手でチューブを外してしまうので，例え
ば，SPO2 が 90％を下回り，息苦しそうにしている等の根拠が書い
てあるはずである。また，胃ろうのチューブの抜去のおそれがある
場合については，本人がチューブを見てしまうと気になり外してし
まうということであれば，チューブ型からボタン型への変更を検討
し，非代替性の有無を判断しているはずである。

　サービス担当者会議録又は身体拘束廃止員会等の議事録に，これ
らの具体的な検討さえなければ，身体的虐待の可能性が高くなる。

ⅲ　利用者本人の意思に反してサービスを提供する場合

　サービス内容が原則として違法とまでは言えず，一概に虐待かど
うか判断できないサービスの場合には以下のように考えればよいと

思われる。

　家族より，「水分（お茶ゼリー）を無理に飲まないとアカンものか？」との苦情の電話があったとしよう。苦情の内容は，「昨日面会に行ったときに，本人がリビングにおり，最初の2口ぐらいは職員が介助していた。本人は意思をしっかり伝えることができるし，昔から頑固な性格のため，いらないものは飲もうとしないことは分かっている。本人はお茶（お茶ゼリー）を飲まないため，飲むまで居室へ戻してもらえなかったんだと思うが，本人は92歳で，歳が歳のため，そこまで無理に飲まさないといけないものか？」ということであった。このような苦情がなかったとしても居宅・施設サービス計画を読んで，1日1500ccの水分補給をするという計画がほぼ全員に対し一律に立てられていた場合も要チェックである。高齢者個人の心身の状況を無視して，施設の都合でケアをしている可能性が高いので，虐待の可能性が高まるからである。

　基本的には，本人の意思に反して，本人にお茶ゼリーを食べさせるのは，身体的虐待かつ精神的虐待に当たる可能性がある。本人の意思が最優先されるべきだからである。ただし，お茶ゼリーを一定量食べてもらう健康上の必要性が高ければ，虐待には当たらないといえる。

　当該行為をサービスに位置付けて実施するか否かは，①当該行為の目的の正当性（実際に行われる行為が客観的な価値を担っていること。ここでは，水分補給によって得られる利用者の利益等を具体的に検討することになる。），②必要性・緊急性（ここでは，医学的見地に基づく水分補給の必要性等を検討することになる。）の①×②と，③当該行為（手段）の強度性（当該行為をサービスとして提供する方法が本人の意思に反する程度。ここでは，本人が好きなもので提供する。本人が飲みやすい形状で提供する。等を検討することになる。），④法益侵害の程度（当該行為をサービスとして提供することによって本人が被る不利益。当該行為による法益侵害が相対的に軽微である方が望ましい。ここでは，本人の意思に反した水分補給の実施に伴う

第 1 章　総論

利用者の精神的苦痛，その後の本人の活動量の低下等を検討することになる。）
の③×④とを比較検討し，いずれが上回るかで判断していく必要が
あると思われる。

　よって，特に①及び②の検討が重要となる。サービス担当者会議
録には，②本人が脱水症状の疑いがあり，水分補給の必要性が認め
られること，①本人が入院は嫌だと言っており，水分補給により，
入院を回避し，施設で過ごしてもらうという目的がある等の記載が
あるはずである。これらの具体的な検討さえなければ，身体的虐待
かつ精神的虐待の可能性が高まるといえる。

　これらの具体的な検討があったとしても，③本人が，コーヒー，
ジュース，お茶の順で好きであった場合には，お茶ゼリーばかり食
べさせるのでは苦痛であるため，本人の好みを踏まえてお茶ゼリー
を選択していない場合には，身体的虐待かつ精神的虐待の可能性が
高まることになる。

(ウ)　ケア等の実施に関する記録～その①（介護・相談）

　i　チェックポイント

　ケア等の実施に関する記録には，介護記録，生活相談記録等があ
る。

　確認する内容としては，通報等の内容に関係する記録が残されて
いるか。どのような内容か（日時や状況を特定する手がかり）。通報等
の内容以外に，不適切なケアは行われていなかったか。高齢者や家
族からどのような相談が寄せられ，それに対してどのように対処し
ていたか。当該高齢者の生活課題や要望に即した介護がきちんとな
されていたか等が挙げられる（以上，手引き79頁）。

　以下のようなチェックポイント例を押さえておくとよい。介護記
録では，居宅・施設サービス計画書(2)記載のサービス内容が，頻度
の欄の記載のとおり実施されているかをチェックする。サービス実
施記録等に記載がなければ，介護放棄に当たる可能性がある。

　表情が乏しくなっていないか。活気が失われていないか。発語が

15

第1編　従事者による虐待対応及び防止

減っているか。食欲が減退しているか。等もチェックする。これら
の事実が認められる記載がある場合には，本人の意に反したサービ
スの強制（身体的虐待，介護放棄，心理的虐待），又は本人の状態を無視
した職員の都合によるサービスの強制（身体的虐待，介護放棄）に当
たる可能性がある。

　身体拘束を実施している施設の場合，身体拘束を行う必要性を示
す事実の記載があるかをチェックし，これらの記載がなければ，緊
急性の要件を満たしていない可能性があるので，身体的虐待に当た
る可能性がある。

ⅱ　身体拘束の場合〜前掲最高裁平成22年1月26日第三小法廷判
　決のような事例の場合（第1編第3章第2の1（47頁）参照）

　両手にミトンを装着していた場合，これを実施する，及び継続す
るか否かを判断するには，実施前の介護記録に，本人が，手で胃ろ
うのチューブを外してしまい出血していた等の記載があるはずであ
ろうし，実施後については，本人がミトンを装着した手を伸ばし
て，胃ろうのチューブを外そうとしているという等の記載があるは
ずである。これらの記載がなければ，ミトンを装着させる切迫性が
そもそもないといえる。

　このように，介護記録，生活相談記録等で，身体拘束等のケアを
正当化させるに足りる事実の有無を確認していくことになる。

㈍　ケア等の実施に関する記録〜その②（医療・看護）

ⅰ　チェックポイント

　他に，看護記録，診療記録，処方箋等がある。

　確認する内容としては，高齢者の健康管理が適切に行われている
か。通報等の内容に関係する記録が残されているか。どのような内
容か，その際どのように対処したか。通報等の内容以外に，当該高
齢者の健康管理記録から気になる記載はないか（以上，手引き79頁）
等が挙げられる。

　以下のようなチェックポイント例を押さえておくべきである。

16

第1章　総論

　看護記録では，施設サービス計画書(2)記載のサービス内容が，頻度の欄の記載のとおり実施されているかをチェックする。サービス実施記録等に記載がなければ，介護放棄に当たる可能性がある。

　看護記録・診療記録では，利用者の状態像に見合った医療的ケアが実施されているかをチェックする。状態像に照らして，過剰な医療的ケアが実施されていれば，利用者の状態を無視した職員の都合によるサービスの強制（身体的虐待）に当たる可能性がある。

　褥瘡の処置をしている旨の記載があれば，ネグレクトの可能性がある。特に，施設入所後に生じた褥瘡であれば，ネグレクトの可能性が高くなる。

　痣，内出血，骨折等の外傷に関する記載があれば，部位，大きさ，色等の事実をチェックする。これらの外傷が，ケアから生じ得る外傷でない場合には，身体的虐待の可能性がある。

ii　身体拘束の場合～前掲最高裁平成22年1月26日第三小法廷判
　　決のような事例の場合（第1編第3章第2（46頁）参照）

　実施前の看護記録に，鼻腔に酸素チューブを装着している本人が，手でチューブを外してしまい，例えば，酸素飽和度が90％を下回り，医師の指示により酸素を吸入した等の身体拘束を行う切迫性の根拠となる事実が書いてあるはずである。また，本人が胃ろうのチューブを抜いてしまったので，医師に連絡し，再挿入するために病院へ搬送した等の身体拘束を行う切迫性の根拠となる事実が書いてあるはずである。これらの記載がなければ，ミトンを装着させる切迫性がそもそもないからである。

　酸素療法をしている本人については，定期的にパルスオキシメーターで酸素飽和度を計測しているはずである。実施前後を問わず看護記録に，酸素チューブが外れていたのを確認したので，すぐに酸素飽和度を計測したところ，酸素飽和度（一般的に96～99％が標準値とされている。）が96％さえ下回ったことがないという場合には，そもそも酸素療法の必要性があるのかの疑問も生じてくるが，外して

17

第1編　従事者による虐待対応及び防止

　も生命・身体に危険が及ばない以上，ミトンを装着させる切迫性が
　ないということになる。
　　このように，看護記録等で，身体拘束等のケアを正当化させるに
　足りる事実の有無を確認していくことになる。
エ　c虐待を受けたとされる利用者及び他の利用者からの聴き取り
（ア）　通報者が特定されないように配慮する
　　権利保護施設は，虐待を受けたとされる利用者のみではなく，少な
　くとも多床室であれば同部屋の他の利用者，又は同じユニット・フロ
　アーの利用者からも聴取する。仮に虐待を受けたとされる利用者本人
　やその家族が通報者である場合には，通報者が特定されないように配
　慮すべきであるとともに，虐待についてもっともよく知っていると思
　われる身近な利用者の証言は事実確認の上で有力な証拠になるので，
　具体的事実について聴取すべきである。
（イ）　面談時の留意点について
　　まず，虐待を受けたとされる利用者（本人）との面談は，その本人
　が話しやすく，かつプライバシーが確保できる場所・時間・場面を選
　び，2名で（うち1名は本人が信頼している職員），できる限り早い時期
　に，実施すべきである。本人との面談の際には，心身の状態の確認を
　行うとともに，①いつ，②どこで，③どのような場面で（食事，テレビ
　を観ているときなど），④誰が，⑤誰（ここでは本人）に対して，⑥どのよ
　うにして，⑦どのような結果が生じたのかを，具体的に聴取する。事
　実関係の聴取に当たっては，本人の特性に合わせて，簡潔でわかりや
　すい言葉を選んで，できる限り詳しく事実を拾い上げるようにして行
　う。聴取の順番としては，痛いところ，不安なこと，怖いことなどを
　オープンに聴いて心身の状態の確認を行う。そのときに，⑦痣等があ
　ればその痣が，⑥どのようにしてできたのかを聴く。本人が目視して
　確認できる結果の情報から切り出した方が本人も思い出しやすいから
　である。聴く順としては，①いつ，②どこで，③どのような場面で，
　できたのかを聴いた上で，④誰がしたのかを聴くとよい。④の誰がし

18

第1章　総論

たのかが聴き出せないときには，職員の写真を見てもらうなど工夫して端的に聴くべきである。不安や恐怖などを訴える場合には，不安や恐怖などを想起する④職員，②場所，③場面などを端的に聴いた上で，なぜ，不安や恐怖などを想起するのかを聴くと良い。端的に④職員Ａなどと聴く場合には，その返答をする利用者の表情，震え等の身体の動き等も観察すべきである。

さらに，本人に今後の要望などを聴く必要もある。

(ｳ)　権利侵害施設の悪い例

権利侵害施設では，本人が特定の職員から左頬を平手でたたかれたと話をしているのに，聴取側が，職員はそんなことをしないなどと否定する意見を述べたり，聴取する日を替えて繰り返し聴取して数回目にはたたかれたと言わなくなったので，たたいたという事実はなかったなどと事実を隠蔽しようとする。

他の利用者からも上記を参考に聴取する。

オ　d管理者層・他の職員・虐待を行ったとされる職員からの聴き取り

(ｱ)　聴き取りに当たって職員に説明すべきこと

これら職員（特に一般職員）からの聴き取りに当たっては，事実調査・確認が，虐待をした職員を特定して処罰することのみが目的ではなく（何らかの懲戒処分をせざるを得ない場合もあるが，これが目的ではない。），今回の事実調査・確認の目的が，利用者の権利を守るために，サービスの質の向上を図ることにあるので，積極的に協力して欲しいことと，証言した職員が特定されないように配慮すること，証言により不利益が生じないことを十分に説明すべきである。

(ｲ)　管理者層・他の職員の聴き取りの際の留意点

管理者層・他の職員の聴取に当たっては，まず，オープンに虐待と疑われる出来事，不適切ケアであると思われる内容を聴いた上で，①いつ，②どこで，③どのような場面で（食事，テレビを観ているときなど），④誰が，⑤誰（ここでは本人）に対して，⑥どのようにして，⑦どのような結果が生じたのかを，具体的に聴取する。そして，今回の

19

第1編　従事者による虐待対応及び防止

事実調査・確認の対象となっている事実について知っていることや，虐待を行ったとされる職員についての言動，支援方法で気になることなどを聴取すべきである。質問するときに，各種記録を示して，端的に記録で補充する点や記録の言葉の具体的な意味などを聴取すべきである。

さらに，虐待と疑われる出来事，不適切ケアが生じる原因や対策なども併せて聴くべきである。

(ウ)　虐待を行ったとされる職員の聴き取りの際の留意点

虐待を行ったとされる職員については，まず，自分の支援内容を振り返って，虐待と疑われる出来事，不適切ケアであると思われる内容をオープンに聴くべきである。その他は，管理者層・他の職員の聴取のとおりである。

(2)　iv適切な評価

このように，施設をチェックする立場からは，虐待を狭く捉えて，施設運営には問題がないと評価するのではなく，虐待及び不適切ケアに該当し得る事実を広く収集し，広く虐待として評価すべきである。虐待に当たると評価することは，このことを契機にして，利用者の尊厳を守るために，サービスの質を向上していく取組を組織的に行っていくことを決意し，それを実行していくことにつながるからである。

(3)　v被虐待者である利用者の安全確保及び利用者に対する支援

ア　被虐待者である利用者の安全確保

利用者に対する生命，身体に対する重大な危険が生じている場合には，利用者の生命・身体の安全を確保するのが最優先課題であるので，病院への搬送，法人内で安全が確保できる施設への転送，行政にやむを得ない措置をとるように申し出るなどを検討すべきである（H30マニュアル20頁のその2参照）。病院へ搬送した場合には，入院中の着替えの洗濯等のサービスを提供するのはもちろんである。

生命，身体に対する重大な危険が生じているとまでいえない場合には，虐待を行っている職員が特定の職員であれば，その職員を異動等で

第1章　総論

担当から外すことも検討すべきである。

イ　再アセスメント⇒支援計画の策定

　他には，利用者に対する客観的な権利侵害状態（高齢者が他者からの不適切な扱いにより権利利益を侵害される状態や生命，健康，生活が損なわれるような状態に置かれること）を改善するための支援を行っていくために，まずは，十分に再度アセスメントを行った上で，支援計画を改訂していく必要がある。また，支援する際に，職員が配慮すべき事項をまとめて，利用者に対する個別の支援方法についても見直す必要がある。この時点でのアセスメントは，利用者に対する客観的な権利侵害状態について，具体的に把握するためにも必須である。アセスメントにより，利用者が侵害されている生命，健康，他の権利利益，生活の内容を具体化することが必須である。このように，虐待を受けた利用者に対しては，虐待により心身の状況が悪化していることが考えられるので，その利用者の心身の状況を改善するための改善計画も必要である。この点については，第1編第2章第2の5（34頁）参照。

(4)　ⅵ虐待の再発防止策（改善計画）の策定

改善計画は，「具体的な行動計画に基づいた取組内容」や「管理職中心の行動計画ばかりではなく，組織全体として虐待の発生防止にかなった内容」であるとともにその内容に実効性があることが求められている（H30マニュアル87頁の5）参照。

ア　虐待に至った具体的な経緯や理由等の把握

　虐待の再発防止策の計画策定に当たっては，まず，虐待や不適切ケア等が発生した直接的な原因を分析する必要がある。そのためには，虐待に至った具体的な経緯や理由等について，行為者である職員からの具体的な聴取により，原因を掘り下げて分析することが重要となる。掘り下げ方法及び原因を踏まえた改善計画については，第1編第4章第2の1（63頁）参照。

イ　組織的課題につなげる

　原因分析に当たっては，職員個人の問題として矮小化するのではな

第1編　従事者による虐待対応及び防止

く，組織として，事前にその職員個人の課題・問題に気付けなかったの
か，その職員が相談しやすい職場環境であったのか，その職員に対して
フォローしたり，アドバイスできなかったのか，その職員の誤った考え
や知識・技能不足等に対して適切な研修や指導を行っていたのか等につ
いても目配せしながら，他の同僚職員や上司も含めた組織の問題，施設
の管理運営体制などの背景要因を多角的かつ具体的に分析すべきである
（H 30マニュアル 86頁の4参照）。その職員の考え方，知識，技能等は，組
織に影響を受けて形成されるものであるので，決して個人の問題に矮小
化してはならない。

ウ　再発防止策（改善計画）の策定の際のポイント

　原因及び背景要因に即して，虐待の再発防止策の計画を，実施期限を
決めて，具体的に策定すべきである（H 30マニュアル 87頁の5参照）。改
善計画の具体化に当たっては，H 30マニュアル 93頁の改善計画例を参
考にするとよい。特に，虐待発生時の原因究明と検討できる体制の構
築，風通しのよい職場づくりの検討を具体的な対策（①管理者が職員のス
トレス状況や現場を把握できる体制，②職員が気軽に相談できる体制）に対する
改善計画が重要である。マニュアル整備，その周知徹底，研修の実施に
ついて，第1編第3章第2の3(3)（51頁）参照。

エ　再発防止策（改善計画）の策定の類型化

　原因分析及び改善計画について，ある程度パターン化すると，次のよ
うに整理できよう。

- 虐待行為当時，職員が怒り等の感情を抱いていたような場合→第1
  編第4章第2の1（63頁）参照
- 職員が冷静であったのに虐待に至った場合，組織全体の問題が強く
  影響を及ぼしている身体拘束や継続的なネグレクト事例の場合→第
  1編第3章第2の3(3)（51頁），第1編第5章第2の2（80頁）を参
  照。
- 組織全体の問題が強く影響を及ぼしているとまでいえない場合→第
  1編第2章第2の5（34頁）参照。

第1章　総論

⑸　vii実施

　虐待の再発防止策の改善計画どおりに確実に実施できるように，進捗管理を行う者を決めて，確実に実施すべきである。

⑹　viii虐待の再発防止策の実施状況の把握及びその評価

　定めた実施期限が過ぎたときに，改善計画記載の内容の実施状況を記録等の証拠に基づき把握するととともに，利用者に対するアセスメントを再度実施すべきである。虐待発覚時のアセスメントにより把握した，利用者が侵害されている生命，健康，他の権利利益，生活の具体的内容と，実施期限経過後のアセスメントにより把握した，利用者が侵害されている生命，健康，他の権利利益，生活の具体的内容とを比較して，客観的に権利侵害状態が改善されているか否かを評価すべきである。

⑺　ix終結

　客観的に権利侵害状態が改善され，施設従事者による虐待状態が解消されていると評価できた場合には，今回の虐待対応は終結したことになる（H 30マニュアル87頁の7参照）。

6　防止法の概要

⑴　虐待の類型

　養介護施設従事者等による高齢者虐待に該当するのは，後記の5つの類型である（防止法2条5項）。

23

第1編　従事者による虐待対応及び防止

類型	条文	行為態様
身体的虐待	1号イ	高齢者の身体に外傷が生じ，又は生じるおそれのある暴行を加えること。
介護等放棄 （ネグレクト）	1号ロ	高齢者を衰弱させるような著しい減食又は長時間の放置その他の高齢者を養護すべき職務上の義務を著しく怠ること。
心理的虐待	1号ハ	高齢者に対する著しい暴言又は著しく拒絶的な対応その他の高齢者に著しい心理的外傷を与える言動を行うこと。
性的虐待	1号ニ	高齢者にわいせつな行為をすること又は高齢者をしてわいせつな行為をさせること。
経済的虐待	1号ホ	高齢者の財産を不当に処分することその他当該高齢者から不当に財産上の利益を得ること。

　H 29 虐待調査結果によれば，虐待として認定された 510 件のうち，被虐待高齢者が特定できなかった 41 件を除く 469 件のうち，「身体的虐待」が 59.8％で最も多く，次いで「心理的虐待」30.6％，「介護等放棄」16.9％，「経済的虐待」8.0％，「性的虐待」3.3％であった（複数回答）。

　これらのうち，認定率の低い経済的虐待，性的虐待以外について，「身体的虐待」は第 2 章，「身体的虐待」のうち「身体拘束」は第 3 章，「心理的虐待」は第 4 章，「介護等放棄」は第 5 章で取扱う。

（参考）「養介護施設」，「養介護事業」に該当する施設・事業

	「養介護施設」	「養介護事業」
老人福祉法による規定	• 老人福祉施設 • 有料老人ホーム	• 老人居宅生活支援事業
介護保険法による規定	• 介護老人福祉施設 • 介護老人保健施設 • 介護療養型医療施設 • 地域密着型介護老人福祉施設 • 地域包括支援センター	• 居宅サービス事業 • 地域密着型サービス事業 • 居宅介護支援事業 • 介護予防サービス事業 • 地域密着型介護予防サービス事業 • 介護予防支援事業

（参考）虐待行為に対する刑事罰

第1章　総論

虐待は，刑事罰の対象になる場合がある。例えば，下記の表のとおりである。

類型	条文	
身体的虐待	1号イ	刑法 199 条殺人罪，204 条傷害罪，208 条暴行罪，220条逮捕監禁罪など
介護等放棄（ネグレクト）	1号ロ	刑法 218 条保護責任者遺棄罪など
心理的虐待	1号ハ	刑法 222 条脅迫罪，223 条強要罪，230 条名誉毀損罪，231 条侮辱罪など
性的虐待	1号ニ	刑法 176 条強制わいせつ罪，177 条強制性行等罪，178条準強制わいせつ罪・準強制性行等罪など
経済的虐待	1号ホ	刑法 235 条窃盗罪，246 条詐欺罪，249 条恐喝罪，252条横領罪など

(2)　養介護施設・事業所，従事者の責務と役割

　ア　高齢者虐待の防止に関する取組み（防止法20条）

　　防止法では，養介護施設・事業所に対して養介護施設従事者等による高齢者虐待を防止するための措置として，研修の実施や苦情処理体制の整備，その他高齢者虐待の防止のための措置を講ずることが定められている。

　イ　通報等の義務（防止法21条）

　　また，養介護施設従事者等に対しては，養介護施設従事者等による高齢者虐待を受けたと思われる高齢者を発見した際には，「速やかに，これを市町村に通報しなければならない」とあり，通報が義務として定められている（防止法21条1項）。これは，養介護施設従事者等以外の者に対する通報努力義務（同条3項）とは異なり，養介護施設従事者等には重い責任が課せられていることを意味している。

　　養介護施設・事業所等は，職員に対し，虐待発見時の通報義務，連絡先等の周知を行うことが必要となる。経営者・管理者層にあっては，虐待の未然防止・早期発見に努めるとともに，職員からの報告等により虐待（疑い）を発見した場合は自ら通報義務を負うことを自覚する必要が

25

第1編　従事者による虐待対応及び防止

ある。第3章や第5章の例のように，行政から連絡がある前に，職員による高齢者虐待を受けたと思われる高齢者を発見した場合には，調査・確認をした上で，虐待に該当する可能性が高いといえれば，積極的に通報すべきである。

ウ　成年後見の利用促進

他に，防止法は，職員による高齢者に対する経済的虐待が，高齢者の判断能力の低下を奇貨として行われることに鑑み，地方公共団体に対し，積極的に成年後見制度を利用すべきことを明記している（防止法28条）。成年後見制度の積極的活用は，地方公共団体だけが担うものではなく，養介護施設，養介護施設従事者等も，協力する立場にある（防止法5条2項）。

養介護施設，養介護施設従事者等は，利用者の財産を保全するために，成年後見制度を積極的に活用すべきである。

(3)　行政の虐待対応の大きな流れ

⓪虐待の疑いが認められる事実の発見（第3章，第5章）→①通報受付→②事前の事実調査・確認（事故報告書・苦情報告書の提出状況・報告書の内容，過去の実地指導や監査の状況やその内容等）→③事実確認準備会議（調査の可否，調査の方法，利用者の安全確保の方法等の検討）→④事実調査・確認（施設への立ち入り調査等）（第4章）→⑤判定会議（虐待の有無の認定，緊急性の判断，権限行使の可否・内容等を決定）（第2章）→⑥老人福祉法及び介護保険法の規定による権限の行使（改善勧告，指定の停止や取消等）→⑦施設からの改善計画の提出→⑧モニタリング→⑨評価会議……→⑩終結という流れで，行政は対応していくと思われる。

施設としては，上記の虐待対応の大きな流れを念頭に，どの段階にあるかを考えて，各段階に応じて適切に対応していく必要がある。第3章・第5章のように，行政からの連絡がある前に，虐待の疑いが認められる事実を発見した場合には，①通報するか否かの検討を行う必要があり（もちろんその後の段階も必要である。以下同様。），第4章のように，これから行政が本格的に調査を実施する段階では，真相解明のために真摯に④事実調査・

26

確認に協力していくべきであり，第2章のように，虐待認定された後は，真摯にその事実を受け止めた上で，⑦虐待の原因解明とともに改善策の検討や実施が重要となる。

第1編　従事者による虐待対応及び防止

第**2**章　身体的虐待の例
　　　　　～市が虐待と認定した場合の対応

事例 ●

　X法人（特別養護老人ホーム）から第三者委員Oに対して次のような相談があった。
　90代女性Aは，O年12月にベッドから転落したとしてXから病院に緊急搬送された。Aは慢性のくも膜下出血を起こしていたほか，顔や身体に複数の打撲痕と思われる痣が見つかったので，医師が市に通報した。車いすからベッド等への移乗については，本来は職員2名で介護に当たらなくてはいけないところを，職員甲が1名で介護を行っていたことが判明した。市は翌年2月に身体的虐待があったと認定した。
　X法人Y理事長は，1名で介護に当たっていたこと，職員の技術不足で事故を招いたことは認めている。しかし，全職員及びAと同じユニットの入居者から事情を聴取したところ，職員が意図的にAを殴る等の暴行の事実は認められなかったので，虐待はないと考えている。
　YはOに対して，市に対してどのように対応すればよいかと，質問した。
OはYに対してどのように助言すればよいか。

【解説】

第1　身体的虐待について

1　虐待の本質

　まず，虐待には5つの類型があるが（第1編第1章第3の6⑴（23頁）），虐待該当性判断の本質は，「高齢者が他者からの不適切な扱いにより権利利益を侵害される状態や生命，健康，生活が損なわれるような状態に置かれること」という点にあるので（H30マニュアル3頁の2），まず，職員らの主観面は捨象して，高齢者の置かれている客観的状態に着目するとともに，虐待にあたるか否かは，客観的に判断することが重要であり，5つの類型該当性を重視しすぎてはならない。そして，虐待対応で最優先すべきは，高齢者の権利

28

第2章　身体的虐待の例〜市が虐待と認定した場合の対応

利益が侵害される状態や生命，健康，生活が損なわれるような状態を改善し，その状態を安定させることにある。

よって，施設が虐待に対して適切に対応ができるように助言すべき立場にあるOとしては，Y理事長が，職員が意図的にAを殴ったか否かを虐待判断の重要な要素としている点について，職員の主観面を重視すべきではなく，顔や身体に複数の痣が見つかった客観面を重視することを説明すべきである。

2　身体的虐待とは

(1)　定義

身体的虐待とは，高齢者の身体に外傷が生じ，又は生じるおそれのある暴行を加えることである（防止法2条5項1号イ）。この定義には，結果及びその危険性に着目してa「高齢者の身体に外傷が生じ，又は生じるおそれのある」こと，行為態様に着目してb「暴行を加えること」の2つのポイントがある。

(2)　暴行とは

身体的虐待におけるbの暴行とは，刑法上の「暴行」と同様，<u>高齢者の身体に接触しなくても</u>，<u>高齢者に向かって危険な行為や身体になんらかの影響を与える行為</u>があれば，身体的虐待と認定することができる（H30マニュアル9頁の＊）。要は，b高齢者の身体に接触する場合はもちろん，高齢者の身体に接触しなくても，高齢者の身体に何らかの影響を与える行為であること，aその行為により，高齢者の身体に外傷が生じ，又は生じるおそれがあることの2つを満たせば身体的虐待に該当する。

(3)　身体的虐待の例〜暴力的行為

身体的虐待の例として，まず，I暴力的行為として，①平手打ちをする，つねる，殴る，蹴る。②ぶつかって転ばせる。③刃物や器物で外傷を与える。④入浴時，熱い湯やシャワーをかけてやけどをさせる，などが挙げられる（H30マニュアル7頁のi①）。これらが，身体的虐待に該当するというのは理解しやすいと思われる。ただ，介護現場では，事例のY理事長のように，これらだけを身体的虐待であると狭く理解している者がいる。

29

第1編　従事者による虐待対応及び防止

身体的虐待には，次のⅡ及びⅢも含まれることに留意すべである。

(4)　身体的虐待の例〜その他

　次に，Ⅱ本人の利益にならない強制による行為，代替方法を検討せずに高齢者を乱暴に扱う行為として，①医学的診断や介護サービス計画等に位置付けさえせずに，身体的苦痛や病状悪化を招く行為を強要する。②介護がしやすいように，職員の都合でベッド等へ抑えつける。③車椅子やベッド等から移動させる際に，必要以上に身体を高く持ち上げる。④食事の際に，職員の都合で，本人が拒否しているのに口に入れて食べさせる，などが挙げられる（以上，Ｈ30マニュアル7頁のⅰ②）。これらが，ｂ高齢者の身体に接触しなくても，高齢者の身体になんらかの影響を与える行為であることは問題がない。問題はａである。例えば，「車いすやベッド等から移動させる際に，必要以上に身体を高く持ち上げる」のは，必要以上に身体を高く持ち上げることにより，転落等による骨折等の身体の危険は高まる行為であると考えられ，「食事の際に，職員の都合で，本人が拒否しているのに口に入れて食べさせる」のは，喉詰めや誤嚥等により，窒息や誤嚥性肺炎等の身体の危険は高まる行為であると考えられるので，ａこれらの行為により，高齢者の身体に外傷が生じ，又は生じるおそれがあることから，身体的虐待に該当する。

　さらに，Ⅲ「緊急やむを得ない」場合以外の身体拘束・抑制がある。この例は，第3章の身体拘束に譲る。

第2　本事例の場合

1　虐待認定

　まず，前記ｂについては，車いすからベッド等への移乗に当たって，職員1名が抱える等して介護に当たっていたのであるから，高齢者Ａの身体に接触していたので，高齢者の身体に何らかの影響を与える行為があったといえる。問題はａの要件である。ａは，Ａの身体の安全を確保するためには本来職員2名で介護に当たらなくてはいけないところを1名で実施したのであるから，介護によりＡが移乗する際に，四肢等をベッド柵，車いすのフットレストなどでぶつけてしまう危険性があったのであり，現に，身体に複数の打

撲痕を生じさせているのであるから，ａの要件をも満たすので，上記のⅡの類型に該当し，身体的虐待に当たると認定できる。

2 刑法と防止法の違い〜法領域の相対性

⑴ 身体的虐待は職員の故意による暴行事案のみではない

しかしながら，Ｙ理事長のように，「職員が意図的にＡを殴る等の暴行の事実は認められな」いから，身体的虐待に該当しないと誤って理解している案件が散見される。そこで，施設運営をチェックする立場からは，Ｙ理事長の理解が誤っていることを説明すべきである。

例えば，職員が怪我をさせるつもりで高齢者の顔を数回手拳で殴打した場合には，たとえ怪我をしなかったとしても，刑法の暴行罪（刑法208条）及び防止法の身体的虐待に該当することは問題ない。

⑵ 刑法上問題がなくとも防止法では問題となる場合がある

他方，本事例のように，刑法の障害罪（刑法204条）及び暴行罪には当たらないが，防止法の身体的虐待には当たる場合はある。本事例では，1人で介護に当たった職員は，単に移乗介助をしているとの認識にとどまり，Ａの手や足をベッド柵，車いすのフットレストなどでぶつけるつもりで介護を行っているわけではないので（身体の安全を害するという認識まではない。），行為者に故意がなく，刑法の傷害罪及び暴行罪には当たるとまではいえない。Ｙ理事長は，刑法の傷害罪及び暴行罪に当たらないので，身体的虐待にも当たらないと誤って理解していると思われる。

しかし，客観的には，1名で実施したことにより，四肢等をベッド柵，車いすのフットレストなどでぶつけてしまう危険性があり，現に，身体に複数の打撲痕を生じさせているのであるから，防止法の身体的虐待には該当することになる。Ｙ理事長のように誤った理解をしてしまっている理由は，刑法と防止法とを混同していることにあると思われる。刑法と防止法は別の法律であり，法領域が異なるので，刑法では違法とまではいえないが，防止法では違法という領域が存在する（これを「法領域の相対性」という。）。

第1編　従事者による虐待対応及び防止

(3)　刑法と防止法の効果が異なる→効果によって違法性の判断も異なる

　すなわち，刑法の効果は刑（死刑，懲役，禁錮，罰金など）を科すことにあるので，処罰に値するのに相応しいものに限定していくという独自の解釈が求められるのに対して，防止法の効果は，高齢者の尊厳を守るために，老人福祉法又は介護保険法の規定による権限を適切に行使することにより施設の適切な運営を確保することにあるので（防止法24条），職員に暴行等の認識がなかったとしても，Aの身体の安全を確保するためには本来職員2名で介護に当たらなくてはいけないところを，危険な移乗方法である1名での介護を繰り返し実施していたという点に着目すると，客観的には危険な介護方法を繰り返し実施していたのであるから，およそ高齢者の尊厳を守るために適切に施設運営をしているとはいえない以上，市町村長又は都道府県知事としては，身体的虐待に該当すると認定すべきことになる。要は，事例の場合，職員に対して，刑を科すことまでは要しないが，施設を運営する法人に対しては，老人福祉法又は介護保険法の規定による権限を適切に行使すべき領域が存在するということである。

3　市による虐待認定後の対応の特殊性

(1)　市町村の虐待認定を否定して適切に対応しない施設の例

　今回は，既に，市が身体的虐待があったと認定しているという特殊性がある。権利侵害施設は，市が虐待として認定したことに対して，事実無根であるとか，身体的虐待に当たらないと市の虐待認定を否定してしまう。市が虐待と認定したにもかかわらず，施設が否定することは，事業を適切に運営していく能力がないことを証明しているようなものであり，避けるべきである。例えば，市が，「いじめられたくないんやったら黙ってよ！」，「追い出されたくないんやったら黙っときいや！」などの音声記録を開示し，当該行為は虐待であることを明確に指摘した上で，調査及び再発防止の徹底を施設に指導したところ，施設は，これらの事実関係は認めたものの，市への報告において，「虐待はなかった」との見解を示して，根本的な再発防止策も行わなかったため，同一利用者に対する再度の虐待行為を引き起してしまったにもかかわらず，新たな虐待行為についても虐

待認定を否定したため，悪質性が高いとして，指定の効力の一部停止（新規利用者の受け入れ停止）３か月間の処分を受けた例がある。

(2)　市町村の虐待認定に対しては真摯に対応すべき（自浄作用を働かせるべき）

　市が，虐待認定をする場合には，客観的な証拠などに基づいて慎重に判断している（H 30 マニュアル 86 頁の４）。施設としては，市から虐待を認定されたとしても，虐待により利用者に対する重大な結果を惹起させたり，今回認定された虐待以外で度々市から指導や改善勧告などを受けていない限り，市から不利益処分を受けることはない。虐待と認定された後の施設の自浄作用が働くかを市は注視しているのである。

　よって，Ｘ法人としては，真摯に虐待であると受け止めた上で，今後の対応を検討すべきである。

4　利用者に対する支援

(1)　本人Ａに対する支援

　ア　発生した虐待に対する支援

　本人Ａに対して治療費を支払うなどする必要があるので，保険会社にすぐベッドからの転落事故の報告を行い，損害賠償を検討すべきである（虐待でなくとも検討すべきである。）。

　今回のことについて，２名で支援すべきところを１名で移乗介助を行ったために，ベッドから転落したことや複数の打撲痕と思われる痣を作ってしまったことを謝罪する必要がある。

　本人Ａが入院期間中に必要な洗濯等の支援や見舞いなども行うべきである。

　イ　利用者の今後に向けた支援

　入院期間が３か月以上となっても再度入居できるように配慮すべきである。通常３か月以上入院期間が続く場合には施設は入居契約を解約できる旨の条項があるが，解約権を施設が行使することは控えるべきである。

　さらに，本人Ａに対する改善（支援）計画，特に，再入居後の本人Ａ

に対する支援を検討すべきである。ベッドから車いす等への必要な移乗介助の場面を特定し，その移乗介助を行うおおむねの時間を24時間の計画表に書き込み，確実に2名による介助ができるように人員配置，技術面の指導・研修を検討するとともに，虐待防止に関する研修などを検討すべきである。

　また，今回の虐待と認定された移乗介助の場面だけではなく，他の介助の場面についても同様に本人Aが快適に安心して施設生活を送ることができるように，必要な介護内容を確実に実施するために上記同様検討すべきである。

⑵　他の利用者に対する支援

　さらに，本人Aだけではなく，今回認定された虐待は他の利用者にも起こり得ることであるので，A以外の利用者に対しても，本人Aと同様に確実に実施するために検討すべきである。

5　再発防止策（改善計画）の検討

　職員甲から，職員2名で介護に当たらなくてはいけないところを，職員甲が1名で移乗介助を行ったことについて，その理由を背景事情も含めて聴取した上で，具体的な改善計画を立てるべきである。今回認定された事実は，職員2名で介護に当たらなくてはいけないところを職員甲が1名で移乗介助を行ったことであるので，決められた支援をなぜ実施できなかったのかについて，職員甲から，事情を聴取すべきである。原因分析に当たっては，第2編第1章第3の6⑵⑶（131，137頁）を参照。例えば，職員甲は，以前はAの移乗介助の際に，他の職員に応援を求めて2人介助を実施していたが，あるときに，他の職員から「移乗介助ぐらい一人でやれ」と強く言われたことがあったので，それ以降，1人で実施していたというような場合には，他の職員に計画に反することを言われたときに上司等に相談できなかったのか，会議等の話合いの議題に挙げて話し合うことができなかったのか等，組織的な問題につなげて検討すべきである。

6　身体的虐待の他の類型

　今回の事例は，普段から2名で支援すべきところを1名で移乗介助を行っ

ていたという組織的な問題が大きい類型であった。

　他方，身体的虐待で問題となるのは，左頬や左首下などを複数回にわたり平手打ちする，頭などを押さえつけながら頬や頭などを複数回たたく，足の裏で踏み付ける，顔面や首などを押さえつける，尻を叩く，耳を洗濯バサミで挟むなど，特定の職員が，なかなか利用者が思うように動いてくれなかったのでイライラしていた，おむつが破られシーツが尿で汚れていたのでカッとなってたたいたなどイライラや怒りをコントロールできずに行う類型が多い。この場合の対応については，心理的虐待（第1編第4章第2の1）（63頁）に譲る。

第1編　従事者による虐待対応及び防止

第**3**章　身体的虐待のうちの身体拘束の例
～職員が虐待を発見した場合の対応

事例　●

　　X法人の本部職員Yが施設（特別養護老人ホーム）内を見回っていたところ，胃ろうや在宅酸素をしている80代女性Aの両手にミトンが着けられているのを発見した。

　　本部職員Yが，ユニットリーダーに確認すると，認知症自立度Ⅲbの80代女性Aが，手で，胃ろうや在宅酸素のチューブを外してしまうので，生命・健康を守るために，Aの長男Bに同意書を書いてもらって，ミトン型の手袋をしているとの説明があった。

　　適切な施設運営をしていきたい本部職員Yとしてはどのように対応すればよいか。

【解説】

第1　身体拘束について

1　身体拘束とは

(1)　身体拘束の3つの弊害

　　まず，「指定介護老人福祉施設は，指定介護福祉施設サービスの提供に当たっては，当該入所者又は他の入所者等の生命又は身体を保護するため緊急やむを得ない場合を除き，身体的拘束その他入所者の行動を制限する行為（以下「身体的拘束等」という。）を行ってはならない。」（特養基準11条4項等）と明記されているように，本人の意思に反して，行動の自由を制限することは，身体拘束に当たり，原則違法である。違法と考えられているのは，①身体的弊害（例えば，本人の関節の拘縮，筋力の低下といった身体機能の低下や圧迫部位の褥瘡の発生などの外的弊害等をもたらす。），②精神的弊害（例えば，本人に不安や怒り，屈辱，諦めといった大きな精神的苦痛を与え，そして人間としての尊厳を侵す。），③社会的弊害（例えば，看護・介護スタッフ自身の士気の低下

36

第3章　身体的虐待のうちの身体拘束の例〜職員が虐待を発見した場合の対応

を招く。）が生じるからである。身体拘束の例は，下記参考のとおりである。

(2)　身体拘束の目的に着目

　　ただ，「身体拘束に該当する行為とは，<u>本人の機能や行動を制限する目</u><u>的</u>で行われる各種の行為であると解されため，座位保持装置等にみられるように障害者の身体状況に合わせて変形や拘縮を防止し，体幹安定させることで<u>活動性を高める目的</u>で使用されるベルトやテーブルについては，一律に身体拘束と判断することは適当ではないため，<u>目的に応じて適切に判</u><u>断</u>することが求められます。」（平成 30 年 6 月厚生労働省社会・援護局障害保健福祉部　障害者福祉施設等における障害者虐待の防止と対応の手引き 27 頁）のように，利用者の自由を高める場合には，身体拘束には当たらない。

　　例えば，市等による実地指導などで，転倒防止目的であったとしても，ベッド下にセンサーマットを置くことはただちに身体拘束に当たると指摘されることがある。確かに，利用者が夜間起きてベッドで端座位になったときに，利用者の足底がセンサーマットについたため，センサーが鳴ったので，職員が利用者の傍に駆けつけ，利用者に何ら意思確認することなく，利用者を寝かせた場合には，利用者のトイレなどに行く自由を制限している以上，身体拘束に当たる。しかし，職員が駆けつけたときに，利用者に対してどこに行きたいのか，何をしたいのかを確認し，利用者がトイレに行きたいと言うので，トイレまで付き添った場合には，利用者 1 人ではトイレに行く途中で転倒などしてトイレに行くことができないところ，付き添いによりトイレまで行くことができるのであるから，本人の行動の自由を高めているので，身体拘束には当たらない。

（参考）身体拘束禁止の対象となる具体的な行為（H 30 マニュアル 96 頁参照）

　　介護保険指定基準において禁止の対象となっている行為は，「身体的拘束その他入所者（利用者）の行動を制限する行為」で，具体的には次のような行為である。

①徘徊しないように，車いすやいす，ベッドに体幹や四肢をひも等で縛る。

第1編　従事者による虐待対応及び防止

②転落しないように，ベッドに体幹や四肢をひも等で縛る。

③自分で降りられないように，ベッドを柵（サイドレール）で囲む。

④点滴・経管栄養等のチューブを抜かないように，四肢をひも等で縛る。

⑤点滴・経管栄養等のチューブを抜かないように，又は皮膚をかきむしらないように，手指の機能を制限するミトン型の手袋等をつける。

⑥車いすやいすからずり落ちたり，立ち上がったりしないように，Y字型拘束帯や腰ベルト，車いすテーブルをつける。

⑦立ち上がる能力のある人の立ち上がりを妨げるようないすを使用する。

⑧脱衣やおむつはずしを制限するために，介護衣（つなぎ服）を着せる。

⑨他人への迷惑行為を防ぐために，ベッドなどに体幹や四肢をひも等で縛る。

⑩行動を落ち着かせるために，向精神薬を過剰に服用させる。

⑪自分の意思で開けることのできない居室等に隔離する。

　「身体拘束ゼロへの手引き」（平成13年3月厚生労働省「身体拘束ゼロ作戦推進会議」）参照。

2　本事例の場合

　認知症であっても，当然のことながら，本人には，意思，感情は保持されていることから，本人が顔がかゆいので手で顔をかくなどの自由を制限するので，本人に対して，手を自由に使って目的を達成する自由が奪われたことに対する屈辱等の精神的苦痛を受け，本人から人間らしさを奪い去っている以上，両手にミトン型の手袋をすることは身体拘束に当たる。

3　考え方～違法性阻却事由

　ただ，例外的に，次の3要件（実体的要件）を満たし，かつ，手続上の手順が適正に踏まれている場合（手続的要件）には，身体拘束に当たったとしても，違法性が阻却されると考えられる。そして，平成30年度介護報酬改定に伴い，介護老人福祉施設，介護老人保健施設，介護療養型医療施設，介護医療院，（地域密着型）特定施設入居者生活介護，認知症対応型共同生活介護等に対して，次の措置を講じていない場合には，「身体拘束廃止未実施減算」（所定単位数の100分の10に相当する単位数を所定単位数から減算する）が適用される

38

第3章　身体的虐待のうちの身体拘束の例～職員が虐待を発見した場合の対応

ことになった。この措置とは，ⅰ施設において身体的拘束等を行う場合の記録（その態様及び時間，その際の入所者の心身の状況並びに緊急やむをえない理由の記録）をしなければならない。ⅱ身体的拘束等の適正化のための対策を検討する委員会を3月に1回以上開催するとともに，その結果について，介護職員その他の従業者に周知徹底を図ること。ⅲ身体的拘束等の適正化のための指針を整備すること。ⅳ介護職員その他の従業者に対し，身体的拘束等の適正化のための研修を定期的に実施すること，である（H30マニュアル97頁，運営基準11条6項）。

(1)　実体的要件

ア　3つの要件

　　まず，実体的要件としては，①利用者本人又は他の利用者の生命又は身体が危険にさらされる可能性が著しく高いこと（切迫性），②身体拘束その他の行動制限を行う以外に代替する看護・介護方法がないこと（非代替性），③身体拘束その他の行動制限が一時的であること（一時性）の3要件が挙げられる。

イ　①切迫性

　　①切迫性には，2つの要素がある。a身体拘束をせずに，本人が自由に行動できるとすると，利用者本人又は他の利用者の生命又は身体が危険に晒される可能性があること，bその可能性が著しく高いこと，つまり，「生命又は身体」に対する危険が現実に起こる可能性が著しく高まり，今，身体拘束を実施しないと，危険が現実に起こってしまうのを防ぐことができないほど切迫していることである。

　　このように，利用者本人又は他の利用者の生命又は身体に対する危険性がなかったり，その危険性の程度が，具体的かつ現実的に著しく高まっているとはいえない場合には，そもそも身体拘束をする必要性が認められない。言い換えれば，行動の自由の利益よりも，利用者本人又は他の利用者の生命又は身体の安全の確保が重要であると言える場合に，はじめて身体拘束をする必要性が認められる。

第1編　従事者による虐待対応及び防止

ウ　②非代替性

②非代替性については，身体拘束の目的が，利用者本人又は他の利用者の生命又は身体の安全を確保することにあるので，この目的を達成する方法が他にあるかを検討し，他に方法があれば，身体拘束をする前に，その方法を実行すべきである。

エ　③一時性

③一時性については，①切迫性が認められるので，身体拘束をする必要性があり，②他の方法がないため，やむなく身体拘束を実施するとしても，24時間365日継続的に実施できるものではなく，身体拘束を実施する時間帯，場面，期間はできる限り必要最小限度にとどめなければならない。

(2)　手続的要件

ア　手続的要件が求められる理由

上記の実体的要件が認められたとしても，さらに，上記措置（ⅰ～ⅳ）のとおり，手続的要件を満たす必要がある。このように，重層的に要件を課しているのは，身体の自由を制限することが，高齢者に対して，身体的弊害，精神的弊害を生じさせ，人間らしさを奪い去るからである。

イ　手続的要件の内容

手続的要件として，まず，身体拘束を開始するに当たって，④施設が組織的に身体拘束実施の可否を判断し，身体拘束の実施を決めたときは，ⅰ施設において身体的拘束等を行う場合の記録（その態様及び時間，その際の入所者の心身の状況並びに緊急やむを得ない理由の記録）をしなければならない。⑤利用者本人や家族に対して，身体拘束の内容，目的，理由，拘束の時間，時間帯，期間等をできる限り詳細に説明し，同意を得ることが必要となる。

ウ　④組織的判断

④の施設全体として組織的に判断が行われたといえるためには，あらかじめ指針でルールや手続を定めておくこと（上記ⅲ），特に，施設内の「身体拘束廃止委員会」などの組織において，事前に手続等を定め，具

体的な事例についても関係者が幅広く参加したカンフアレンスで判断する体制をとることが求められる（上記ⅱ）。

　運営基準の解釈通知によれば，同委員会の参加者について，「幅広い職種（例えば，施設長（管理者），事務長，医師，看護職員，介護職員，生活相談員）により構成する」とした上で，「構成メンバーの責務及び役割分担を明確にするとともに，専任の身体的拘束等の適正化対応策を担当する者を決めておくことが必要である。」と定めている。

エ　⑤事前の個別的同意

　⑤の同意は，事前の包括的な同意では足りず，仮に，事前に身体拘束について施設としての考え方を利用者や家族に説明し，同意を得ている場合であっても（このような同意は事前の包括的同意に当たる。），実際に身体拘束を行う時点で，個別に説明を行い，同意を得ることが必要となる。

　もっとも，切迫性の要件を満たす事実（利用者本人又は他の利用者の生命又は身体の危険が迫っていることが認められる事実）が，事前に予測できず，⑤の事前の同意を得る時間的余裕がない場合には，身体拘束実施後に，速やかに同意を得れば，違法とまでは言えない。

オ　⑥経過観察・再評価

　さらに，身体拘束を継続して行うには，⑥３要件を満たしているかどうかを常に観察，再検討するとともに，カンファレンス結果兼経過観察記録に記載すべきである。再検討時に，事後的に実体的要件を満たさなくなったと判断した場合には，直ちに解除しなければならない。この場合には，実際に身体拘束を一時的に解除して状態を観察するなどの対応をとり，再度，利用者本人又は他の利用者の生命又は身体に対する危険な出来事が生じた場合には，上記の実体的要件及び手続的要件を満たした上で，身体拘束を実施することになる。

　以上については，下記のように契約書に明記すべきである。

（参考）介護保険サービス契約のモデル案（改訂版）・介護福祉施設サービス利用契約書

　　https://www.nichibenren.or.jp/contact/information/kaigohoken.html

第1編　従事者による虐待対応及び防止

（身体的拘束その他の行動制限）

第9条　乙は，甲または他の利用者等の生命または身体を保護するため緊急やむを得ない場合を除き，甲に対し，身体的拘束その他の方法（薬剤の投与等）により甲の行動を制限しません。

2　乙が甲に対し，身体的拘束その他の方法により甲の行動を制限する場合は，甲に対し事前に，行動制限の根拠，内容，見込まれる期間について十分説明し，甲に同意能力がある場合は，その同意を得ることとします。

　　また，この場合乙は，事前または事後すみやかに，甲の後見人または甲の家族（甲に後見人がなく，かつ適切な家族がいないときは身元引受人）に対し，甲に対する行動制限の根拠，内容，見込まれる期間について十分説明します。

3　乙が甲に対し，身体的拘束その池の方法により甲の行動を制限した場合には，第10条に規定する介護サービス記録に次の事項を記載します。

　　一　甲に対する行動制限を決定した者の氏名，制限の根拠，内容，見込まれる期間及び実施された期間（時間）

　　二　前項に基づく乙の甲に対する説明の時期及び内容，その際のやりとりの概要

　　三　前項に基づく甲の後見人または甲の家族（甲に後見人がなく，かつ適切な家族がいないときは身元引受人）に対する説明の時期及び内容，その際のやりとりの概要

（介護サービス記録）

第10条　乙は，甲に対する介護サービスの提供に関する日々の記録を整備し，サービス提供の最終日から2年間保存します。

2　前項の介護サービスの提供に関する日々の記録には下記事項を記載するものとします。

　　①食事の有無・程度及び内容，②入浴，③介護事故に関する事項（誤燕，転倒など），④医師の診断及び指導内容，⑤吸引，血圧を測定した場合の記録，⑥その他バイタルチェックに関する事項，⑦外出，⑧身体拘束

第3章 身体的虐待のうちの身体拘束の例～職員が虐待を発見した場合の対応

以下（略）

4 発見時の事実調査・確認

(1) 手続的要件

発見時の事実調査・確認に当たっては，事実調査・確認のしやすい手続面からチェックすべきである。

ア ④身体拘束開始前の組織的判断について

本部職員Yとしては，身体拘束に関する指針と，身体拘束の可否を決めたカンファレンス（「身体拘束廃止委員会」等のチームでの検討会議）の議事録を見て，α他職種が参加して，組織的に指針どおりに検討しているか，β特に実体的要件である3要件について，要件ごとに要件を満たしていると評価できる具体的事実が，適切に書いているかをチェックすべきである。記載内容は，後記第2の1（46頁）の最高裁判決が参考になる。もちろんα介護職員のみで生命又は身体に対する危険性などを判断して，身体拘束の実施を決定すること等は許されない。

イ ⑤利用者等に対する説明・同意について

次に，本部職員Yは，同意書を見て，同意書に，身体拘束の内容，目的，理由，拘束の時間，時間帯，期間等が具体的に記載されているか，同意者が誰であるか，同意日が実施直前になっているかをチェックすべきである。同意書として，【記録1】緊急やむを得ない身体拘束に関する説明書を用いるように求められていると思われるが，同書面には，非代替性について明示的に書く欄がないので，「個別の状況による拘束の必要な理由」の欄に切迫性と非代替性の要件の両者について記載する，または，非代替性の欄を増やして記載すべきである。一時性の要件は「身体拘束の方法」や「拘束の時間帯及び時間」の欄が具体的かつ限定的に記載されているかをチェックすべきである。

基本的には，同書面の拘束の開始日時よりも前に，同意日が記載されているかをチェックすべきである。ただ，後記第2の1（46頁）の最高裁判決のように，身体拘束を夜間に即時にせざるを得ないような，緊急

43

やむを得ない場合には，同書面の拘束の開始日時よりも前に，同意日が記載されていてもやむを得ない。この場合には，「個別の状況による拘束の必要な理由」の欄に，同意日よりも前に拘束を開始せざるを得なかった具体的事情が書いてあるかをチェックすべきである。

ウ　⑥再検討について

　実施期間が，身体拘束実施予定期間内を経過している，又は相当期間（1か月以上）にわたっている場合には，身体拘束実施後に，危険性が認められる行為があった旨の記載が介護記録にあること，上記④及び⑤の手続が少なくとも1か月に1回，行われているのかをチェックすべきである。たとえば，事例のように，胃ろうを造設された本人が，注入中に胃ろうのチューブを抜きとるので，ミトンをしていた場合には，直近1か月間，本人がミトンをした手でチューブを掴むような行動があった旨の記載が介護記録にないのであれば，既に身体拘束を実施する必要性は消滅しているので，解除すべきである。それにもかかわらず，漫然と身体拘束を継続していた場合には，違法となる。

　再検討については，【記録2】緊急やむを得ない身体拘束に関する経過観察・再検討記録を用いるように求められていると思われるが，同書面には，3要件を引き続き満たしていることを示す具体的事実を要件ごとに個別に書く様式になっていないので，「日々の心身の状態等の観察・再検討結果」の欄に，（①切迫性）……（具体的事実）……，（②非代替性）……（具体的事実）……，（③一時性）……（具体的事実）……⇒（再検討結果）……などと書いてあるかをチェックすべきである。

(2)　実体的要件

　実体的要件の検討に当たっては，Aの心身の状況を把握するための資料として，要介護度認定にかかる認定調査票及び主治医意見書，アセスメントシート，直近1か月間の介護及び看護記録並びに事故報告書及びヒヤリハット報告書などを確認すべきである。

ア　①切迫性について

　権利侵害施設は，胃ろうや在宅酸素のチューブを外してしまうなどの

第3章　身体的虐待のうちの身体拘束の例～職員が虐待を発見した場合の対応

事故を防止するためであると簡単に認定して、切迫性の要件を認めてしまう傾向にある。

しかし、上記各記録に、Aが現に胃ろうや在宅酸素のチューブを外したという記載がない、又は胃ろうや在宅酸素のチューブを外したという記載はあるが、生命又は身体が危険にさらされるようなことが過去に一度もないということ（通常の施設であれば酸素飽和度の測定をしており。その数値が正常値の範囲内である等）であれば、切迫性があるとまではいえない。よって、本部職員Yは、胃ろうや在宅酸素のチューブを外すことで、生命又は身体に対する具体的な危険性が生じるのかを医師に確認したり、過去に生命又は身体に対する具体的な危険性が生じた事故が発生していたのかを記録などで確認した上で、切迫性の要件が認められるかを確認すべきである。本部職員Yとして、切迫性の要件充足性について疑義があるのであれば、「身体拘束廃止委員会」などで検討するように、要請すべきである。

イ　②非代替性について

胃ろうをボタン式に代えたり、胃ろうチューブが気になりにくいように、栄養チューブを足元から出す等の代替策や、利用者の安心・精神的ストレスの軽減、例えば、職員の訪室回数を増やす（精神的安心につながるとともに、職員の訪室回数を増やすことで、各チューブの自己抜去により生じる酸素飽和度の低下や腹膜炎などの危険性を低くすることもできる。）、職員と話をする時間を増やす、日中、リクライニング車いすへの離床を促す、本人の興味のあるクラブへの積極的な参加を促す等の検討をしていたか否かをチェックすべきである。本部職員Yとしては、チューブの自己抜去の原因を探るために情報を収集し、何が原因であるのかを検討し、危険を現実化させないための他の方法を検討していたのか否かを具体的に確認する必要がある。

ウ　③一時性について

本部職員Yとしては、身体拘束を実施する時間帯、期間、及び場面等が、なぜ、そのように決まったのかの根拠となる具体的事実を確認し、

45

第1編　従事者による虐待対応及び防止

必要最小限度を超えて過度になっていないか否かを検討する必要がある。

第2　本事例の場合

1　最高裁平成 22 年 1 月 26 日第三小法廷判決民集 64 巻 1 号 219 頁

救急指定病院ではあるが，ミトンの違法性について判断した判例がある。Xの心身の状態は，「Xは，せん妄の状態で，消灯後から深夜にかけて頻繁にナースコールを繰り返し，車いすで詰所に行っては看護師にオムツの交換を求め，更には詰所や病室で大声を出すなどした上，ベッドごと個室に移された後も興奮が収まらず，ベッドに起き上がろうとする行動を繰り返していたものである。しかも，Xは，当時80歳という高齢であって，4か月前に他病院で転倒して恥骨を骨折したことがあり，本件病院でも，10日ほど前に，ナースコールを繰り返し，看護師の説明を理解しないまま，車いすを押して歩いて転倒したことがあったというのである。」。これらを踏まえて，①の切迫性については，「本件抑制行為当時，せん妄の状態で興奮したXが，歩行中に転倒したりベッドから転落したりして骨折等の重大な傷害を負う危険性は極めて高かったというべきである。」と判示している。②次に，非代替性については，「看護師らは，約4時間にもわたって，頻回にオムツの交換を求めるXに対し，その都度汚れていなくてもオムツを交換し，お茶を飲ませるなどして落ち着かせようと努めたにもかかわらず，Xの興奮状態は一向に収まらなかったというのであるから，看護師がその後更に付き添うことでXの状態が好転したとは考え難い上，当時，当直の看護師3名で27名の入院患者に対応していたというのであるから，深夜，長時間にわたり，看護師のうち1名がXに付きっきりで対応することは困難であったと考えられる。そして，Xは腎不全の診断を受けており，薬効の強い向精神薬を服用させることは危険であると判断されたのであって，これらのことからすれば，本件抑制行為当時，他にXの転倒，転落の危険を防止する適切な代替方法はなかったというべきである。」と判示している。最後に③一時性については，「本件抑制行為の態様は，ミトンを使用して両上肢をベッドに固定するというものであるところ，前記事実関係によれば，ミトンの片方はXが口でかん

で間もなく外してしまい，もう片方はXの入眠を確認した看護師が速やかに外したため，拘束時間は約2時間にすぎなかったというのであるから，本件抑制行為は，当時のXの状態等に照らし，その転倒，転落の危険を防止するため必要最小限度のものであったということができる。」と判示している。

これらの検討を踏まえて，「本件抑制行為は，Xの療養看護に当たっていた看護師らが，転倒，転落によりXが重大な傷害を負う危険を避けるため緊急やむを得ず行った行為であって，診療契約上の義務に違反するものではなく，不法行為法上違法であるということもできない。」と判示している。

2　事例に対する評価

上記の最高裁平成22年1月26日第三小法廷判決は，民事上（ここでは不法行為法上）違法ではないと判示したものであり，法領域が異なる行政法上も違法ではないと判示したものではないことに留意すべきである（法領域の相対性）。ただ，実体的要件の3要件の検討に当たっては参考になる。

(1)　①切迫性

①切迫性について，上記最高裁判決は，現実に，生命又は身体に対して重大な危険が伴う事故が発生していたことを認定した（骨折事故及び転倒事故）上で切迫性の要件を判断しているように，本部職員Yとしては，「身体拘束廃止委員会」などの検討が少なくとも3か月に1回求められている（H30マニュアル97頁）（市区町村によっては，1か月1回など）ことを踏まえると，直近3か月（又は1か月）以内の身体拘束実施前の事故報告書などで，生命又は身体に対する具体的かつ現実的な危険性を示す具体的な事実を確認できなかった場合には，ミトンによる抑制は違法であると判断すべきである。

他方，直近3か月（又は1か月）以内に，Aが酸素チューブを自己抜去したことにより酸素飽和度が基準値を相当程度下回ったことが数回あったなど生命又は身体に対する具体的かつ現実的な危険性を示す具体的な事実が確認できた場合には，医師に意見を照会して，医師から，このような事実から，Aの生命・身体に対してどのような危険がどの程度考えられるか，身体拘束を実施する必要性がどの程度認められるか等の意見を得ておくべ

きである。生命又は身体に対して重大な危険についての評価は，医学的見解に基づくべきであろう。

(2) ②非代替性

　②直近３か月（又は１か月）以内に，Ａが酸素チューブを自己抜去したことにより，生命又は身体に対する具体的かつ現実的な危険性を示す具体的な事実の確認及び医学的見解が得られた場合には，非代替性について検討すべきである。上記最高裁判決は，ミトン等による抑制を開始する前に，看護師が実施した他の方法の認定（お茶を飲ませる等），並びに，他の方法の実施可能性（向精神薬の服用は困難であると判示）及び結果回避可能性（１対１の付き添いを実施しても転倒の回避困難）も含めて複数検討している。本部職員Ｙとしては，ミトンによる抑制実施前に他の手段をとっていなかったり，他の手段を検討し，その手段が実施困難であること，又は実施しても結果を回避するのが困難であることの検討を行っていない場合には，施設に対して速やかに代替手段について検討すべきように指示すべきである。

(3) ③一時性

　③一時性については，上記最高裁判決は，Ａの入眠を確認した看護師が速やかに外したことに着目し，せん妄の状態で興奮した状態が継続していた約２時間であることをもって，一時性の要件も満たしていると判示していることから，本部職員Ｙとしては，Ａが各チューブを外すときの本人の状態，場面，時間帯などを特定して，その条件を満たしたときに限定してミトンによる抑制をしていることが確認できなければ，Ａが各チューブを外すときの本人の状態，場面，時間帯などを特定するようにアセスメントすべきであることを施設に対して指示すべきである。

3　事例に対する対応及び改善計画

(1) Ａに対する対応

　本部職員Ｙとしては，上記のような検討をした結果，実体的要件のうち１つでも満たしていないと判断した場合には，直ちにミトンを外すように施設に助言すべきである。再度アセスメントを実施し，適切な支援計画を立てて，サービスを提供すべきである。

第3章　身体的虐待のうちの身体拘束の例～職員が虐待を発見した場合の対応

(2)　他の対応

　上記のような検討を施設が怠っていたことを確認した場合には，身体拘束廃止未実施減算を適用するとともに（適用しなければ不正受給になってしまう。），違法な身体拘束をした原因を解明し，その原因に応じた対策をたてるべきである。

　違法な身体拘束は継続的に実施されているので，ほとんどの職員が身体拘束の事実を知っているにもかかわらず，自浄作用が働かず放置していることから，職員個人の問題というよりも，特に組織全体の誤った考え方が原因であることが多い。そこで，Aや身体拘束を実施していた他の利用者全員について，身体拘束の実施過程を，次のことを考慮して検証すべきである。

　ア　①切迫性

　まず，①切迫性について判断するには，現実に生命又は身体に対する重大な危険が伴う事故等が発生していることが必要となるので，特に事故報告書を適切に書く必要がある。現実に生命又は身体に対する重大な危険が伴う事故等が発生していないのであれば，医師が近い将来生命又は身体に対する重大な危険が伴う事故等が発生する可能性が認められる旨の見解を得ておく必要がある。高齢者だから，要介護5だから，骨粗鬆症だから等という事情だけでは，抽象的な危険にとどまり（このような事情は多くの高齢者にあてはまるゆえに，多くの高齢者に対する身体拘束を安易に認めるという誤った理解に陥ってしまう。），切迫性の要件を満たしているとはいえない。特に，利用者の生命・健康の安全確保を目的とするのであれば，医師の見解を得ておくべきである。すなわち，身体拘束をせずに，利用者の自由に委ねた場合に，利用者の生命・健康に対して，いかなる危険性がどの程度発生するのかについて，具体的に意見を得ておくべきであろう。

　70人定員のうち，認知症を患っていたり自力歩行が困難だったりする70～90歳代の入居者・ショートステイ利用者計34人に対し，特段に身体拘束の必要などないにもかかわらず，ホーム居室内のベッドを柵

第1編　従事者による虐待対応及び防止

で囲って出られなくしたり，車いすに座らせたままベルトで固定したりしていた例がある。理事長は，「拘束は事故防止のためだった」などと自ら身体拘束の指示をしていたことを認めていたという。これは，権利侵害施設の典型例である。抽象的な事故の危険性を理由に安易に身体拘束を認めてしまうという理解自体が，身体拘束の人権侵害性を理解していない証左であり，改善に見込みがないと言わざるを得ない。よって，権利侵害施設については，理事長等も含めた研修が重要となる。

イ　②非代替性

　②非代替性については，「身体拘束廃止委員会」などの会議やサービス担当者会議などで，他の手段を検討すべきである。他の検討に当たっては，要介護度認定にかかる認定調査票及び主治医意見書，アセスメントシート，施設サービス計画等のケアプラン，直近1か月間の介護及び看護記録並びに事故報告書及びヒヤリハット報告書などを踏まえて，例えば，利用者がチューブを自己抜去してしまう原因などを分析して，その原因を除去及び緩和する身体拘束以外の他の方法を計画に位置付け，実践していくべきである。他の方法を実践しても，依然として生命又は身体に対する重大な危険を引き起す事故が発生するのであれば，身体拘束の実施を検討することになる。このような検討を経ることなく，安易に身体拘束を認めてしまうという理解自体が，身体拘束の人権侵害性を理解していない証左である。

　他者（他の利用者や職員等）に対する暴力など，他者に対する人権侵害を防止することも目的として，利用者の行動を落ち着かせるために，向精神薬を服用させる場合には，非代替性の検討が重要である。利用者の他者に対する人権侵害行為に対して，施設としては，人権侵害行為の内容・頻度，回避措置の有無・実現可能性等にもよるが，まずは，向精神薬（医療的対応）に頼らず，サービス担当者会議等を開催しながら，人権侵害行為に至る原因の分析，原因に対する福祉的対応を検討し，利用者に対する支援計画を具体的に作成して，対応を統一して行うなどが必要となる。施設として，福祉的対応を尽くしても，利用者の人権侵害行為

50

第3章　身体的虐待のうちの身体拘束の例〜職員が虐待を発見した場合の対応

が一向に治まる気配がなく，福祉的対応も限界に達していたと認められ
るか否かのチェックも必要である。向精神薬の服用の判断だけではな
く，福祉的対応の内容の検討についても，精神科医に相談しながら，意
見を得ておくべきである。

ウ　③一時性

　③一時性については，身体拘束を実施するにしても，できる限り最小
限にとどめる必要がある。24時間シートなどを活用して，利用者の生
活全般を把握して，生命又は身体に対する重大な危険を引き起す事故が
発生する，本人の状態，場面，時間帯などを限定していく必要がある。
このような検討を経ることなく，安易に身体拘束を認めてしまうという
理解自体が，身体拘束の人権侵害性を理解していない証左である。

エ　検討の結果，実体的要件を満たさない場合

　まずは，実体的要件のいずれかでも要件を満たさない場合には，Aに
対する身体拘束を即時に解除すべきである。

オ　検討の結果，実体的要件を満たす場合

　実体的要件を全て満たすが，手続的要件を満たしていない場合には，
④身体拘束開始前の組織的判断及び⑤利用者等に対する説明・同意の手
続を踏むべきである。

(3)　改善計画

ア　施設長等のトップの姿勢

　改善計画が単にアリバイ作りにならないように，組織的な改善計画に
ついて少し付言しておく。違法な身体拘束を予防するには，まず，施設
長などのトップが，二度と違法な身体拘束などの利用者の尊厳を害する
虐待を発生させないことを決意表明することが重要である。野球の監督
ではないが，トップの徹底した尊厳保持，自己決定権の尊重等の熱い思
いが，職員に伝わると，職員全員の虐待防止に対する気運は高まるもの
である。職員のモチベーションを高めることが重要である。

イ　指針（ルール）の整備と周知徹底

　次に，ⅲ身体的拘束等の適正化のための指針（ルール）を整備すると

51

第1編　従事者による虐待対応及び防止

ともに，介護職員その他の従業者（管理監督者も含む。）に対し周知徹底することが必要である。指針の周知徹底というと，単に指針を読み上げて終わりという施設も散見されるが，指針を覚えることに意味があるのではないので，指針の意味（なぜこのように定めているのかの理由）を具体的に理解できるように説明して周知徹底を図るべきである。

ウ　職員の琴線に触れる研修の実施

　また，iv介護職員その他の従業者（管理監督者も含む。）に対し，身体的拘束等の適正化のための研修を定期的に繰り返し実施することが重要である。行政等が開示しているパンフレット等を読み上げる等の形だけの研修が行われる場合もある。しかし，このような研修では知識は定着するかもしれないが，職員一人ひとりの琴線に触れた，職員の虐待を絶対に防止するという決意に至るレベルには達しないと思われる。職員の尊厳に対する考え方（第1編第4章第2の2（67頁）），仕事に対する考え方，自らの生き方にも迫るような心の奥に深く刺さるような研修が求められる。

エ　身体拘束廃止委員会等の実施

　他に，ii身体的拘束等の適正化のための対策を検討する身体拘束廃止委員会等を3月に1回以上（基本的には1か月に1回以上が望ましい。市町村によっては，1か月に1回以上と決めている場合もある。）開催するとともに，その結果について，介護職員その他の従業者に周知徹底を図ることなどの体制整備が必要である。さらに，以上のように，違法な身体拘束を行う権利侵害施設は，PDCAサイクルを適切に実施できていないので，これらについての改善も必要となる。

第4章 心理的虐待～市町村から立入調査の事前連絡があった場合の対応

事例 ●

　X施設（介護老人保健施設）に対して，甲市から，利用者Aの家族Bから，次のような苦情があったので，立入調査をしたいとの連絡が事前にあった。

（苦情1）男性職員Y1が，半袖の服を着ている認知症高齢者女性Aの右下腕部に油性ペンで「バカ」といたずら書きをした。

（苦情2）男性職員Y2が，認知症高齢者女性Bに対して，「しつこいぞ，死ね，ババア」等の暴言を吐いた。

　＊連絡の時点では，職員名及び利用者名は伏せられていた。

　適切な施設運営をしていきたい施設長Zとしてはどのように対応すればよいか。

【解説】

第1　心理的虐待及び立入調査について

1　心理的虐待とは

(1)　定義

　心理的虐待とは，高齢者に対する著しい暴言又は著しく拒絶的な反応その他の高齢者に著しい心理的外傷を与える言動を行うことをいう（防止法2条5項1号ハ）。この定義には，3つの類型が明記されている。すなわち，高齢者に対する，a「著しい暴言」，b「著しく拒絶的な反応」，c「その他の高齢者に著しい心理的外傷を与える言動を行うこと」である。

(2)　「著しい」又は「著しく」が明記された趣旨

　これら3類型とも「著しい」又は「著しく」との文言が入っている。「著しい」等の限定をしているのは，虐待と，虐待とまで言えない不適切な介護との区別を行う趣旨である。心理的虐待は，行為態様の面では，言動を対象にしているので，身体的虐待等とは異なり，問題となる行為態様

第1編　従事者による虐待対応及び防止

の対象が広いため，何でも心理的虐待に当たるということになりかねない。しかも，心理的虐待は，心理的外傷という結果に着目しているため，外観上心理的外傷の有無の判断は困難な側面もあることから，「著しい」等の限定を付したと考えられる。

(3)　「著しい」又は「著しく」の判断の目安

「著しい」等といえるかどうかは，程度の問題である。つまり，後記(5)の例のうち，例えば，職員が高齢者に対して，1回だけ「死ね」と言ったのと，1回だけ「○○ちゃん」と子ども扱いするような呼称で呼んだのとでは程度に差がある。「死ね」と言うのはたとえ1回であったとしても，客観的にみれば（一般的に通常人の観点から判断しても），本人に著しい心理的外傷を及ぼす言葉であるので，心理的虐待に当たる。しかし，「○○ちゃん」と呼んだことは，「死ね」と比較すると，客観的には，1回だけで本人に著しい心理的外傷を及ぼす言葉とまではいえないと思われる。この場合には，この「○○ちゃん」という言葉を使用した職員の人数，期間，頻度，回数等をも考慮して，客観的に判断すべきである。つまり，相当期間日常的に「○○ちゃん」と呼んだ場合には，心理的虐待に当たる。もっとも，一般的に通常人の観点から判断すれば本人に著しい心理的外傷を及ぼす言葉とまではいえなくとも，高齢者本人の立場から捉えたときに，著しい心理的外傷があった場合には，たとえ1回でも心理的虐待に当たる。

(4)　心理的外傷の有無の判断基準

また，心理的外傷の有無については，まず，高齢者本人を基準として判断されるべきである。次に，高齢者本人の判断能力が低下していて，主観的に意思表示できなくても，客観的に見て問題のある行為であれば，心理的外傷があると判断すべきである（手引き11頁・A7）。

(5)　心理的虐待の例

心理的虐待の例として，次のものが挙げられている。①威嚇的な発言，態度（怒鳴る，罵る。「ここ（施設・居宅）にいられなくしてやる」「追い出すぞ」などと言い脅す。など），②侮辱的な発言，態度（排せつの失敗や食べこぼしなど老化現象やそれに伴う言動等を嘲笑する。日常的にからかったり，「死ね」など侮蔑的な

54

第4章　心理的虐待～市町村から立入調査の事前連絡があった場合の対応

ことを言う。排せつ介助の際，「臭い」「汚い」などと言う。子ども扱いするような呼称で呼ぶ。など），③高齢者や家族の存在や行為を否定，無視するような発言，態度（「意味もなくコールを押さないで」「なんでこんなことができないの」などと言う。他の利用者に高齢者や家族の悪口等を言いふらす。話しかけ，ナースコール等を無視する。高齢者の大切にしているものを乱暴に扱う，壊す，捨てる。高齢者がしたくてもできないことを当てつけにやってみせる（他の利用者にやらせる）。など），④高齢者の意欲や自立心を低下させる行為（トイレを使用できるのに，職員の都合を優先し，本人の意思や状態を無視しておむつを使う。自分で食事ができるのに，職員の都合を優先し，本人の意思や状態を無視して食事の全介助をする。など），⑤心理的に高齢者を不当に孤立させる行為（本人の家族に伝えてほしいという訴えを理由なく無視して伝えない。理由もなく住所録を取り上げるなど，外部との連絡を遮断する。面会者が訪れても，本人の意思や状態を無視して面会させない。など），⑦その他（車いすでの移動介助の際に，速いスピードで走らせ恐怖感を与える。自分の信仰している宗教に加入するよう強制する。入所者の顔に落書きをして，それをカメラ等で撮影し他の職員に見せる。本人の意思に反した異性介助を繰り返す。浴室脱衣所で，異性の利用者を一緒に着替えさせたりする。など）が挙げられている（H30マニュアル8頁）。

2　本事例の場合

(1)　苦情1の場合

　まず，（苦情1）の男性職員Y1が，半袖の服を着ている認知症高齢者女性Aの右下腕部に油性ペンで「バカ」といたずら書きをしたことは，「バカ」という侮辱的な言葉を，継続的に文字として残るように消えにくい油性ペンで書いたことから，たとえAがいたずら書きをすることに同意していたとしても，一般的に通常人の観点から判断すれば，本人に著しい心理的外傷を及ぼす言動に当たるので，心理的虐待に当たる。

(2)　苦情2の場合

　次に，（苦情2）の男性職員Y2が，認知症高齢者女性Bに対して，「しつこいぞ，死ね，ババア」等の暴言を吐いたことも，これらの言葉のうち1回だけであったとしても，一般的に通常人の観点から判断すれば，本人

第1編　従事者による虐待対応及び防止

に著しい心理的外傷を及ぼす言動に当たるので，心理的虐待に当たる。

3　市町村等の立入調査　（H 30 マニュアル 78 ～ 80 頁のフロー図参照）

　施設長Ｚが，市の立入調査に対して適切に対応するためには，市の立入調査の方法，違い，法的根拠を知っておくべきである。そこで，まず，立入調査の方法，違い，法的根拠についてみておく。

⑴　3つの方法

　　市が，立入調査などの事実確認を実施する方法としては，①介保法に基づく「監査（立入検査等）」，②「実地指導」（介保法 23 条，24 条に基づく文書の提出，当該職員への質問等を含む。），③防止法の主旨を踏まえて，当該養介護施設等の任意の協力の下に行う調査（以下「任意調査」という。）という3つが考えられる（H 30 マニュアル 84 頁）。

　　もっとも，②実地指導は，「保険給付」の章に位置付けられ，「保険給付に関して必要があると認めるときは」と明記されている（介保法 23 条）ので，高齢者虐待の事実確認のために，適用することはできないのではないかという疑問が生じる。しかし，事業者が保険給付を受けるためには，その前提として，法令を遵守した適切なサービスを提供していることが求められているというべきである。例えば，身体的虐待等の虐待をしながら，保険給付を受けることを認めれば，市町村が，虐待を行っている事業者を公的に支援することとなり，高齢者の尊厳を守るという介保法等の趣旨に反することになるからである。よって，「指定介護老人福祉施設の開設者は，要介護者の人格を尊重するとともに，この法律又はこの法律に基づく命令を遵守し，要介護者のため忠実にその職務を遂行しなければならない。」（介保法 88 条 6 項）等の介保法及び防止法令違反の疑いがある以上，「保険給付に関して必要があると認めるとき」に当たると解し，実地指導を行うことになる。

⑵　上記3つの方法の違い

ア　措置権限行使の可否

　　事業者の適正な運営を確保するためには，市町村等に対して，介保法等に規定された権限を適切かつ迅速に行使することが求められている。

56

第4章　心理的虐待〜市町村から立入調査の事前連絡があった場合の対応

　市町村等が迅速に「勧告」「命令」「指定取消」等の措置権限を行使するには，①監査を選択すべきことになる。例えば，勧告・命令（介保法91条の2）等は，監査（介保法90条）と同じ「第五章　介護支援専門員並びに事業者及び施設」，「五節　介護保険施設」，「第一款　指定介護老人福祉施設」に規定され，監査の次に置かれていることから，「勧告」等を行うには，監査を踏まえる必要があると解されるからである。

　これに対して，②実地指導は，「第四章　保険給付」に置かれているので，「勧告」等を行うことはできない。早期に「勧告」等の措置を行うためには，①監査に切り替える必要がある。また，③は，防止法の主旨から導かれているので，介保法上の勧告等を行うことはできない。

イ　事前通知の要否

　市町村等が施設に対する立入調査等の事実確認を行う際に，当該養介護施設・事業所へ事前連絡をすることで正確な調査が阻害されるなどの弊害も考えられることから，市町村等が施設に事前連絡をすることについては慎重に検討されている。市町村等としては，これまで収集した事実から高齢者の生命・身体に対する重大な危険が予想される場合，事実の隠蔽，重要な書類の破棄，改ざん等が考えられる場合には，事前通知はしないと思われる。例えば，24時間365日，つなぎ服を着せられ，両手にミトンをし，しかもミトンを上から包帯で縛り，ベッド柵に包帯をくくりつけているような場合に，事前に連絡をすれば，調査日は，普通の服を着て，ミトン等も外されていることも考えられるからである。

　もっとも，事前に連絡をすることにより，施設が必要書類を事前に用意したり，立入調査に対応できる職員の出勤の確保等，調査を実効的に行うことができると判断した場合には，市町村等が施設に対し事前に連絡する場合もある。

　市町村等としては，①監査（立入検査等）で事実確認を実施する場合には，「勧告」等を行うことも想定されているので，手続上も事前連絡の必要はない。事前に通知をしたのでは，上記の身体拘束のように，事実を隠蔽することにより，勧告等を免れることができ，何回調査をして

第1編　従事者による虐待対応及び防止

も，事実を隠蔽され勧告等をすることができなくなるからである。②介保法に基づく「実地指導」の場合には，「介護保険施設等実地指導マニュアル」(厚生労働省)に記載のとおり，通常事前に通知をしていることから，虐待の有無の事実調査の場合であっても，市町村等は施設に対し平等原則の観点から，事前に連絡をすると思われる。ただ，連絡の方法，時期については，事実の隠蔽を防止するために，口頭で，当日や直前に連絡し，連絡から時間を空けずに事実確認を実施する場合もある。

③任意調査では，②実地指導のように，事前に連絡をしていたという経緯がないこと，事前連絡が必要だという規定がないことから，事前の連絡はないと思われる。もっとも，あくまで施設に対し，任意に協力してもらうわけであるので，事前に連絡をする場合もある。

(3)　方法選択の目安

市町村等が上記3つの方法のいずれを選ぶのかに当たっては，市町村又は都道府県が，老人福祉法及び介護保険法に規定された権限を適切に行使することにより，高齢者を保護していくことを念頭において，選ぶことになる。つまり，高齢者を保護するとともに，事業の適正な運営を確保するためには，どの方法を選ぶのが適切かという視点から選択しているはずである。

ア　①「監査（立入検査等）」が基本

市町村等としては，事前の連絡が不要であること，拒否すれば指定取消もあり得るので，より確実な事実確認ができること，及び迅速に「勧告」等の措置権限を行使できることから，①「監査（立入検査等）」を基本としているはずである。

イ　方法選択の際の考慮要素

もっとも，事業者からすれば，「勧告」ひいては「指定取消」等の不利益な処分がなされる危険性があることから，市町村等としては，施設に配慮して，「監査（立入検査等）」を選択しない場合もある。

そこで，市町村等は，a 通報時の事情及び通報後調査日までに収集した事情を分析して，虐待要因，及び利用者の生命・身体等に対する危険

58

性の内容・程度，被虐待者の範囲の検討，β過去の実施指導等の結果，γ市町村に提出されている事故報告書・苦情等の情報等から，虐待要因，及び事業者が虐待要因を改善する見込みの検討をした上で，方法を選択しているはずである。

ウ　①「監査（立入検査等）」選択の例

　例えば，つなぎ服を着せられ，両手にミトンをし，しかもミトンを上から包帯で縛り，ベッド柵に包帯をくくりつけていた等のように，α生命・身体に対する重大な危険が認められた場合には，①「監査（立入検査等）」が選択されるはずである。

　α生命・身体に対する重大な危険があるとまで認められない場合であっても，β過去に実施指導で指摘したことが改善されていない，γ不自然な経緯による死亡事故又は重大な事故が報告されている，骨折等の事故が多発している，数名から苦情が受け付けられている，などのように，組織的な虐待が疑われる，又は虐待が解消される見込みが低いと判断された場合にも，①「監査（立入検査等）」が選択されるはずである。

エ　②実地指導，③任意調査選択の場合

　α生命・身体に対する重大な危険があるとまで認められない場合で，β過去に実施指導で指摘した点が軽微であった，指摘事項が改善されている，γ死亡事故又は重大な事故が報告されているが事故に至った経緯が事業者の過失とまでいえない，骨折等の事故が他の同種の事業者に比較して特に多発しているとまでいえない，適切な苦情対応がなされている，δ厚生労働省の介護サービス情報の公表制度の評価が都道府県の平均点以上である等の場合には，②実地指導，③任意調査が選択されるはずである。

(4)　本事例の場合

　事例の場合，甲市から，Ｘ施設に対して，立入調査をしたいとの連絡が事前にあったのであるから，原則的には，②「実地指導」（介保法23条，24条に基づく文書の提出，当該職員への質問等を含む。），又は，③任意調査のいずれかである。口頭での連絡の後，甲市からＸ施設に対して書面が届けられ

第1編　従事者による虐待対応及び防止

る場合もあるので，施設長Zとしては，その書面を読んで法的根拠の記載
の有無等の確認をすべきである。

　口頭連絡のみで書面が送付されない場合もあるので，施設長Zとして
は，聞きにくいところではあるが，甲市に対して，立入調査の法的根拠を
確認してもよいと思われる。立入調査の前の段階では，これ以上に，通報
者，職員名，利用者名，虐待が疑われている事実の発生日時，具体的内容
までは，教えてもらえないと考えた方がよい。なぜなら，市町村等には，
相談や通報，届出によって知り得た情報や通報者に関する情報は，個人の
プライバシーに関わる極めて繊細な性質のものであるとともに，養介護施
設従事者等が通報者である場合には，通報者に関する情報の取扱いには特
に注意が必要であり，事実の確認に当たってはそれが虚偽又は過失による
ものでないか留意しつつ，施設・事業者には通報者は明かさずに調査を行
うなど，通報者の立場の保護に配慮することが必要である（防止法21条6
項，23条）とされているからである（H30マニュアル82頁）。

4　行政による連絡後の事実調査・確認

(1)　①「監査（立入検査等）」だと思って対応すべき

　施設長Zとしては，②「実地指導」又は③任意調査であると捉えて安心
してしまい，立入調査まで何もしないのはよくない。②「実地指導」又は
③任意調査であっても場合によっては，②「実地指導」又は③任意調査の
当日又はその後に①監査へ切り替えられる場合もある。施設長Zは，利用
者の尊厳を守るとともに，適切な事業運営ができる能力があることを，甲
市に対して，理解してもらうことが必要である。

(2)　虐待発覚後から立入調査当日までにすべきこと

　本来であれば，施設長Zが甲市が把握した虐待の疑いのある具体的事実
を甲市よりも早くに把握して，甲市に対して通報するのが望ましかったの
であるから，甲市から連絡があった後であったとしても，速やかに，施設
長Zとしては，虐待の疑いのある具体的事実を把握して，適切に対応すべ
きである。甲市がX施設内の虐待を認定した後は，施設長Zは，X施設の
虐待の再発防止のための具体的な改善計画を立てて実施する必要があるの

60

であるから，後に回すよりも立入調査前にできる限りのことは実施して，立入調査のときに実施した内容を具体的に説明した方がよい。

⑶　改善できることは速やかに改善する

　まず，虐待対応で最重要なのは，高齢者の安全確保であるので，Ｘ施設の利用者全員の心身の状況を把握して，生命又は身体等に重大な危険があるのであれば，その状況を改善すべくサービス内容を変更しておくべきである。これは事実の隠蔽には当たらないので，改善できるところは速やかに改善すべきである。例えば，ミトンを付けていたのを解除した場合に，立入調査時に，以前ミトンを付けていたことがあったという事実を否定するのは絶対にすべきではないが，以前ミトンを付けていたことを認めた上で，身体拘束に該当する行為であると気付いて速やかに解除した経過や根拠を説明すればよい。

⑷　各種記録の整備

　次に，甲市が，調査する項目は，下記⑹のとおりであるので，下記記載の書面に不十分な点があれば，真実に合致している事実を追記しても問題はないと思われる。もっとも，追記する際には虚偽の事実を記載することは絶対に許されない。また，手引き 81 頁の確認事項例を参考に環境面を改善しておくのもよい。これは，事実の隠蔽ではなく，不適切な状況を早期に把握し，改善することは，利用者の尊厳保持に資するからである。改善した場合には，改善前の事実を指摘された場合や改善前の状況について聞かれた場合には，その事実を認めたり，前の状況を説明するとともに，改善した経緯等を説明すべきである。

⑸　施設内での職員の聴き取り

　さらに，施設長Ｚとしては，甲市から説明を受けた事実から問題となっている虐待の疑いの事実をある程度特定できた場合には，その利用者，その利用者を支援しているユニットなどの関係職員から事情を聴き取ってもよいと思われる。施設長Ｚとしては，あくまで真相を解明するために，聴き取りの内容を要約するのではなく，できる限り一問一答のやりとりを詳しく書いておくべきである。虐待又は不適切ケアの内容，これらが生じた

第1編　従事者による虐待対応及び防止

原因・背景事情なども聴き取るべきである。くれぐれも事実を隠蔽したり，虚偽の事実をねつ造するために，職員が口裏を合わせる等のことは絶対に行ってはならない。

(6)　立入調査当日の留意点

　最後に，立入調査当日には，X施設の管理監督職は全員出勤するように命じたり，閲覧されると思われる下記の調査項目のイを参考にしたり，事前に甲市の職員に用意すべき書類を聴取するなどして，各書類を用意して，甲市の質問に対して何でもすぐに回答できるようにすべきである。調査を行う際の留意事項（H30マニュアル86頁）を把握しておくとよい。

《調査項目》

ア．高齢者本人への調査項目

　①虐待の種類や程度，②虐待の事実と経過，③高齢者の安全確認と身体・精神・生活状況等の把握（ⅰ安全確認……関わりのある養介護施設従事者等（虐待を行ったと疑われる職員は除く）の協力を得ながら，面会その他の方法で確認する。特に，緊急保護の要否を判断する上で高齢者の心身の状況を直接観察することが有効であるため，基本的には面接によって確認を行う。ⅱ身体状況……傷害部位及びその状況を具体的に記録する。ⅲ精神状態……虐待による精神的な影響が表情や行動に表れている可能性があるため，高齢者の様子を記録する。ⅳ生活環境……高齢者が生活している居室等の生活環境を記録する。④サービス利用状況，⑤その他必要事項。

イ．養介護施設等への調査項目

　①当該高齢者に対するサービス提供状況（当該高齢者の生活状況，職員の対応状況，介護サービス計画，サービス実施記録，ケアプラン，支援経過），②虐待を行った疑いのある職員の勤務状況等，③通報等の内容に係る事実確認，状況の説明，④職員の勤務体制，⑤その他必要事項（事故・ヒヤリハット報告書，苦情相談記録，虐待防止委員会・事故防止委員会の記録，職員への研修状況）。

5　立入調査時の対応

　当日の立入調査には積極的に協力すべきである。仮に，実地指導及び任意調査による立入調査であった場合，立入調査を拒否すれば，その場ですぐに

監査に切り替えられてしまうからである。監査へ切り替えられた場合には，指定取消等の重い処分がなされる危険性が高まるので，立入調査を拒否すべきではない。

　会議室等に甲市の職員を案内した後，調査開始前に甲市の職員から調査目的や調査の進め方などの説明があるので，出勤している管理監督者は全員が，その説明を聴いた上で，当日の調査の進め方について確認をして，円滑に調査が終了できるように協力すべきである。調査は，ⅰ施設内の状況確認，ⅱ記録確認，ⅲ面接であるので，施設内を案内して説明をしたり質問に応える職員，各種記録に関して説明をしたり質問に応える職員は，事前に決めておく方がよい。面接は甲市の職員が指名すると思われるので，事前に決めることはできないが，施設長や介護・看護部門の管理監督者は面接の可能性が高いので，出勤すべきである。また，会議室等の部屋の用意（記録確認の部屋，面接用の部屋の最低２部屋は必要），コピー機及びパソコン（甲市にとって必要な情報をパソコンで自由に閲覧できるようにして，適宜プリントアウトできるようにしておく。）の使用などの協力もすべきである。

　職員に対する面接では，対象となった職員は，事実をそのまま説明すべきである。

　調査終了後に，甲市の職員から，調査結果や今後の改善に向けた取組等に関する説明，今後の補充調査についての説明等があれば，出勤した管理監督者は全員聴くようにした方がよい。今後の改善にとっては，甲市の職員の説明を直接聴くことにより，統一した認識にたって，虐待の根絶に向かって一致団結していく雰囲気を作ることが重要だからである。

第2　立入調査後の対応

1　改善計画

(1)　職員に対する事情聴取の悪い例

　調査の結果，苦情１及び苦情２とも事実であることが判明した。男性職員Ｙ１は，軽い気持ちで，居眠りをしていたＡの右下腕部に油性ペンで「バカ」といたずら書きをしたと説明した。男性職員Ｙ２は，夜勤の時間帯に，Ｂが何度もケアコールを押してくるので，「しつこいぞ，死ね，バ

第1編　従事者による虐待対応及び防止

バア」等の暴言を吐いたと説明したことが判明した。

　まず，適切に改善計画を立てるためには，原因分析が重要である。心理的虐待の原因分析に当たっては，心理的虐待を行った職員からの聴き取りが重要である。権利侵害施設では，上記のような説明を聴いただけで，職員Ｙ１及びＹ２に対する聴取を終えてしまう。これでは，真に適切な改善計画の作成には至らない。

　次のように，掘り下げて具体的に原因分析を行うべきである。

(2)　Ｙ１の場合〜原因の掘り下げ

　Ｙ１から虐待に至った経緯やその理由について，具体的に聴取し，聴取内容から組織的な問題点を明らかにしていく必要がある。

　Ｙ１の場合，「軽い気持ち」の内実が何かを検討する必要がある。平均的なレベルの職員であれば，軽い気持ちで，油性ペンで「バカ」といたずら書きをすることなどあり得ない。「バカ」といたずら書きをすることは，Ａの尊厳を軽視し，バカにしているからである。Ｙ１がなぜ軽い気持ちであれば，油性ペンで「バカ」といたずら書きをしようと判断したのかを掘り下げて聴くべきである。仮に，Ｙ１が，Ａは認知症なので，生きる楽しみがなく，人に迷惑ばかりをかけて生きる価値がないとなど考えていたとすれば，苦情１の心理的虐待は，突発的な怒り等ではなく，Ｙ１の根底にある考え方に根付いたものであるので，この考え方を改善させていく必要がある。Ｙ１がこのような考え方に至るのは，Ｙ１がＡのことを一面的にしか見ず，勝手に矮小化していることに起因していることが多い。これはＹ１個人のみの問題ではない。Ｙ１の誤った考え方を是正していく機会が少なかったという組織的な問題であることに留意すべきである。

2　尊厳の理解

(1)　尊厳とは

　そもそも尊厳とは何か。人間はこの世に生を享け，しかも一人ひとりが皆異なるがゆえに各々が他人とは違った資質を有しており，その資質を全面的に開花させていくことによって，社会の存続と発展に寄与していくというかけがえのない価値があることを尊厳という。特に，高齢者に関して

第4章　心理的虐待～市町村から立入調査の事前連絡があった場合の対応

は，これまで，自分の身体的状況・精神的状況・置かれた環境の中で，自分なりに精一杯生き抜き，さらに，最期まで真摯に生を全うしようとする姿に対して最大限尊重するという観点を出発点とするべきである。利用者に対する尊厳を理解するには，情報を収集することが重要である。平たく言えば，目の前にいる利用者に対してすごいなと感じることができれば，利用者の尊厳を軽視することにはならないはずである。

(2)　尊厳を理解できないのは利用者の情報が不足しているから

　例えば，あなたが，12秒で100メートルを走れるとして，100メートル走を10秒で走る甲と14秒で走る乙がいた場合に，どちらがすごいと感じるか。10秒で走る甲に対してすごいと思うだろう。では，事実を付加して，甲が，100メートル世界保持記録者のランナーだとしたら，乙が，体重200キログラムを超えた人だとしたらどうか。甲も自分よりも速く走るのだからすごいと思うだろうが，乙もすごいと感じるだろう。つまり，あなたよりも記録が劣るけれども，体重200キログラムを超えている条件の中で，14秒を出すというのはやはりすごいと思う。このように，私たちは，様々な条件の中で最大限力を発揮している人に対してすごいと思っていることが分かる。ただ，私たちが，利用者に対してすごさを感じて，尊厳を守っていくには，利用者の情報をできる限り多く収集することが必要となる。100メートル走の例でいうと，もし，記録だけ聞いて，14秒で走った人がどんな人かを聞かなければ，乙のことをすごいとは思わなかったはずだ。利用者に対して尊敬できないのは，利用者の情報を全人格的に収集しようとしないからであって，広く情報を収集していけば，その人なりのすごさを必ず実感できることになるはずである。

　それゆえに，普段から，サービス担当者会議等の機会を活用して，利用者がいかに真摯に生きようとしているのかを，職員同士で出し合っていくことが重要である。このように，組織的に，Ｙ１が自らの誤った考え方を是正していく機会を増やしていくことが重要である。

(3)　利用者には生きる楽しみがない？

　Ａに本当に楽しみがないのかについて，サービス担当者会議などで，他

65

第1編　従事者による虐待対応及び防止

の職員から，Ａの表情，Ａがどのようなときに笑顔でいるか，Ａは何に興味を持ち，何を楽しいと感じているかなどを，出し合うことが重要である。仮に，本当にＡに楽しみがないのであれば，Ａのこれまでの人生の歩み，趣味，楽しみしていたことなどを聴き取り，Ａが楽しめる機会を提供できていない現実を問題にし，改善していくべきである。

(4)　利用者は役に立っていない？

　ア　職員は福祉の仕事を続けている理由を自覚すべし

　　また，Ａが，人に迷惑ばかりをかけて生きる価値がないということに対しても，Ａは，本当に，人に迷惑ばかりをかけて生きるのかについて，サービス担当者会議などで，Ｙ１は，他の職員の意見を聴くべきである。このとき，まず，職員の今の仕事に対する意義について検討すべきである。なぜ，職員が，他の職業と比較して，きつく，低賃金であると言われる福祉の職を選択したのかである。利用者の意思や意思表示が困難な場合には，利用者が何を望んでいるのかを考え，その望みを実現していくためにどうすればよいのかを考え，要望を実現していく中で，利用者に自分らしく幸せに最期まで生をまっとうしてもらいたいという誠実な気持ちがあるからこそ，今の仕事を選んだのではないか。また，職員が福祉の仕事を続けているのは，利用者の役に立つことで社会の維持・発展に寄与するとともに，職員自身が自分の存在意味を実感し，人間性をより高めて成長を遂げていくことができるからではないか，……など，だと思われる。

　イ　職員が利用者から得ているものを自覚すべし

　　このような考え方を前提としたときに，Ａと接していく中で，職員はＡから何も得ていないのであろうか。この点を考えることが重要である。

　　たしかに，職員と利用者は支援する側（迷惑をかけられている）と支援を受ける側（迷惑をかけている）で，立場に相互互換性はなく，職員は利用者から迷惑をかけられている一方であるとの見方もあり得る。しかし，それは，職員が福祉の仕事を続けて利用者の人生をより豊かにして

66

いく支援の原動力（生きる元気）となっているのは何かという視点を落としている。職員は利用者から感謝されたり，利用者の笑顔を見ること等で，生きる元気をもらっていることを直視すべきである。職員の利用者に対する支援→利用者の笑顔・感謝・努力等→職員の生きる元気等の得ているもの→職員の利用者に対する支援→……というように，循環しているのである。このように生きる元気の循環により，立場の相互互換性が認められ，利用者と職員は真に対等な関係となることを理解しておくべきである。そこで，Aと接する中で，他の職員が，Aから得ているもの（生きる元気，やる気，達成感など）について具体的に話をしたり，どんなときにそれらが得られているのか等について，話し合うべきである。

　さらに，利用者は職員に生きる元気を与えるとともに，職員は，利用者から得た生きる元気を社会の維持・発展に使うことにより，利用者も社会の維持・発展に貢献している。

ウ　組織的に利用者から得ているものを繰り返し確認すべし

　繰り返しになるが，普段から組織的に，このような話合いや相談等の機会が積み重ねられていれば，Ｙ１が自らの誤った考え方は是正されていくといえよう。人は集団の中で生きており，集団に属する一人ひとりの考え方に影響を受けて形成されるものである。しかし，組織の中で誤った考え方を是正する機会が少なければ，誤った考え方はより強固なものとなり虐待に至る危険性は高まるばかりである。さらに，誤った考え方が他の職員にも広まっていく可能性さえある。

(5)　Ｙ２の場合～アンガーコントロール

ア　腹が立ったプロセスを職員から聴取すべし

　Ｙ２のように，腹が立って，暴言を吐いたり，殴ったり等の虐待をしてしまうことは，誰にでもあり得ることである。Ｙ２の場合，腹が立って暴言を吐いてしまったプロセスをＹ２から聴取すべきである。普段冷静な状態では，Ｙ２がＢのことを尊敬できていたとしても，Ｂに対して腹が立つことは，職員も人間である以上，当然にあり得ることである。腹が立って暴言を吐いてしまったプロセスを明確にした上で，対策を立

第1編　従事者による虐待対応及び防止

てておかないとまた同じ状況になれば，虐待に至る危険性は高いままである。職員は，繰り返し，利用者に対する支援を行っている。計画どおりに行かないことは多々ある。Ｙ２も，夜勤の時間帯に，Ｂが何度もケアコールを押してくることが，この日の１回だけであったならば，仮に腹が立ったとしても，暴言を吐くまでには至らなかったと思われる。しかし，夜勤のたびに，同じことが繰り返されたならば，腹が立って暴言を吐く可能性は高まっていくものである。例えば，怒りポイントというものがあり，怒りポイントが100になれば，腹が立って暴言などを吐くとしよう。夜勤の時間帯に，Ｂが何度もケアコールを押して，トイレ誘導を求めてくることが，夜勤１回のたびに怒りポイントが20蓄積する。Ｙ２は，夜勤の５回目で，腹が立って暴言を吐いてしまうことになる。人間は腹が立つことがあったときに，それをそのままにしておくと，腹が立つ場面が繰り返されることにより，暴言を吐くなどの虐待に至ることが十分に考えられる。

イ　腹が立つ対象を自覚する

　そこで，怒りポイントを蓄積しないように対策を立てる必要がある。支援の場面で腹が立つことがあれば，自分は何に対して腹が立ったのかを分析する必要がある。人によって怒るポイントや理由は様々だからである。ここでは，夜間に何度もケアコールを押すＢの行動に絞った場合，自分が忙しくしているのに，自分の状況をわかってくれずに，何度もケアコールを押してくる（自分のことを分かってくれないＢは許せない）等の理由により，Ｂに腹が立つのか，認知症のＢに対して接し方が分からず，Ｂに落ち着いてもらえない等の理由により，自分に腹が立つのか，夜勤帯に他に勤務している職員がいるのに，自分をフォローしてくれない等の理由により，他の職員に腹が立つのか等を分析すべきである。Ｂに対して腹が立っている場合には，Ｂに対する虐待に結びつく可能性が高いので，要注意である。苦情報告書２の場合，「しつこいぞ，死ね，ババア」とＹ２が言っているので，利用者（ここではＢ）に対して腹が立っているといえよう。

第4章　心理的虐待～市町村から立入調査の事前連絡があった場合の対応

ウ　腹が立つ理由を自覚する

　次に，腹が立つ理由も分析すべきである。職員の思うように物事が進まない理由が，①自分より劣っている利用者が非協力的であるから許せないのか，②自分のことばかり求めてくる利用者が許せないのか，③決めたルールを利用者が守らないから許せないのか，④利用者が職員の状況を分かってくれないから許せないのか，⑤利用者のためにやってあげているのに利用者が非協力的であるから許せないのかなど理由を分析すべきである。

　Ｙ２が苦情２のような暴言を吐くに至ったのは，夜勤の時間帯でＢが繰り返しケアコールを鳴らしてくることであった。このような場面で腹が立つ職員もいれば腹の立たない職員もいる。では，なぜＹ２は腹が立ったのか。上記の①から⑤に沿って検討する。やや強引かもしれないが。Ｙ２の場合，Ｂに対して腹が立つ理由として，特に，①Ｂは認知症だから自分より劣っている，その劣っているＢが何度もケアコールを押して自分の仕事を邪魔している（劣っているＢが自分を邪険に扱うのは許せない）などと，Ｂに対する軽視と怒りが結びつくと，虐待に至る危険性は非常に高まってしまうので要注意である。他にも，②利用者全員に対して平等にサービスを提供すべきであるのに，Ｂが何度もケアコールを押してくるせいで，他の利用者に対して支援ができない（わがままなＢは許せない），③ケアコールを押すときは，トイレ誘導等の支援が必要なときに限られるべきであるのに，他の理由でケアコールを押してくる（ルールを守らないＢは許せない），④夜勤帯で日中より職員が少なく忙しいのだから職員の状況を理解してケアコールを押す回数を減らすべきなのに押してくる，⑤Ｂがケアコールを押す回数を減らせば，Ｂの話を傾聴するなどの支援ができるのに，Ｂのための他の支援ができない（Ｂのためなのにそれを理解しないＢは許せない）等の理由が考えられる。

エ　組織的課題につなげる

　以上のように，Ｙ２の腹が立つ理由を聴取した上で，Ｙ２に対する指導・教育をすべきである。ここでも，決してＹ２個人の問題に矮小化し

てはならない。Ｙ２の支援上の悩み等を引き出し，職員間で共有し，一緒に対策を考える機会を組織的に確保していくことも忘れてはならない。

①はＹ１で述べたことが当てはまる。②Ｂが何度もケアコールを押すことにはＢなりの理由があるはずであるので，その理由（ケアコールを押さざるを得ないＢなりのやむを得ない事情）を理解しようとすべきである。人の行動を評価する際には，善意に理解するのが，基本である。利己的なＢは許せないとして，Ｂのことを悪く評価していたことをＹ２に自覚してもらう必要がある。Ｂなりの理由・事情を職員間で分析して，Ｂを善意に理解できるようにアドバイスすべきである。

③ルールを守らないＢは許せないというのは，ルールを守ること（他には業務をこなすことなど）が支援の目的となっており，利用者の意思や利用者の心身の状況等に合わせてタイムリーに適切に支援することが目的であるはずであるのに，優先すべき目的がすり替わってしまったために腹が立ってしまっていたことをＹ２に自覚してもらう必要がある。決められた時間に決められたことを機械的にこなすことが支援の目的ではなく，利用者に夜間安心して快適に寝ていただくことが目的であるので，できる限りこの目的が達成できるように工夫している（又はできる）ことについて，職員間で検討して，自らの仕事の意義ややりがいなどを理解できるようにアドバイスすべきである。

④ＢがＹ２のことをわかってくれないというのは，利用者に対して職員の状況を理解すべき義務を課すものであり，支援目的から完全に逸脱していることをＹ２に自覚してもらう必要がある。このような心境に至ったのは，Ｂに色々と悩みがある可能性が高いので，Ｂの悩みをしっかりと聴きだして，他の職員が工夫していることなどをアドバイスすべきである（これは全ての場合に当てはまる。）。

⑤ＢのためだからＢの意思に反して何かを強制したり，Ｂが求めることに対応しないというのは，よくあるパターンである。客観的には虐待である職員の言動を主観的に正当化してしまっているときに，よく持ち

第4章　心理的虐待～市町村から立入調査の事前連絡があった場合の対応

出されるのが，本人のためだから許されるという理由である。職員にとっては本人のためだと思い込んでいるだけで，利用者本人の意思や心身の状況などを無視しており，利用者の自己決定権を侵害していることをＹ２に自覚してもらう必要がある。まずは，自分のことは自分で決めるという自己決定権を最大限に尊重することが最も重要であることをアドバイスすべきである。

　苦情２のような虐待が発生した組織的背景には，職員の現状に沿った適切な研修が実施できていなかったり，上記の①～⑤等のようなＹ２の誤った理解を早期に発見する機会がなかったり，Ｙ２が自分の支援上の悩み等を他の職員に気軽に相談できる体制がなかったこと等があると思われるので，Ｚとしては，研修内容の見直し，サービス担当者会議などの各種会議の在り方の見直し，相談しやすい体制づくりのために役職者の各役割の見直しや普段のコミュニケーションの在り方の見直しなどを改善計画に盛り込むべきである。

第1編　従事者による虐待対応及び防止

第5章　ネグレクト（介護・世話の放棄・放任）～事故報告書から判明した場合の対応

事例 ●

　X施設（特別養護老人ホーム）の施設長Zは，事故報告書を読んでいたら，次のような事故報告書を見つけた。
＜事故報告書1＞
・事故内容
　午前3時　職員Y1が，高齢者男性A（要介護3，障害高齢者の日常生活自立度A2，認知症高齢者の日常生活自立度Ⅳ）の居室に訪室したときに，頭がベッドの脚付近，足が居室の出入り口手前に，仰向けの状態で転倒していた。Aの意識あり。右手の甲に2，3cm大の擦過傷があり出血あり。頭部はベッドの脚などで打っていないとのこと。
・原因
　普段であれば，夜間に，Aがケアコールを鳴らすことにより，職員が訪室し，居室からトイレまで移動介助しているが，当日午前0時に，職員Y1が，ケアコールをAの手の届かない位置に置いたため，職員が訪室せず，Aがトイレに1人で行こうとしたため。
・対策
　Aの手の届く位置にケアコールを置く。
＜事故報告書2＞
・事故内容
　午後2時　普段であれば，清拭対応であるが，今日は暑く汗をたくさんかいていたので，入浴介助を実施した。職員Y2が，特殊浴槽で，高齢者男性B（要介護5，障害高齢者の日常生活自立度C2，認知症高齢者の日常生活自立度Ⅲ）の洗身を行ったときに，Bが「痛い。」と大きな声で叫ぶので，仙骨部を見ると，褥瘡（潰瘍ができていた）を発見した。
・原因
　記載なし。
・対策
　エアーマットを使用。2時間ごとの体位変換。週2回のシャワー浴。スキ

72

第5章　ネグレクト（介護・世話の放棄・放任）～事故報告書から判明した場合の対応

ンケア。

　適切な施設運営をしていきたい施設長Ｚとしてはどのように対応すればよいか。

【解説】

第1　ネグレクトについて

1　ネグレクト（介護・世話の放棄・放任）とは

(1)　ネグレクトの定義

　介護・世話の放棄・放任（以下「ネグレクト」という。）とは，高齢者を衰弱させるような著しい減食又は長時間の放置その他の高齢者を養護すべき職務上の義務を著しく怠ることをいう（防止法2条5項1号ロ）。養護者による虐待の場合には，同法4項1号ロで，「高齢者を衰弱させるような著しい減食又は長時間の放置……等養護を著しく怠ること」と定義されているのに対して，施設従事者による虐待の場合には，「職務上の義務」という文言が加入されている。

(2)　「職務上の義務」とは

　この職務上の義務とは何か。

　特別養護老人ホームの場合，まず，介保法88条2項は，「指定介護老人福祉施設の設備及び運営に関する基準は，都道府県の条例で定める。」とし，同条3項は，「都道府県が……条例を定めるに当たっては，次に掲げる事項については厚生労働省令で定める基準に従い定めるものとし，その他の事項については厚生労働省令で定める基準を参酌するものとする。」とし，同項3号で，「指定介護老人福祉施設の運営に関する事項であって，入所する要介護者のサービスの適切な利用，適切な処遇及び安全の確保並びに秘密の保持に密接に関連するものとして厚生労働省令で定めるもの」と定めている。よって，職務上の義務を具体化するに当たっては，厚生労働省令をチェックする必要がある。

　厚生労働省令である指定介護老人福祉施設の人員，設備及び運営に関する基準13条は，次のことを定めている。介護の総論として，「介護は，入

73

第1編　従事者による虐待対応及び防止

所者の自立の支援及び日常生活の充実に資するよう，入所者の心身の状況
に応じて，適切な技術をもって行われなければな」りません（同条1項）。
入浴又は清しきは，「一週間に二回以上，適切な方法により」実施しなけ
ればなりません（同条2項）。排せつについては，入所者の「心身の状況に
応じて，適切な方法により，排せつの自立について必要な援助を行わなけ
れば」なりません（同条3項）。おむつについては，「おむつを使用せざる
を得ない入所者のおむつを適切に取り替えなければ」なりません（同条4
項）。他は，「褥瘡が発生しないよう適切な介護を行うとともに，その発生
を予防するための体制を整備しなければ」なりません（同条5項）。また，
「入所者に対し，……離床，着替え，整容等の介護を適切に行わなければ」
なりません（同条6項）。このように具体的に定めている。また，介保法88
条6項は，「指定介護老人福祉施設の開設者は，要介護者の人格を尊重す
るとともに，この法律又はこの法律に基づく命令を遵守し，要介護者のた
め忠実にその職務を遂行しなければならない。」と定めていることから，
施設従事者が，入居者の意思，心身の状況に沿った適切なサービスを提供
しなかった場合には，職務上の義務違反が認められる。

(3)　「著しく」とは

　次に，ネグレクトについても，心理的虐待と同様「著しく」という限定
がなされている。「著しく」との限定がなされているのは，虐待と，虐待
とまで言えない不適切な介護との区別を行う趣旨である。介護等放棄は，
職務上義務付けられているサービスを提供しなかったという不作為を問題
にしているので，事後的に遡って検討してみると，あのときこうすべきで
あったということになり，何でも虐待に当たるとなりかねないからだと思
われる。要は，「著しく」といえるかどうかの程度の問題である。「著し
く」と言えるレベルなのか否かについては，次の2つの要素を考慮して，
検討することになろう。①現に生じた結果とその程度と，②その結果に
至った不作為の内容，期間，頻度等とを総合考慮して，客観的に判断すべ
きである。両者の検討に際しては，以下のように考えてよいであろう。①
生命・身体に対する重大な危険を発生させた場合には，②職務上の義務を

74

第5章　ネグレクト（介護・世話の放棄・放任）～事故報告書から判明した場合の対応

怠った期間が一時的であったとしても，ネグレクトに当たる。逆に，①外形上，軽微なもののように見えても，②それが日常的又は継続してなされたり，複数の行為が重なってなされたような場合で，高齢者の生命，身体，精神に影響を及ぼす場合にはネグレクトと判断すべきということになる。

(4)　ネグレクトの例

　ネグレクトの例として，次のものが挙げられる。①必要とされる介護や世話を怠り，高齢者の生活環境・身体や精神状態を悪化させる行為（入浴しておらず異臭がする，髪・ひげ・爪が伸び放題，汚れのひどい服や破れた服を着せている等，日常的に著しく不衛生な状態で生活させる。おむつが汚れている状態を日常的に放置している。健康状態の悪化を来すほどに水分や栄養補給を怠る。健康状態の悪化を来すような環境（暑すぎる，寒すぎる等）に長時間置かせる。室内にごみが放置されている，鼠やゴキブリがいるなど劣悪な環境に置かせる。褥瘡（床ずれ）ができるなど，体位の調整や栄養管理を怠る。など），②高齢者の状態に応じた治療や介護を怠ったり，医学的診断を無視した行為（医療が必要な状況にも関わらず，受診させない。あるいは救急対応を行わない。処方通りの服薬をさせない，副作用が生じているのに放置している，処方通りの治療食を食べさせない。など），③必要な用具の使用を限定し，高齢者の要望や行動を制限させる行為（ナースコール等を使用させない，手の届かないところに置く。必要な眼鏡，義歯，補聴器等があっても使用させない。など），④高齢者の権利を無視した行為又はその行為の放置（他の利用者に暴力を振るう高齢者に対して，何ら予防的手立てをしていない。など），⑤その他職務上の義務を著しく怠ることが挙げられている（H 30マニュアル7頁）。

2　本事例の場合

(1)　ケアコールを手の届かないところに置く行為（事故報告書1）

　ア　ネグレクトは不作為である

　　ネグレクトは，職務上の義務を怠るという不作為を問題としている。他の身体的虐待とは異なり，ネグレクトの場合，直接的に利用者の生命・身体・精神等に対する危険を及ぼすものではないので，軽視しがち

第1編　従事者による虐待対応及び防止

である。たしかに，ケアコールを手の届かないところに置く行為によっ
て，直ちに利用者の生命・身体・精神等に対する危険を及ぼすとまでは
いえない。

　しかし，次の事例をみてみよう。ある日の午前10時頃，看護助手が，
難病のため病院に入院していた女性（当時68歳，左半身にまひがあるため車
いすを使い，会話も難しかった。）を，トイレへと車いすで誘導し，同女性
には「終わったらナースコールで呼ぶように」と伝えてトイレから離れ
た。正午過ぎ，同女性が心肺停止になっているのを別の職員が同トイレ
内で発見した。トイレで約2時間放置されている間に血圧が低下し，心
肺停止になったという。同女性は約1か月後に亡くなった。

イ　ネグレクトの本質は利用者からサービスを受ける機会を奪うことに
　　ある

　ネグレクトの本質をこの事例が示している。利用者には，利用者の意
思や心身の状況等に応じて，自らの生命・身体等の安全等を確保するた
めに，タイムリーに適切に看護・介護などのサービスを受ける権利（機
会）があるにもかかわらず，その権利（機会）が奪われることにより，
利用者の生命・身体等に対する危険が惹起されている点が，ネグレクト
の本質である。この事例では，トイレではなく，病室にいたとしたら，
タイムリーに適切に医療・看護などのサービスを受けることができ生命
の安全は確保されたはずである。

ウ　ケアコールを手の届かないところに置く行為について

　この事例を参考に，ケアコールを手の届かないところに置く行為につ
いて検討する。ケアコールが手の届くところに置いてあれば，夜間で
あっても，Aがケアコールを鳴らすことにより，職員が訪室し，居室か
らトイレまで移動介助できた可能性が高いはずであるので，今回の転倒
は防げた可能性がある（ケアコールを押してから職員が駆けつける前にAが移動
し転倒していた可能性もあるが，転倒前に駆けつけられた可能性もある。）。ケア
コールを手の届かないところに置く行為によって，タイムリーに適切に
移動介助を受ける権利（機会）が侵害され，それによって，転倒事故ま

76

第5章　ネグレクト（介護・世話の放棄・放任）〜事故報告書から判明した場合の対応

で，発生している。ケアコールを手の届かないところに置く行為は，ケアコールを手の届く位置に置く義務，又はケアコールが手の届く位置に置いてあればAがケアコールしたであろう時に，タイムリーにトイレまでの移動介助をすべき職務上の義務を怠ったので，職務上の義務違反があったと評価すべきである。また，仰向けの状態で転倒し，右手の甲に２，３cm大の擦過傷があり出血もあったということであったので，「著しく」に該当すると評価すべきである。よって，事故報告書１のケアコールを手の届かないところに置く行為は，ネグレクトに該当すると評価すべきである。

(2)　褥瘡ができていた（事故報告書２）

ア　褥瘡予防は職務上の義務

指定介護老人福祉施設の人員，設備及び運営に関する基準13条5項は，「指定介護老人福祉施設は，褥瘡が発生しないよう適切な介護を行うとともに，その発生を予防するための体制を整備しなければならない。」と定めているので，X施設は，Bに対して，褥瘡が発生しないよう適切な介護を行う職務上の義務を負っている。

ネグレクトに該当する１つ目の要件は，職務上の義務を怠っていたことであるので，職務上の義務を具体化して，義務を怠っていたか否かを真摯に検討すべきである。具体的には，体位変換を一定時間（２時間など）ごとに行う，体圧分散用寝具を使用する，下腿部に座布団やクッションを当て，踵骨部を浮かせて除圧する，洗浄・清拭をする，栄養状態を管理する等のサービスを適切に実施していたか否かを検討することになる。これらを怠っていたならば，職務上の義務を怠ったと評価すべきである。

イ　「著しく」といえるか否かの判断

次に，「著しく」といえるか否かを検討する。①ステージⅡ（皮膚が表皮から真皮まで欠損している。水泡やびらん部があり，分泌物がみられる。など）以上に達しているような場合には，身体に対する重大な危険を発生させたと評価すべきである。たとえ上記の職務上の義務を怠った期間が，②

第1編　従事者による虐待対応及び防止

数日間という短期間であったとしても，「著しく」に当たると評価すべきである。他方，①ステージⅠ（皮膚の発赤があり褥瘡になりかけている。見た限り表皮に損傷はないが，熱感をもつ。）の場合には，②例えば，数週間程度継続的に，上記の職務上の義務の履行を怠っていたのであれば，「著しく」に当たると評価すべきである。

事故報告書2の事実のみでは，上記の職務上の義務の履行を怠っていたとまでは評価できないので，事実調査・確認を実施した上で，評価することになろう。

3　事実調査・確認及び評価

(1)　事故報告書1について

Y1がケアコールをAの手の届かないところに置いたのは，事実であり，これだけで虐待と認定できるので，特に，事実調査・確認の必要はない。ただ，Y1が他のときや他の利用者にも同じことを行っていたのか，他の職員も行っていたのかについての事実調査・確認は必要となろう。

(2)　事故報告書2について

ア　ネグレクト事案では各種記録をチェックすべき

まずは，各種記録のチェックをすべきである。Bの心身の状況等が分かるアセスメントシートをチェックする。アセスメントシート等を基に課題分析したときに，褥瘡ができる危険性が予見でき，褥瘡予防を課題として設定できるのであれば，介護サービス計画書に褥瘡予防を課題として記載し，褥瘡予防のためのサービス内容が適切に記載されているのかをチェックすべきである。Bの場合，現に褥瘡ができていたのであるから，褥瘡ができることを予見することは可能であった可能性が高いので，適切に褥瘡リスクについてアセスメントできていたか否かを慎重に評価すべきである。

イ　ネグレクト事案では実施していたサービス内容をチェックすべき

次に，褥瘡予防のための具体的なサービスを適切に実施していたか否かを検討すべきである。サービスの具体的内容は，2時間ごとの体位変換による除圧（横浜地裁が判決で認めている。），座位の生活の確保，身体の

78

第5章　ネグレクト（介護・世話の放棄・放任）～事故報告書から判明した場合の対応

清潔の保持，良好な栄養状態の確保，予防用具の使用などである。例えば，普段はＢに対して清拭を行っていたというのは，皮膚の清潔保持の観点からは，入浴の方が望ましいことから，不適切支援の疑いがある。なぜ，清拭になっていたのかについて特別な事情があったのかを，サービス担当者会議の議事録なども併せてチェックすべきである。施設長Ｚとしては，このように疑いを抱きながら，自施設の運営について批判的にチェックすべきである。

　そして，同計画書に基づいてサービスが適切に実施されているかをサービス実施記録などでチェックすべきである。これらのチェックを通して，職務上の義務の履行を怠っていたか否かを評価すべきである。このようなチェックを経て職務上の義務の履行を怠っていたと評価できれば，Ｂに褥瘡ができたことはネグレクトと評価すべきである。

ウ　PDCA サイクルのどの段階で問題があったのかを特定すべき

　仮に，職務上の義務の履行を怠っていたと評価した場合には，いわゆる PDCA サイクルのどの段階で問題があったのかを特定すべきである。なお，PDCA サイクルとは，Plan（計画）→ Do（実行）→ Check（評価）→ Act（改善）を繰り返すことで業務を継続的に実施・改善していく手法をいう。褥瘡事例の場合には，アセスメント段階での利用者に対する情報収集や介護サービス計画立案の段階で問題があることが多いので，アセスメントシートや介護サービス計画書にも注視すべきである。

　次に，なぜ，アセスメントや介護サービス計画が不十分になったのか等について，関係職員に対する聴取りを実施すべきである。

第2　本事例に対する対応

1　対応の類型

(1)　本人Ａ・Ｂに対する対応

　本人Ａ・Ｂに治療費が発生した場合は，第1編第2章4（33頁）参照。本人Ａ・Ｂとも入院せず施設での生活が続くことから，再度アセスメントを実施し，適切な支援計画を立てて，サービスを提供すべきである。

79

第1編　従事者による虐待対応及び防止

⑵　他の利用者に対する対応

　ネグレクトの場合，職員や利用者の特殊性というよりも，組織全体の
サービスの質の低さがネグレクトを生じさせている側面が強いので，特
に，褥瘡事案については，他の利用者に対しても，褥瘡リスクについて再
度アセスメントを実施し，適切な支援計画を立てて，サービスを提供すべ
きである。

2　改善計画

⑴　事故報告書1の場合

　　ア　ネグレクトに関する理解を深めるための研修の実施

　　　ケアコールを手の届かないところに置く行為について次のような事例
がある。「ナースコール」を手の届かないところに置いたことについて，
市が介護放棄（ネグレクト）に当たると虐待認定したことに対して，指摘
を受けた施設が，市に「虐待（疑い）に関する調査報告書」を提出した
ところ，その報告書には「不適切な対応」等とし，虐待として認める記
載はなかった。このように，ケアコールを手の届かないところに置く行
為を虐待と認めない権利侵害施設もあるが，権利保護施設としては，前
記2⑴（78頁）のとおり，素直にネグレクトに当たると認めるべきであ
る。権利侵害施設では，施設のトップがネグレクトに当たると認めない
ことから，職員もネグレクトと認めることができない場合がある。この
ような場合には，ネグレクトに関する理解が不足していることが原因で
あるから，前記2⑴のとおり説明をする等の研修を行うべきである。

　　　次に，事実調査・確認の結果，ケアコールを利用者の手の届かないと
ころに置いたのが，Y1のみでしかも事故報告書1の1回のみであった
場合には，第1編第4章第2の1⑵（64頁）が参考になる。このような
行為を行った理由をY1から聴取し，その理由に応じた改善策を検討す
べきである。上記の例では，「17人の職員が，忙しい時のナースコール
対応時等に，利用者に対して，大声や荒い口調で対応したことがある，
と発言」していたことも判明した。このように，ケアコールを利用者の
手の届かないところに置くのは，ネグレクトではあるが，心理的虐待に

第5章　ネグレクト（介護・世話の放棄・放任）〜事故報告書から判明した場合の対応

近い点があるからである。

イ　組織的課題につなげる

　ケアコールを利用者の手の届かないところに置いたのが，Ｙ１のみで
はあったが，複数回あった場合には，基本的には，上記同様，第１編第
４章第２の１⑵（64頁）が参考になる。もっとも，複数回あった場合に
は，他の職員が，Ｙ１のネグレクトを発見できたはずであるので，他の
職員が発見できたか否か，発見できたのになぜＹ１に対して適切に教
育・指導等ができなかったのか等について，原因分析を行い，原因に応
じた改善計画を立てるべきである。この点でも第１編第４章第２の２⑸
エ（69頁）が参考になる。

　ケアコールを利用者の手の届かないところに置いたのが，Ｙ１のみで
はなく，上記事例のように，複数人の職員も行っていた場合には，身体
拘束と同様，組織的な問題という側面が強いので，第１編第３章第２の
３⑶（51頁）が参考になる。

ウ　利用者に対する支援内容の見直し

　利用者甲に対しては，甲から，ケアコールを押す目的・理由等を聴き
取り，その目的・理由に応じて支援方法を見直すべきである。例えば，
夜間眠れないことが理由であれば，24時間シートを活用して，甲の生
活リズムや様子を把握して，生活上の課題（例：昼夜逆転）を設定し，課
題解決のための支援方法を改善すべきである。

⑵　事故報告書２の場合

　事故報告書２のようなネグレクトは，事故報告書１とは異なり，上層
部及び全職種に関わる組織的な問題である上に，ネグレクトの内容が
PDCA 全てにおいて問題があり，Ｂに対するサービス内容全般に問題
がある類型である。このような類型の場合には，組織全体が深刻な問題
を抱えている場合があり得る。褥瘡の原因は，２時間ごとの体位変換に
よる除圧，座位の生活の確保，身体の清潔の保持，良好な栄養状態の確
保，予防用具の使用など多岐にわたる職務上の義務を怠ったことにある
ので，介護士だけではなく，看護師や栄養士などの職種も関わってお

81

第1編　従事者による虐待対応及び防止

　り，しかもこれら多職種かつ多くの職員が継続的にこれらの職務上の義
務を怠っていたからである。組織全体の改善については，第1編第3章
第2の3(3)(51頁)参照。

第2編
事故防止

第1章 総論

第1 介護事故について

1 介護事故とは

　介護事故に明確な定義はないが，本章においては，事業者が利用者に対して，サービス提供を行った際に，利用者の生命・身体・精神・プライバシー・財産等の法益を侵害した場合又はこれらの法益を侵害する可能性を相当程度有していたといえる場合をいう（後段を含む理由については，第3の6(1)サの131頁参照。）。サービス提供には，場所の利用を伴う通所介護や介護老人福祉施設等の場合，事業者が管理する場所（施設）内，及び管理していない外出先であっても事業者の職員が同行していた場合を含む。利用者が施設から無断で外出した場合に発生した事故も含む。利用者間同士のトラブルも含む。事業者の過失の有無は問わない。

　なお，これらの法益を侵害する可能性が生じた事案については，ヒヤリハットと事故の区別（第3の6(1)サ（129頁））で説明する。

2 介護事故の類型

(1) 従来の事故類型

　介護事故を大雑把に類型化すると，(1)転倒・転落事故，(2)誤薬事故，(3)誤嚥事故，(4)溺水事故，(5)無断外出に伴う事故，(6)異食，(7)入所者同士のトラブル等のその他の事故等に分けることができる。判例タイムズ1425号77頁では，褥瘡も取り上げているが，褥瘡は，継続的かつ組織的に不適切なサービスが提供されることによって生じる可能性が高いことから，

85

第2編　事故防止

虐待として取り扱う（⇒第1編第5章の〈事故報告書2〉）ので，この章では取り扱わない。

　介護事故で数が多いのは，(1)転倒・転落事故，(2)誤薬事故，(3)誤嚥事故であろう。事故防止に真剣に取り組みたい施設としては，まずは，これらの事故防止に取り組むことが重要であろう。特に，(2)誤薬事故，(3)誤嚥事故は人為的ミスに起因することが多いので，これらの事故が発生した場合には，原因分析及び再発防止策の検討を十分に行うべきである。死亡に至る危険性が高く，かつ比較的多く発生する事故は，(3)誤嚥事故，(4)溺水事故である。死亡事故事例のうち誤嚥事故については，第2章の裁判例で紹介する。死亡事故という重大事故を防止するために，ヒヤリハットや比較的軽微な事故が生じた時点で，再発防止策を立てておくべきである。

(2)　直接介護，見守り，その他

　ア　十分に検討すべき事案を絞ってもよい

　　多くの事故が発生している中で，全ての事故について，原因分析及び再発防止策を十分に検討することは，現実的には，難しいといえる。そこで，十分に検討する事故を，ある程度絞ることはやむを得ない。全ての事故について，中途半端な検討に終わり，サービスの質の向上につなぐことができないのでは，事故検討が無意味となってしまう。事故検討を通して職員の資質の向上やサービスの質の向上につながっているという実感が伴わなければ，職員が事故検討することに疲弊してしまうからである。

　イ　直接介護中の事故の検討を最優先かつ十分に検討すべき

　　そこで，十分に検討する事故を一定程度絞るための目安として，まずは，直接介護による事故を選択すべきである。食事介助中の誤嚥事故，入浴介助中の溺死事故などである。また，薬の誤配による誤薬事故，食事の誤配膳（170頁参照）による誤嚥事故なども含む。なぜなら利用者が服薬したとき，食事をしていたときは，傍に職員がいなかったとしても，職員の誤配膳等のミスにより，他の特別な事情が介在することなく，直接的に誤嚥等の事故が発生しているといえるからである。これら

の場合には，直接介護を実施した職員の資質・技能，及び直接介護の方法の適切性等が問題となる。利用者は，介護や看護等の専門家によって提供されるサービスに対して利用料を支払っているにもかかわらず，専門家集団である職員自らの資質や技術等の不足によって事故が発生するというのは，許されるべきことではないので，直接介護による事故をゼロにしていくのが，至上命題だからである。直接介護による事故の場合，利用者の生命・身体・精神・プライバシー・財産等の法益侵害が現に発生していなかったとしても，人為的ミスがあれば，これらの法益を侵害する可能性が相当程度有していたと判断して検討すべき事故に含むべきである。

　例えば，利用者Aに配膳すべき食事を利用者Bに配膳した場合に，たまたま両者の食事内容が同じであったような場合，実害は発生しないといえるが，そばアレルギーのある利用者にそばを配膳してはいけないBにAのそばを配膳した場合には，アナフィラキシーショックなどの重篤な症状が発生する可能性が相当程度認められるので，このような事故を防ぐ必要があるからである。レベルの低い施設は，直接介護による事故に絞ったとしても，これから述べるとおりに検討を行えば，かなり時間と労力を要するであろう。しかし，権利侵害施設から権利保護施設へと質的な転換を遂げたいのであれば，少なくとも直接介護による事故については，本編を参考に十分に検討すべきである。

ウ　余力があれば見守りをしていた事案でも検討すべき

　次に，余力があれば，現に見守りをしていた際に起こった事故及び見守りすべきであった事故についても検討すべきである。例えば，浴室に職員がいない中，利用者が1人で入浴していたときに，溺死した事故の場合には，職員は見守りさえしていないが，要介護状態にある高齢者1人での入浴は溺死事故の危険性が高いので，見守りをすべきであった事故に当たる。これらの場合には，職員が利用者の心身の状態を観察していたか，異変があったときに，すぐに適切な対応ができていたか等が問題となる。

第2編　事故防止

⑶　事故が発生する時間帯及び場所をある程度特定できるか否か

　多く発生する事故のうち，十分に検討する事故の優先順位を決めるための類型として，見守りをすべきであった事故か否かを判断する際には，①事故が発生する時間帯及び場所をある程度特定できる事故と，②時間帯及び場所について，ある程度の特定さえできない事故，すなわち事故がいつ起こるのか特定できない，あるいはどこで起こるのか特定できない事故とに分けることが重要である。当たり前であるが，限られた人員を有効に配置する必要がある以上，時間帯及び場所が特定できなければ常時全ての場所に職員を配置しなければならなくなり，それは不可能だからである。

　①事故が発生する時間帯をある程度特定できる事故の選別に当たっては，まず，事故が起こった場面に着目すべきである。食事中の事故や入浴中の事故等は，食事や入浴という場面が特定できており，しかもこれらのサービスを提供する場所や時間帯も特定されている。このように，場面により，時間帯及び場所が特定されているのであれば，基本的には職員配置をして見守りをすべきである。このときに生じた事故については十分に検討を行うべきである。よって，①の例は，食事中の誤嚥事故，入浴中の溺死事故，トイレ誘導後のトイレ内での転倒事故等である。

　②の例は，場所は特定されているが，いつ発生するか分からない，居室やリビングでの転倒・転落事故等，どこで起こるか分からない多動な利用者の転倒事故や無断外出に伴う事故である。裁判例によると，事業者側に対して，常時の1対1による介護義務及び見守り（監視義務）までを課しているわけではないので，事故が発生する時間帯及び場所を特定できない事故の場合には，そもそも事故を予見して適切な対策をとることは困難であるため，過失責任を負わない場合がある（不可避的なやむを得ない事故であるといえよう。）。しかし，事業者側からすれば，例えば，午後6時頃，頻回にむせ込みのある利用者が，食事をする場面の食堂で発生した誤嚥事故のように，時間帯及び場所がある程度特定できる事故の場合には，誤嚥事故を防止するための対策をとっていなければ責任を負う可能性が高くなる。

88

第1章　総論

⑷　直接介護の場面，見守りをする場面の見極め

　事業者側からすれば，利用者の事故発生のリスクの高さ（又は介護の必要性）に応じて，⑴直接介護の場面，⑵見守りをする場面，⑶利用者のみの場面を使い分けていると思われる。⑶の場合には，利用者の心身の状態から，事故が発生する時間及び場所がある程度特定できるかが問題となる。特定できる場合には，上記見守りをすべきであった事故として検討すべきである。

　以上について，整理すると，以下のようになると思われる（次頁【表1】参照）。

　まず，①事故が発生する時間帯及び場所がある程度特定できる場合には，事故の予見可能性が認められる可能性が高い。しかも，利用者の個々人について評価したときに，ある利用者について，事故が生じる危険性が相当程度高まっているのであれば，その利用者に対しては，特定できている時間帯及び場所が当てはまる間は，直接介護を行うべきである（α）。またある利用者について，事故が生じる危険性が相当程度高まっているとまでいえない場合であっても，⑶利用者を1人にすべきではなく（γ），特定できている時間帯及び場所が当てはまる間は，⑵見守りを実施すべきである（β）。例えば，入浴の場面では，入浴の時間及び浴室が特定されているのであるから，人員的にも少なくとも見守りをすることは十分に可能だからである。①事故が発生する時間帯及び場所がある程度特定できる場合には，基本的には，⑶利用者のみの状況を作らないように人員配置をすべきであろう。

　次に，②事故が発生する時間帯及び場所がある程度の特定さえできていない場合には，直ちに事故の予見が可能とまではいえない。事故が，いつ，どこで起きるのか分からないのであるから，利用者全員に誰か職員を配置することは困難である以上，利用者の事故発生リスクが相当程度高い場合には，⑵見守りを実施すべきであるが（ε），リスクが低ければ，見守りを実施すべきとまではいえないであろう（ζ）。

第2編　事故防止

【表1】

	①時間帯及び場所がある程度特定できる	②特定できない
(1)直接介護	α 利用者の事故発生のリスクが相当程度高い場合	δ ＊常時の直接介護までは要求されていない。
(2)見守りすべき	β 利用者のリスクが高いとまではいえない場合	ε 利用者のリスクが相当程度高い場合 ＊常時の見守りまでは要求されないが，頻回な見守りは必要
(3)利用者のみ	γ ＊基本的には利用者一人にしない	ζ 利用者のリスクが低い場合

　直接介護をしていたときに発生した事故の場合はもちろん，見守りをすべきであった事故の場合には，事業者の責任が認められる可能性は高まる。よって，事業者としては，時間帯及び場所がある程度特定できる事故を整理するとともに，事故が発生するリスクを評価することが重要である。

3　原因分析を行う上での重要な視点

(1)　過失責任

ア　三段階の基準とは

　事業者側が負う民事上の責任として考えられるのは，不法行為に基づく損害賠償責任である。不法行為が成立するためには，権利・利益侵害，故意・過失，損害，因果関係等の要件を満たすことが必要となる。裁判例では，特に，過失が認められるか否かが問題となる。過失が認められるか否かについては，ⅰ事業者に事故の予見可能性があったか，ⅱ結果発生回避のための対策をとっていたか，及びⅲ結果拡大回避のための対策をとっていたかどうか，といった，三段階の基準が問題となるようである。なお，他に債務不履行に基づく損害賠償責任も問題となるが（安全配慮義務違反が問題になることが多い。），事業者側がとるべき対策の検

90

討に当たっては，同様に考えてよい。なお，過失は，契約関係の存在を前提としない不法行為に基づく損害賠償，安全配慮義務は，契約関係の存在を前提とした債務不履行に基づく損害賠償と，理論的には異なるのであるが，事業者として，介護事故を防止するための対策を実施するための原因分析を行うには，過失の考え方に沿う方が分かりやすいと思われることから，基本的には過失の考え方に基づいて説明する。過失とは，Ⅰ一定の結果の発生を予見し（（損害発生の）予見可能性），Ⅱ回避することが可能であったにもかかわらず，その結果の発生を回避すべき措置をとらなかった（結果回避義務違反）ということである。

　事業者側は，上記Ⅰとして，ⅰ事故発生当時に遡って，当時，事業者側が把握していた事実，及び把握すべきであった事実を基礎に，事故を予見できたこと，上記Ⅱとして，ⅱ予見できた事故の発生を防止するために，事業者側がなすべき対策をとっていなかった場合に，責任を負うことになる。

イ　転倒事故の特徴

　転倒事故のように，転倒事故により即時に大腿骨骨折等の結果が発生する場合には，ⅲまでは問題とならず，ⅰ事故を予見できなかった，又は，ⅱ予見できた事故を回避すべく，事業者側がなすべき対策をとっていた場合には，責任を負わない可能性が高い（ただ，転倒による骨折後受診等をせずに放置したことによって更に症状が悪化した場合には，次のⅲが問題となる。）。このように，事業者側の責任は，事故が発生したという結果をもって，事業者側が常に責任を負うのではなく，事業者側がなすべきことをなした場合には，責任を負わないという行為責任である。

ウ　誤嚥事故の特徴

　次に，誤嚥事故のように，食材が喉に詰まったという事故から窒息死という結果が発生するまでに時間を要する場合には，事業者側が，ⅰ事故を予見できなかった，又は，ⅱ予見できた事故を回避すべく，事業者側がなすべき対策をとっていたとしても，最後に，ⅲ事故発生後，死亡等の結果の発生を回避するために，結果拡大回避のための対策をとって

第2編　事故防止

いなければ，事業者側は責任を負うことになる。

(2)　事故防止の核心は事故の予見にあり

　このように，事業者側が事故発生を防止するために求められているのは，Ⅰ事故の予見，及びⅡ対策，すなわち，Ⅰあらかじめ生じ得る事故を予見し（ⅰ），Ⅱα事前の対策として，その事故が発生しないように具体的な対策を立てて実施する（ⅱ），β事後的な対策として，予想していた事故が発生したとき，生じた事故の拡大を最低限にとどめるための具体的な対策をとることである（ⅲ）。

　これら三段階のうち，事業者側として重要なポイントは，Ⅰ事故の予見である。

　例えば，誤嚥事故を例に説明する（この章で使用するＡは全て利用者とする。）。誤嚥事故が発生した日が，平成17年7月18日であった場合に，「Ａは平成17年7月11日に医師の診察を受け，医師からは加齢にともなうもの又は小さい脳梗塞，脳血管障害等によって<u>食事の飲み込みが悪くなってきており，今後も嚥下障害が進行したり，誤嚥性肺炎の発症の可能性があるとの説明がなされ，この説明をＹ職員も聞いていたこと，Ａは平成17年7月11日以降も食事の際にムセ込む状態が続いて</u>」（松山地裁平成20年2月18日判決判タ1275号219頁）いたとする。

　このような場合に，Ｙ職員はＡに誤嚥の事故が生じることを予見できる。そうすると，Ｙ職員としては，Ａの誤嚥事故を防止するために，実際に食事介助を行う際に，「①覚醒をきちんと確認しているか，②頸部を前屈させているか，③手，口腔内を清潔にすることを行っているか，④一口ずつ嚥下を確かめているかなどの点を確認」（松山地裁平成20年2月18日判決判タ1275号219頁）するという対策を立てて確実に食事介護を行う必要が生じることとなる。

　このように，事故が予見できれば，介護の現場における事故を発生させないための対策として，いかなる点に留意していかなる介護サービスを提供するのもある程度決まってくるといえる。介護サービスの場合は，医行為（手術等）の場合とは異なり，極めて高度な技術が要求されるもので

はないことから，対策は，標準レベルの職員であれば，適切に実行できる
ものであるので，対策を怠れば，事業者に過失が認められる可能性が高く
なる。したがって，事業者としては，対策を立てて実施する前提として，
事故の予見が重要となってくる。事業者としては，できる限り十分かつ適
切なアセスメントを踏まえた上で，想起される事故を防ぐための対策を立
てて実施すべきである。

4　再発防止策の検討〜安全配慮義務違反を参考に

そこで，対策を立てる際に，参考になるのが，安全配慮義務である。利用
者は，事業者との間で，施設サービス利用契約を結ぶ。事業者は利用者に対
して，安全配慮義務を負う。次の裁判例では，本件介護契約は，「要介護認
定を受けた高齢者を利用者として施設に収容した上で介護することを内容と
するものであって，介護を引き受けた者には利用者の生命，身体等の安全を
適切に管理することが期待されると解されるから，被告は，本件介護契約の
付随的義務として，原告に対し，その生命及び健康等を危険から保護するよ
う配慮すべき義務（以下「安全配慮義務」という。）を信義則上負担していると
解される。もっとも，その安全配慮義務の内容やその違反があるかどうかに
ついては，本件介護契約の前提とする被告の人的物的体制，原告の状態等に
照らして現実的に判断すべきである」（東京地裁平成 24 年 5 月 30 日判決自保
ジャーナル 1879 号 186 頁）とされている。

そして，安全配慮義務の内容として，ⓐ物的環境の整備，ⓑ人的環境の整
備が挙げられる。

具体的には，例えば，ⓐ物的環境の整備として，①施設内の危険個所に安
全装置を設ける義務，②施設内の危険個所に入ることができないように安全
装置を設置する義務，③介助用の道具・器具として，安全なものを選択する
義務，などが挙げられる。ⓑ人的環境の整備として，①施設内の場所等に入
居者の安全を監視する人員を配置する義務，②職員に安全教育を徹底する義
務，③事故原因となり得る支援方法につき，適任の人員を配置する義務，な
どが挙げられる。

第2編　事故防止

このような内容を参考に，再発防止策について検討すべきである。特に，
a物的環境の整備の検討は忘れがちになるので，転倒事故等のように，a物
的環境の整備が問題となる事故については，必ず検討すべきである。

5　サービス内容と施設が責任を負う範囲

施設が責任を負う範囲は，施設が利用者に提供するサービス内容によって
異なる。

誤嚥事故は第2章（150頁），転倒事故は第3章（198頁）を参照されたい。

6　事故の再発防止策を検討する上での視点

(1)　利用者の自由の保障・拡大が最重要

ただ，再発防止策の検討に当たっては，次のことを考慮して検討すべき
である。

まず，利用者の尊厳を最大限守るためには，利用者が意思決定をしやす
いように援助し，利用者が選択した意思を尊重し，人権・自由を拡大させ
ていく必要がある。

(2)　リスクに対するフォローをする

しかしながら，利用者の意思に沿ったサービスを提供することによっ
て，利用者の生活の自由度が増すと，事故発生のリスクが高まることが予
想される。また，加齢とともに心身の状態の低下を伴う利用者が生活する
上での事故発生のリスクは不可避な部分もある。さらに，認知症高齢者の
場合，時間・場所・人物に対する認知能力が低下することに伴い，自ら将
来発生する可能性のあるリスクを予測し，そのリスクを回避するための行
動を選択することが困難となるため，事故発生のリスクが高まることも予
想される。

しかし，事故発生のリスクを回避するために，例えば，ベッドから転落
しないように，ベッドを4点の柵（サイドレール）で囲むというような対策
を立てるのは禁物である。人が生きていく上でもっとも重要なことは人間
としての尊厳を守り，精神的な豊かさをいかに保つかの点にあるからであ

94

る。このような身体拘束の例で言うと，利用者にとってはいつも寝ている
ときに，見えるのは，ベッドの柵か，部屋の天井ぐらいであろう。このよ
うな景色が長期間継続し，その場所からは逃げられない以上，利用者から
すれば刑務所の中に入っているにも等しい気持ちになってしまうであろ
う。

　このように，利用者の安全保護を重視しすぎるあまり，かえって人間と
しての尊厳を害するのは本末転倒であることは言うまでもない。

　そこで，事故防止を検討する上で，大切な視点は，利用者の意思に沿っ
たその人らしい生活を最大限保障しつつ，事故（生命・身体・財産に対する損
害だけではなく人権侵害も含む。）によって生じる利用者の心身の状態の低下
等のリスクをいかに減らすのかという点にあるというべきである。

⑶　リスクの高い利用者の入浴例

　私が，デイサービスの相談員をしていたとき，入浴目的で利用していた
２人の利用者がいた。１人は，最高血圧（以下「血圧」という。）が
180mmHg（以下単位略）以上あり，日によっては血圧が200を超える60歳
代後半の四肢に拘縮のある男性。もう１人は心筋梗塞に罹ったことがある
90歳代の女性。２人とも自宅では入浴できなくなっており，入浴が人生
の一番の楽しみであった。利用者本人の意思を尊重したいが，入浴中に急
変するリスクもある。本人はもちろん，医師や家族とも相談して，男性に
ついては，特殊浴槽を利用して寝た状態で湯に浸かってもらい，職員が付
きっきりで対応，女性については，半身浴で湯に浸かってもらい，職員が
付きっきりで対応，当日の心身の状況に応じて看護師が付き添うことも
あった。男性も体調が悪くなり救急搬送されたことが１回あったが，女性
の方は5，6回あった。

　確かに，リスクは高かったが，利用者本人の人生でもっとも大事にして
いる楽しみを実現できたことは，よかったと思う。ベテラン看護師が私の
考え方に賛同してくれて，迅速な対応をしてくれたことが大きかった。

第2編　事故防止

7　事故の発生又は再発防止等は誰のために行うのか

　事故の発生又は再発防止等は，誰のためにするのかを確認しておきたい。職員の中には，事故報告書を書くのを嫌がったり，原因分析・再発防止策の組織的検討を疎かにする等，事故対応に非協力的な者がいるからである。事故対応の目的の1つに事業の存続の点があるとしても，事業を存続させるためには，事業を遂行させていく職員自身がリスクマネジメントの意味を自分のこととして理解して，積極的に取り組んでいくことが重要だからである。

(1)　利用者のため

　一般的には，事故対応は，以下のように，「利用者のため」と言われている。

　介護事故によって，事故後に利用者の心身の状態の低下を招いてしまったのでは，事故後長きにわたり利用者の将来の自由を制約することになってしまう。

　そこで，利用者の意思に沿ったその人らしい生活を最大限保障していくためには，事故（生命・身体・財産に対する損害だけではなく人権侵害も含む。）によって生じる利用者の心身の状態の低下等のリスクをいかに減らすのかが重要となってくることから，事故対応は，利用者のためである，と。このこと自体は当たり前のことである。

　ただ，利用者のためという思いだけでは，なかなか全ての場面で事故対応を適切に実践していくのは，難しいであろう。人のためになるという観点だけではなく，自分のためでもあるという観点も備わらないと，なかなか事故対応を自分のこととして捉えて主体的に取り組むのは難しいからである。

(2)　職員（自分）自身のため

　このように，事故対応の取組を推進していく原動力をより高めるためには，職員（自分）自身のためであるということを理解しておくことも重要である。福祉サービスに従事する職員が，他の職業ではなく，介護の職を選択した理由には，利用者が何を望んでいるのかを考え，その望みを実現していくためにどうすればよいのかを考え，要望を実現していく中で，利

96

第 1 章　総論

用者に自分らしく幸せに最期まで生をまっとうしてもらいたいという誠実な気持ちがあると思う。職員が高齢者等に対する介護（以下，「高齢者等介護」という。）の仕事を続けているのは，利用者の役に立つことで社会の維持・発展に寄与するとともに，職員自身が自分の存在意味を実感し，人間性をより高めて成長を遂げていきたいという思いがあるからであろう。

　このような熱意をもって仕事に励んでいる職員が，仮に，適切に食事介助を実践したにもかかわらず，誤嚥事故によって，介助している利用者が窒息によって死亡したとした場合には，やはり自分自身にミスがあったのではないか，自分が悪いのではないか，自分には高齢者等介護の仕事は向いていないのではないか等，自分を責め立て，自信を喪失し，仕事を辞めてしまうことになってしまうことが十分にあり得るであろう。現に介護事故後に長年励んできた仕事を辞める職員は少なからず存在する。

　職員としては，高齢者等介護の仕事が天職だと思っていたのに，事故がきっかけで仕事を続けることができなくなってしまわないように，職員が今の仕事にやりがいをもって続けていくためにも事故対応は必要である。このような観点から，職員は事故対応に真摯に取り組む必要がある。

8　法令上の定めについて

運営基準 35 条は，事故発生の防止及び発生時の対応について，次のように定めている。

　1　指定介護老人福祉施設は，事故の発生又はその再発を防止するため，次の各号に定める措置を講じなければならない。

　　一　事故が発生した場合の対応，次号に規定する報告の方法等が記載された事故発生の防止のための指針を整備すること。

　　二　事故が発生した場合又はそれに至る危険性がある事態が生じた場合に，当該事実が報告され，その分析を通じた改善策を従業者に周知徹底する体制を整備すること。

　　三　事故発生の防止のための委員会及び従業者に対する研修を定期的に行うこと。

第2編　事故防止

　2　指定介護老人福祉施設は，入所者に対する指定介護福祉施設サービスの提供により事故が発生した場合は，速やかに市町村，入所者の家族等に連絡を行うとともに，必要な措置を講じなければならない。

　3　指定介護老人福祉施設は，前項の事故の状況及び事故に際して採った処置について記録しなければならない。

　4　指定介護老人福祉施設は，入所者に対する指定介護福祉施設サービスの提供により賠償すべき事故が発生した場合は，損害賠償を速やかに行わなければならない。

　上記のように，1項では，事故の発生又はその再発を防止するための組織的な取組を，2項及び4項は，事故に対する対応を，3項は，記録化を定めている。

9　事故の対応手順

　介護事故発生後の対応の流れとしては，ⅰ利用者の心身の状況の確認・応急処置→ⅱ救急車・医療機関等への通報・連絡・搬送→ⅲ家族への連絡→ⅵ本部・施設長・管理・監督者への報告（緊急性に応じてⅱからⅳの順は前後する。）→ⅴ利用者の状況把握・事実調査・確認・事故報告書の作成→ⅵ保険会社への連絡→ⅶ利用者・家族への謝罪・説明（緊急性に応じてⅴの場合もある。何度かに分けて謝罪・説明することもある。）→ⅷ原因分析・再発防止策の組織的検討→ⅸ行政への報告→ⅹ事故の再発防止策の計画策定→ⅺ実施→ⅻ再発防止策の実施状況の把握及びその評価→終結という流れになる。

第2　事故発生時・直後の対応

　ここでは，上記第1の9「事故の対応手順」に沿って説明する。

98

第1章　総論

1　利用者の心身の状況の確認・応急処置及び救急車・医療機関等への通報・連絡・搬送

(1)　利用者の安全確保が最優先

　事故発生直後は，利用者の安全確保が最優先であることはいうまでもない。特に，救急車の手配は最重要である。救急車要請のタイミングが遅れることで死亡や重傷につながる場合があるので，職員らは，的確に判断して，応急処置と併せて，躊躇することなく救急要請を行うべきである。

(2)　救急車の要請

　事故を発見した職員は，利用者の心身の状況の確認を行い，意識がもうろうとしたり，うとうとしたりしている，顔色が悪くぐったりしている，けいれんやひきつけを起こしている，出血が止まらない，吐き気や嘔吐をくり返している，火傷の面積が広い，頭部を強く打った等の場合には，看護職員や他の職員を迅速に呼ぶべきである。又は，かかりつけ医に電話連絡すべきである。看護職員等の職員が速やかに応急処置をするとともに，かかりつけ医・看護職員や管理・監督職の指示に従って救急車を要請すべきである。また，救急要請の際には，的確に，事業所名・事業所住所・目印となるポイント・電話番号等を電話で伝えられるように，必要情報を電話機の傍に掲示する等の準備をしておくとともに，利用者氏名・生年月日・年齢・既往症・服薬状況・怪我等の状態・緊急連絡先等を救急隊や医療機関に伝達できるよう，必要情報を緊急時専用のシートに整理しておく必要がある。

(3)　同乗者等の選定・役割

　救急車に同乗したり，病院へ利用者を搬送する職員は，病院で医師や看護師等に対して説明したり，搬送先の病院に駆け付けた家族にこれまでの経緯等について，説明を求められることが多いと思われるので，搬送時に出勤している職員の中で，もっとも適切に説明できる職員を選ぶべきである。

　役割としては，まず，利用者に対する迅速かつ適切な治療等が実施されるように，怪我や病気等現在の利用者の状況に至った経緯や原因，現症・

99

既往症，服薬状況等を医師や看護師等に説明すべきである。

　また，救急車に同乗したり，病院へ利用者を搬送した職員は，できる限り，病院の医師や看護職員から，診断名・症状・事故の原因・今後のこと等について，詳細に聴取すべきである。例えば，肋骨骨折の場合，骨粗鬆症のため，くしゃみをしても骨折すると説明を受けるか，外部の強い力が加わらなければ骨折は考えられないと説明を受けるかでは，原因分析及び再発防止策の内容が異なってくるからである。

(4)　緊急性が認められない場合

　緊急性が認められない場合でも，必要に応じて，速やかに看護職員やかかりつけ医に連絡して，指示を受けるべきである。事業者としては，事故直後に利用者の医療を受ける権利・機会を確保するために，医師や看護職員に診てもらうことが重要である。

(5)　普段からの緊急時対応の準備・訓練

　緊急時の対応の場面では，利用者の安全な場所への移動，看護職員や他の職員への応援要請，応急処置，応急処置を行うための物品の準備，救急車の要請，救急隊が到着後の隊員の誘導，救急車への同乗，家族への連絡，施設長等への連絡，休日の応援職員への連絡等行うことがたくさんあるので，確実に冷静に対応を行うことができるように，普段から役割分担を決めて訓練をしておくことが求められる。

2　利用者の家族への連絡，説明等

(1)　連絡

　ア　連絡のタイミング

　　事故発生直後は，結果発生回避のための措置（救命措置，救急車を呼ぶ，等）を速やかに行うことが第一であるが，これに次いで，家族への連絡が重要である。家族への連絡が遅れたことにより，事業者側と家族側との信頼関係が壊れてしまい，最終的に訴訟まで発展するようなケースも少なくない。

　　そこで，利用者の家族に対しては，第一の応急措置が終わり次第，速

やかに隠すことなく事故報告を行うべきである。もっとも，デイサービス，ショートステイの利用者など在宅で生活している利用者の場合，事業者側よりもかえって家族側の方が事故発生直後の応急措置方法や搬送すべき病院等を知っている場合もある。このような場合もあり得るので，救急車要請から救急車が到着するまでには連絡すべき場合もある。

イ　緊急連絡先の整備

　緊急時に確実に家族へ連絡ができるように緊急連絡先を聞いておくことが必要である。キーパーソンになっている家族に確実に連絡がつくとも限らないので，緊急連絡先は複数聞くべきである。

ウ　連絡の手段

　また，事業者としては，キーパーソンになっている家族に連絡がつくように，最大限とり得る手段を実行すべきである。電話番号だけではなく，ショートメールやSNSなども含めて連絡手段をできる限り多く聞いておくべきである。

(2)　事実確認・調査終了前の説明・謝罪等

ア　説明者について

　搬送先の病院等で，説明することも十分にあり得る。搬送先の病院で，救急車に同乗した職員が，そのまま病院に残り，家族に対する説明を行うよりは，家族よりも先に，管理・監督者が病院へ駆けつけ，家族に説明する方がよい。病院に駆け付けた現場職員は，搬送先の病院での医師や看護師への説明，その他のやり取りが終われば，他の利用者に対する支援の必要があるので，施設に戻ってもらう方がよい。

　私の経験であるが，施設の副施設長をしていたとき，私は基本的には，事故か否かを問わず，病気の場合であっても，また深夜であっても（夜間は夜勤職員が少ないので一刻も早く施設に戻る必要もある。)，利用者が緊急搬送されたときは病院に駆け付けていた。副施設長等の管理者がすぐに病院に急行することで，家族に施設の誠実さが伝わる上に，搬送先の病院での職員と家族のやり取りを管理者自らが体験しているので，今後の対応も一貫した対応を行うことが可能となる。自ら対応せずに救急車に

第2編　事故防止

同乗した職員に任せていると，後日，そのときの職員の態度が問題とか，言った・言わないということになりトラブルになるとともに，その職員が事故当日以降も説明等を求められその職員の負担が増えるからである。

イ　謝罪について

謝罪については，謝罪すること自体に否定的な事業者もあるが，責任を認める趣旨ではなく，事故が発生したこと自体は事実なのであるから，事故によって利用者に痛い思い等をさせてしまったことや家族に不安等を抱かせたこと等に対して謝罪すべきである。真摯に謝罪をしたことにより当然に施設に法的責任が認められるものではない。この点については，東京地裁立川支部平成22年12月8日判決判タ1346号199頁が参考になる。同判決は，「施設長が当初は責任も認めていたにもかかわらず，後日被告が法的には責任がないという態度を明らかにしたことの不当を述べているが（略），施設長が謝罪の言葉を述べ，原告らには責任を認める趣旨と受け取れる発言をしていたとしても，これは，介護施設を運営する者として，結果として期待された役割を果たせず不幸な事態を招いたことに対する職業上の自責の念から出た言葉と解され，これをもって被告に本件事故につき法的な損害賠償責任があるというわけにはいかない。」と判示している。

要は，事業者としては，謝罪したことで，後日，家族から「この前は謝って責任を認めただろう。」などと非難されることをおそれるよりも，人として，利用者が痛い思い等をしているときに，利用者やその家族の気持ちに共感するとともに，寄り添うことの方が重要だということである。

ウ　説明内容の注意点

一度異なる事実の説明をしてしまうと以後の説明も全て虚偽の事実であると家族に受け止められてしまう危険があるので，職員の個人的な見解や推測などに基づいて説明すべきではない。一度利用者や家族に不信感を抱かせるとその不信感を払拭するのは極めて困難であることを肝に

銘じておくべきである。家族が職員の説明を録音していることも十分にあり得るので，正確に説明すべきである。ただ，事実確認・調査が終了していない段階であるので，説明の範囲は限定的になると思われる。すなわち，搬送先の病院で説明を求められた場合には，救急車に同乗した職員が説明する場合には，搬送先に行った職員が見聞きした範囲内で事実のみを説明するようにする。それ以外の情報については，事実確認・調査が終了してから，後日説明する旨伝えればよいと思われる。管理・監督者が説明する場合には，これから事実確認・調査を行い，事故に至る経緯，事故の内容，事故の原因，事故の再発防止策等を分析・検討をしてから，後日説明する旨伝えればよいと思われる。

　また，施設としては，利用者や家族とのやり取りの内容は施設に戻った後に直ちに記録化しておくべきである。

エ　録音はしてもよい

　録音してもよい。搬送先の病院等でのやり取りは緊急時であるので「録音させていただきます。」と家族に伝えてから，録音したのでは，家族の気持ちを逆なでするので，秘密録音になると思うが，秘密録音は原則として民事訴訟において証拠能力が認められている。詳しくは120頁参照。

オ　普段から信頼関係の形成を

　特に，重大な事故が生じた場合には，普段からの利用者及び家族との信頼関係が重要である。信頼関係を形成するには，普段から軽微な事故についても家族に報告したり，家族との面会時に利用者の普段の様子を詳しく報告したり，個別支援計画書の説明に当たって，1日24時間及び週間のサービス内容や介護方法だけではなく，その根拠（利用者の意思，利用者の心身の状況等）を懇切丁寧に説明する等しておくべきである。

　他には，利用者に対するアセスメントを十分に実施することにより，家族が知らなかったようなことをも説明していくことも重要である。

第2編　事故防止

3　本部・施設長・管理・監督者への報告

　事故の結果の重大性に応じて，事故発生当日中に，どのレベルにまで第一報を入れておくのかをあらかじめ決めておき，確実に報告すべきである。事故発生直後にいかに迅速かつ誠実に組織的に対応できるかが鍵となるので，適切に判断できる者に報告すべきである。少なくとも死亡事故，救急車を要請した事故については，本部や施設長にまで必ず報告すべきである。利用者・家族・マスコミ等から本部や施設長に連絡があったときに，そもそも事故発生を知らなければ，知らないこと自体が批判の対象となり，不信感につながってしまう。

4　職員間の引継ぎ

(1)　医療機関に搬送した場合

　事故後，利用者を医療機関に搬送した後，入院に至らず，利用者が施設に戻ってくる場合には，搬送先の医療機関で受けた指示（今後どのようなことが予想されるのか，薬・処置の内容・方法，バイタルチェック，経過観察のポイント，どのような異変があれば医療機関に連絡するのか等）を，確実に他の職員に引継ぐ（又は共有する）必要がある。

(2)　医療機関に搬送しなかった場合

　そもそも利用者を医療機関に搬送していないときには，誤嚥，誤薬，転倒・転落により頭部を打った場合や骨折等が考えられる場合等であれば，かかりつけ医や看護師の指示に基づいて，上記の点を他の職員に引き継ぐべきである。医療機関に搬送していないことを理由に，事故後の対応を介護職員だけで判断しないようにすべきである。施設としては，適切に医療につないで，利用者の医療を受ける権利を確保すべきだからである。

(3)　記録と経過観察

　そして，職員は，引き継いだ内容，及び，バイタルや利用者の顔の表情，訴え等の経過観察により得た情報を記録化すべきである。

　このような経過観察はいつまでも継続する必要はないので，経過観察を開始する場合には，いつまで行うのかを決めておき，その時点で，経過観

104

察の経過をみて，経過観察の継続の有無を判断すべきである。継続しないと判断した場合には，その根拠も記載しておくべきである。この判断は，かかりつけ医や看護師にしてもらうべきである。

⑷　他の留意点

　また，上記のように，利用者の生命・健康の安全確保のために，医療機関へ適切につなげられるように対応するだけではなく，新たな事故の再発を防止すべく，即時に対応できることは，速やかに実施して，実施内容も他の職員に引継ぎ・共有すべきである。

5　警察への対応

　救急車を要請した場合には，警察も施設へ出動してくることがある。この場合に，職員が，事故内容等を十分に説明することになる。事故の結果の重大性や事故に至った経緯等を考慮して，当日又は後日，利用者の記録の開示を求められることがある。この場合には，直ちに開示することが必要となる。普段から，利用者の心身の状況や利用者に対して実施したサービス内容を詳しく書いておかないと，容疑が深まり，警察による職員に対する事情聴取や立入調査等の捜査が長期化することもあるので，普段からの記録は重要である。

　また，事故に至る経緯，事故の内容，及び事故後の対応について，不自然さがあるような場合には，それらの支援上の根拠についても，詳しく説明することが求められるので，直ちに説明できるように，普段から，支援上の根拠をも明確にしておく必要がある。

第3　利用者に対する対応が一段落した後（事故発生から数日経過した後）の対応

1　対応の概観

⑴　多岐にわたる対応

　事故直後の対応が一定落ち着いた段階で，事故に至った経緯，今の利用者の心身の状況，事故防止のために実施していた対策等を具体的に説明

第2編　事故防止

し，その後の利用者へのフォローとして，サービスの積極的活用はもちろん，損害賠償保険等による賠償だけではなく（事故当日，又は翌日には，契約している損害保険会社に事故内容を連絡しておく。），場合によっては，事故が発生したことに対する謝罪（必ず責任を認める趣旨ではない。），見舞い，事故現場での事故に至った経緯の説明や再現等も行う必要がある。特に，見舞いや家族らとの連絡により，利用者の状況について，適宜把握するとともに，利用者に対する対応（フォロー）は行うべきである。対応の内容については，第1編第1章第3の5(3)（20頁），同第2章第2の4(1)（33頁）を参照されたい。見舞いや家族らとの連絡を怠ると，施設で発生した事故であるのに，利用者のことを心配さえしない，人の心さえない事業者であるとの反感を招くことになる。

(2)　事故後の利用者や家族に対する精神的なケアも重要な仕事の1つ

　事故が発生したことに対して，事業者としてはやるべきことをやっていたので，過失責任はないという判断をしたとしても，家族としては，事故により利用者の心身の状態が悪化したことに対して，介護を人に任せるべきではなかったとか，この施設を利用すべきでなかったとか，自責の念に駆られるなど，悩んでいる状況に置かれていると思われる。このような家族の心理的状況のときに，職員が見舞いを実施したり，家族に利用者の現状を聴き取ったりすることで，施設は利用者のことを心配してくれていると，少し気が落ち着くこともある。事故後の利用者や家族に対する精神的なケアも重要な仕事の1つであるとの意識を持つべきである。

2　事実調査・確認

(1)　客観的な具体的事実を明らかにする

　発生した事故に関する事実調査・確認は，決して個人の責任追及のために，行うものではない。今回の事故原因を明確にして，二度と同種の事故を繰り返さないために，ひいては，職員の資質向上及びサービスの質の向上のために，事故を詳細に分析する不可欠の前提として行うものである。また，今回の事故を防止するために，適切に支援を行っていたことを説

明・証明するために行うものである。したがって，職員から，より客観的な具体的事実を聴取することが大切である。ただ，事故に至った具体的事実を客観化することや，その内容を正確に話したり，書いたりするためには，1人の職員からの聴き取りでは不十分な場合があるので，周りの職員らからも聴取したり，1人の職員が記録を書くのではなく，管理・監督者が，聴き取りを積極的に行う，利用者の代わりを職員に演じてもらって，事故に至る経過等を実演して再現する等工夫すべきである。再現シーンを写真撮影や動画撮影して記録化するのもよい。

(2)　職員が見聞きしたことなどを詳細に聴き取る

　まず，発生した事故に関する事実調査・確認については，①直接介護の事故の場合，事故当時直接介護をしていた職員や利用者又は介護者を見ていた職員から，②事故当時見守りを実施していた事故の場合には，事故の発見者や利用者を見守っていた職員から，③直接介護及び見守りを実施していなかった場合には，事故の発見者や事故が起こる前の最後に利用者を見た職員からも，聴取すべきである。①直接介護を実施していた場合には，その介護を始めたとき，②見守りについては，その見守りを実施すべき場面が始まったとき，③直接介護及び見守りを実施していなかった場合には，少なくとも事故が起こる前の最後に利用者の様子を確認したときから，事実関係を把握すべきである。事故に至った経過や事故当時の状況の職員に対する聴取については，第1編第1章第3の5(1)エ・オ（22頁）を参照されたい。

　上記のいずれの場合であっても，事故に遭った利用者本人からの聴き取りも忘れてはならない。

(3)　聴き取りは事故があったその日に行う

　聴き取りは，職員の記憶が鮮明なうちに行うべきであるので，事故が発生したその日に行うべきである。時間が経過するにつれて記憶が曖昧になるとともに，実際に行った支援内容を忘れてしまい，現実に行った支援内容や現に職員が観察していた利用者の心身の状況等の事実が，記録上はなかったものになってしまうおそれがあるからである。

第2編　事故防止

(4)　医師からの聴き取り，写真等

　次に，今回の事故の結果を客観的かつ具体的に把握するために，医師に診断してもらった場合には医師からの聴き取り，他には，利用者の怪我等の状況，血痕があればその血痕，転倒した場所の周囲の状況，食べていた物，吐しゃ物等を写真に撮っておく等，結果を示す資料を作成及び収集すべきである。

(5)　記録の確認

　記録の確認も重要である。特に，事故の予見可能性を検討する際に重要である。今回事故が発生した利用者に関する，今回の事故前の事故報告書・ヒヤリハット報告書・苦情報告書，フェイスシート・アセスメントシート，少なくとも事故前1か月程度のケース記録，個別支援計画書，業務マニュアルなどを確認すべきである。記録のチェックに当たっては，今回の事故の発生を高めている事実や普段とは異なる事実等に着目すべきである。どの程度の期間ケース記録をチェックするかは，目的によって異なるが，早い段階で過失の有無の見込みを立てて，過失があると見込まれれば，迅速に利用者又は家族に過失を認めた上で謝罪するのであれば，少なくとも1か月程度，PDCAサイクルも含めた再発防止策の検討を丁寧に行うのであれば，少なくとも数か月分程度，チェックする方がよい。

3　事故報告書の作成

(1)　事故報告書の作成目的

　ア　具体的事実を書く

　　正確に事実を把握するとともに，十分な事故検討を行うためには，適切な事故報告書の作成が必要不可欠である。事故時の具体的事実が不足している場合には，各施設の課題に応じた効果的な再発防止策を計画するのは，極めて困難である。事故時の具体的事実の把握を疎かにし，施設ごとの課題を究明せず，通り一遍の対策を講じても施設の課題に適していなければ，徒労に終わってしまうからである。

108

イ　事故の再発防止，職員の資質の向上，サービスの質の向上のため

　適切な事故報告書を作成するための目的は，以下のとおりである。繰り返しになるが，事故報告書は，決して個人の責任追及のために，作成するものでない。事故原因を明確にして，二度と同種の事故を繰り返さないために，ひいては職員の資質向上及びサービスの質の向上のために，事故を詳細に分析する不可欠の前提として作成するものである。さらに，重大な事故等に対して，事業者が適切な支援を行っていたかどうかの「証拠」となる大切な資料になる。したがって，何でも反省的な記載を行うことよりも，客観的事実を具体的かつ正確に記載することが大切である。

ウ　行政に提出する事故報告書作成上の留意点

　特に，行政に提出する事故報告書は，提出後に訂正等が困難であること（市区町村によっては訂正を認めているが，提出前よりは訂正がしにくい。），施設が行政に事故報告書を提出する以上，より慎重に事実関係を正確に記載していると考えられるので，提出してしまった事故報告書に記載した事実が，そのまま裁判等で，事実として認められる可能性が高いことから，事実については正確に書く必要がある。

エ　再発防止策は実現可能かつ具体的な対策を

　なお，「原告の指摘する事故報告書（略）や緊急ミーティング議事録（略）の記載は，本件事故が実際に発生した直後あるいは翌日，それを防止する対策について検討，記載されたものであって，本件事故時にそのような行動をとっていなかったことが，直ちに被告の注意義務に反し，不法行為責任を基礎付けるものとはいえない。」（東京地裁平成24年11月13日判決ウエストロー・ジャパン）のように，再発防止策で記載することは，今回の事故を踏まえて今後の事故を防止するための対策であるので，再発防止策に記載したことを事故当時実施していなかったとしても当然に施設の過失が問われるものではないので，市区町村に対して施設がサービスの質の向上を図って利用者の権利を守ろうと真摯に取り組んでいることを理解してもらうために，再発防止策は実現可能かつ具体的

第2編　事故防止

な対策を記載するほうがよい。

(2)　事故報告書の項目

　事故報告書の項目は，おおむね事故に至る経緯・事故時の状況・事故後の対応，医師の診断・コメント，原因分析，再発防止策である。これに再発防止策の実施状況やモニタリングを加えてもよい。

(3)　事故報告書のうち事故に至る経緯・事故時の状況・事故後の対応を書く際のポイント

　ア　時系列に沿って客観的に書く

　事故に至る経緯・事故時の状況・事故後の対応を書く際のポイントは以下の通りである。

　まずは，時系列に沿って，客観的に書く。事実を正確に書くことが重要で，時間，場所，位置関係（場合によっては図を書く，写真を添付する），等を正確に書く必要がある。要は，時系列の順に，職員及び利用者が認識していた事実や認識できていなかった客観的事実を，５Ｗ１Ｈ（いつ，どこで，誰が，なぜ，何を，どのように）を押さえて，利用者の心身の状況や言動，職員の支援内容や方法，環境面を具体的に書く必要がある。利用者情報としては，他に利用者の服装，環境面では周辺の福祉用具，家具等の状況等を広く書く必要がある。利用者と職員の位置関係，周辺の福祉用具，家具等の状況は，図示した方がよい。

　イ　複数の職員から聴取すべき

　職員の支援内容や方法を事実関係として整理する際に，重大事故の場合には，複数の職員から事情を聴取して記載する必要がある。複数の職員から聴取する場合には，次の【表2】のように一覧性のある様式に整理する方がよい。その理由は次の通りである。事故の予見可能性については，仮に直接介護をしていたのが職員Ａであったとしても，職員Ａが事故当時認識できていなかった事実を他の職員Ｂらが知っていた場合があること，介護の内容については，職員Ａの記憶が曖昧な点を職員Ｂらが補ってくれる場合があること，事故後の対応では，職員Ａのみだけではなく，他の職員Ｂらがいかに対応したのかも問題となること，見守り

110

第1章　総論

【表2】

時間	利用者に関する客観的事実	職員A	職員B	職員C
○：○○ （事故前）				
○：○○ （事故前）				
○：○○ （事故時）				
○：○○ （事故後）				

の場合には，事故当時に施設に居た職員全員の動きや利用者に対して行っていた観察が問題となること等の理由による。

ウ　利用者からも聴き取る

利用者に対して事故に至った経緯を聴き取っていない例が散見されるが，事故に至った経緯は必ず聴き取って記載すべきである。利用者が何も説明しなかったのであれば，「職員が利用者に事故に至った経緯を尋ねたが，利用者は何も説明しなかった」などと書くべきである。特に，転倒事故や発見時に原因不明の創傷事故では，目撃証言が得られないことが多いことから，利用者の行動パターンを知る意味で重要であることと，職員に殴られた等の利用者の発言があれば身体的虐待の早期発見につながるからである。

エ　転倒事故を例に

例えば，最も多い事故類型の利用者1人での転倒事故であれば，まず，利用者に関する客観的事実として，転倒時の利用者の身体の位置や状況，衣類・履物の状況，失禁をしていたような場合には，ズボン，靴下などの濡れ状況，健康状態（バイタルサイン，痛みの部位・有無・程度，皮膚の変化），利用者の発した言葉の内容（痛いところ，何をしようとして転倒したのか，なぜ，このような状態になったのか）について書く必要がある。さらに，利用者周辺の事実，排泄の状況（オムツや尿とりパットの状態とその汚染状況，トイレ内の汚染，便器の蓋の開閉状態），転倒した場所（発見した場

111

所)，家具類の位置や福祉用具の状況，物品の位置などを書く必要がある。また，転倒した場所はいつも本人がいる慣れた場所か，異なる不慣れな場所かについても書いておくことも重要である。転倒事故前の利用者の直近の情報，すなわち，落ち着かない状況の有無，排泄の状況，健康状態，薬剤の使用状況と変更，歩行状態，過去の転倒の有無などを書く必要がある。

オ　その他の留意点

これらの事実を書く際には，情報の根拠も書く方がよい。職員自ら場面を目撃したのか，利用者等が直接体験した内容を職員が聴いたのか，利用者等が他の人からまた聞きした内容なのか等区別して書く必要がある。

もっとも，基本的に推測は避けるべきである。推測は，事実に対する一つの評価であって，職員の独善的な評価によって，客観的事実を歪めてはならず，事実を正確に書くこと（写真や動画での再現も含む。）が重要だからである。

事故に至る経緯・事故時の状況・事故後の対応の項目では，客観的事実を明確にし，事実を踏まえて，事故原因の把握と事故防止策の検討をすることに意味があるので，自分の主観的な意見や，自分の責任を免れるために，他の職員・家族等の非難は書くべきではない。

(4)　事故の原因分析

ア　事故に至る経緯をできる限り特定する

事故に至る経緯・事故時の状況・事故後の対応の項目で記載した事実からでは，事故が発生した場面や事故に至る経緯が不明であることが多い。そこで，まず，事故の原因分析では，事故に至る経緯・事故時の状況・事故後の対応の項目記載の客観的事実から推測して，事故が発生した場面や事故に至る経緯を特定する方が望ましい。事故が発生した場面や事故に至る経緯について，複数のパターンを書いた上で，全てのパターンについて原因分析及び再発防止策の検討をしている場合が散見される（エ（114頁）参照）。研修用として事例を検討して職員の質を向上さ

せていくのであればよいが，限られた時間で検討し，事故の再発防止策を効果的に行うのであれば，絞って確実に実施した方がよいであろう。

【表3】

	利用者要因	介護者要因	環境要因
①事故のまさに原因となった理由・事情の分析	分析する。	分析する。	分析する。
②施設運営上の課題分析	介護者要因と環境要因の中で分析する。	利用者要因も含めて分析する。	利用者要因も含めて分析する。
再発防止策		人的対策として検討	物的対策として検討

イ　利用者要因，介護者要因及び環境要因の観点から分析する

　次に，原因分析は，通常利用者要因，介護者要因及び環境要因の観点から多角的に検討する。原因分析には，①事故のまさに原因となった理由・事情を分析するという側面と②施設運営上の課題（事故当時存在した施設運営上の改善すべき問題点）を分析する側面を有する。もっとも，利用者要因（利用者の心身の状況の低下や普段とは異なる行動，通常では考えにくい行動等）の検討は，他の介護者要因・環境要因とは異なる側面がある。すなわち，介護者要因・環境要因の場合には，要因となった介護者や環境を作り上げた施設に課題があるのは当然であるが，利用者要因の場合，利用者要因を作り上げた利用者本人に問題があると捉えるべきではない。当然であるが，利用者要因を挙げて利用者自身の課題として独力で将来的に利用者要因をなくすように，利用者に取り組んでもらうものではなく，結局は，②施設の課題として，介護者要因及び環境要因に吸収させて検討することになろう。すなわち，事故当時存在した利用者要因は，利用者の心身の状況の維持・改善や利用者が安全に確実にできることを拡大するために，事故当時すべきであった介護者による支援や環境整備に問題があったか否かを検討する材料として取り扱うことになろ

第2編　事故防止

う。これら，介護者による支援（介護者要因）や環境整備（環境要因）の検討は，再発防止策の一内容である，93頁の安全配慮義務の内容の，a物的環境の整備，b人的環境の整備の分析につながっていく。以上のことを整理したのが前頁の【表3】である。

　よって，まず，②課題分析の前提として，①の分析を行う必要がある。

ウ　組織的課題へとつなげる

　次に②課題分析として，職員個人の責任に矮小化せずに，組織的課題へとつなげることが重要である。また，検討した結果，事故当時職員にとっては，結果の予見困難・結果の回避困難との分析結果もあり得る。具体的な分析方法については，6（124頁以下）参照されたい。

エ　原因を絞り込む

　事故が発生した場面や事故に至る経緯を特定したとしても，原因が複数ある場合が多いと思われる。しかし，全ての原因について，掘り下げ，かつ多角的に分析するのは，やはり時間がかかりすぎ，【表4】のとおり，結果として再発防止策も多くなってしまうので，複数考えられる原因のうち，結果に対して最も影響を及ぼしたものに原因を絞り込んだ方がよい。

　イメージとしては，【表4】のうち，「事故が発生した場面や事故に至る経緯」をA，「事故原因」をアに絞り込み，「再発防止策」を①，②……と計画すべきである。

第1章　総論

【表4】

事故が発生した場面や事故に至る経緯	事故原因	再発防止策
A	ア	①
		②…
	イ…	③
		④…
B	ウ	⑤
		⑥…
	エ…	⑦
		⑧…

(5)　直接介護による事故

　直接介護をしていたのであれば，転倒事故等の前に職員が，利用者に対して発した言葉及び実施した介護の内容（以下「職員が実施した内容」という。），これに対して，利用者の身体がどのようになったのか，何を発したのか（利用者の言動），さらに，これに対して職員が実施した内容……と続けて書くとよい。今回の事故をきっかけにサービスの質の向上を図るためには，職員の資質の向上が必須である。職員の観察力，危険予知能力，判断力，介護の手順・方法等の適切性を検討し，これらの課題を発見し，課題の克服に向けた一連の取組を進めていくためには，【表5】を活用するとよい。

　aには，直接介護を担当していた職員以外が認識していた事実等を含めて，利用者の言動・状況に関する客観的事実を記載する。βには直接介護を担当していた職員が認識していた事実を書く。a記載の事実よりもβ記載の事実の方が少なければ直接介護を担当していた職員の観察力が不十分であった可能性がある。γに記載したことの中に，事故前の全ての段階で，今回の事故を予見していたことをうかがわせることの記載がなければ，危険予知能力に問題がある可能性がある。γで今回の事故を予見しながらも判断した内容に不合理性があれば判断力に問題がある可能性がある。δの記載内容が，決められた手順及び内容と異なっていれば，介護の

第2編　事故防止

【表5】プロセスレコード

時間	α利用者の言動・状況	β職員が認識していた事実	γ職員が感じたり, 考えたりしたこと(評価)	δ職員が実施した内容
○：○○（事故前）				
○：○○（事故前）				
○：○○（事故前）				
○：○○（事故前）				
○：○○（事故前）				

　手順・方法に問題がある可能性がある。このように，職員の原因を掘り下げて分析する際に，【表5】プロセスレコードを利用するとよい。

4　保険会社への連絡

　例えば，介護老人福祉施設の場合，厚生労働省の解釈通知「指定介護老人福祉施設の人員，設備及び運営に関する基準について」（平成12年3月17日老企第43号）で，「指定介護老人福祉施設は，賠償すべき事態となった場合には，速やかに賠償しなければならない。そのため，損害賠償保険に加入しておくか若しくは賠償資力を有することが望ましい。」定められていることから，通常，事業者は損害賠償保険に加入しているはずである。

　そこで，今回の事故に関する補償がいずれ検討課題になる場合に備えて，速やかに賠償するために，できる限り早い段階で，保険会社に電話で連絡したり，所定の様式に記載して送付しておくべきである。

　保険会社から，今回の事故に関する補償内容を確認しておくことも忘れてはならない。特に，施設側の過失が認められない場合の見舞金補償の有無の確認をもすべきである。また，事故対応に関してトラブルになったときに備えて，保険の枠内で弁護士に依頼することが可能かについても確認しておくべきである。

第1章　総論

5　事実確認・調査終了後の利用者・家族への謝罪・説明・補償

(1)　概　要

ア　施設側の過失の有無を問わず共通

　施設側の過失の有無を問わず，施設としては，下記(2)のとおり，説明を尽くすべきである。他に6（124頁）の組織的検討によって分析した事故原因や施設が提供できる支援内容，特に，7（144頁）の組織的検討によって分析した再発防止策についても，適宜説明すべきである。

イ　施設が施設側に過失が認められると判断した場合

　順番としては，まず①利用者に痛い思いをさせたこと，家族らにもつらい思いをさせたこと等に対する謝罪とともに，施設の過失を認めた上で謝罪する（下記(3)），②利用者の事故後の身体の状況について聴取する，③事故に至る経過，事故態様，事故後の対応等の事実について説明する（下記(2)参照），④6の組織的検討によって分析した事故原因について説明する，⑤下記(4)の補償について説明する，⑥7の組織的検討によって分析した再発防止策について，説明すべきである。④ないし⑥は順序を入れ替えてもよい。

ウ　施設が施設側に過失が認められないと判断した場合

　この場合には，上記の順番のうち，①は利用者に痛い思いをさせたこと等に対する謝罪にとどめ（下記(3)），⑤の補償については，補償はできない，又は見舞金（下記(4)）について，説明すればよい。

(2)　説　明

ア　事実をありのままに説明すべき

　まずは，事故に至った経緯について，懇切丁寧かつ誠実に説明すべきである。基本的には事実をありのままに説明すべきである。事実の隠蔽や責任逃れと受け取られかねないような説明は厳に慎むべきである。今後，利用者・家族と円満な解決に向けた話合いができるか否かは，事故直後の緊急対応が終わり，利用者の状態が安定するとともに，施設内の調査が終わった後に行われる利用者・家族に対する説明で決まると言っても過言ではない。

117

第2編　事故防止

イ　家族に対する精神的ケアの視点

　前述したとおり，家族としては，事故により利用者の心身の状態が悪化したことに対して，介護を人に任せるべきではなかったとか，この施設を利用すべきでなかったとか，自責の念に駆られていると思われる。このような家族の心理的状況のときに，事業者としては，まず，謝罪をすべきであるとともに，利用者の事故後の状況を聴取して利用者のことを心配していることを伝えるのはもちろん，職員が実施したサービスの内容の全てを具体的かつ詳細に説明することで，「施設はそこまでちゃんとやってくれていたんやな。」など，少しでも「ここの施設を利用してよかったんかな。」などと思ってもらえるように説明すべきである。このような視点から，事故が発生した場合には，事故が発生したその日に職員からの聴き取りを実施する際に，事故に関わりショックを受けている職員にも聴取の理由を説明して聴取に応じてもらうべきである。

ウ　説明の時期

　事故に至った経緯，事故当時の状況，及び事故後の対応の説明は，本人や家族からの申入れを待つのではなく，施設から積極的に速やかに説明すべきである。事故直後に，後日説明をすると返事しておきながら1週間以上経過してから，利用者又はその家族に説明するなど家族に不信感を抱かせてしまうことがあるので，要注意である。

エ　説明者について

　事故に至った経緯の説明は，確実に把握している事実については包み隠さずに説明し，不明な点は後日，できる限り早期に事実関係を解明し，管理・監督職から説明すべきである。最初から施設長が説明すると，トラブルになったときに，法人本部がなければ他に施設内で説明者の交替ができないので，施設長による説明はトラブルになってからでもよい。ただ，死亡事故又は重篤な事故の場合には，当初から施設長が説明した方が，家族らに誠意が伝わるといえる。

　直接介護中の事故の場合，介護者である職員に説明させるか否かは慎重を期した方がよい。事業者は，職員を守るべき立場にあるので，厳し

118

い批判にさらされる可能性が高いにもかかわらず，その職員に説明をさせたのでは，職員の仕事に対するモチベーションが下がることになりかねないからである。事故対応は，組織的に対応すべきであり，事故の責任は組織全体にもある以上，一職員に全責任を転嫁させるような対応は慎むべきである。また，事故対応に関して既にトラブルになっているような場合には，保険を使って弁護士に依頼することも検討すべきである。

オ　録　音

　事故後の対応について，利用者及びその家族らから，施設がどのような説明を行ったのかなど，後日問題になることがある。施設としては，施設職員と利用者及びその家族らのやり取りについて，正確な会話記録を残しておくべきである。正確な会話記録を残す最も有効な方法は録音であろう。そこで，施設としては，「本部などに今回の話合いや説明内容を報告する際の報告書作成のために録音させて欲しい。」，「今回の話合いや説明のあり方に問題がなかったのかを後日検証するために録音させて欲しい。」などの理由を家族に説明して，録音機を家族の目の前に置いて録音するのがよいと思われる。録音をすることで，家族と冷静に話合いを進めたり，後日言った・言わない等のトラブル防止などの効果が得られると思われる。

　ただ，このように，利用者又は家族に録音することを伝えることで，利用者らの感情を害し，話し合いがスムーズにできないと，施設が考えたような場合には，無断録音してもよい。施設から，利用者及びその家族らの同意を得ずに無断で録音をしてもよいかという質問を受けるが，無断録音は，「その証拠が，著しく反社会的な手段を用いて人の精神的肉体的自由を拘束する等の人格権侵害を伴う方法によつて採集されたものであるときは，それ自体違法の評価を受け，その証拠能力を否定されてもやむを得ないものというべきである。そして話者の同意なくしてなされた録音テープは，……その録音の手段方法が著しく反社会的と認められ」ない限り，原則として，民事訴訟では，証拠能力が認められてい

る（東京高裁昭和 52 年 7 月 15 日判決判タ 360 号 160 頁）。同判決は，料亭にA
を招待し，酒席で，録音されていることを知らないAに種々誘導的に質
問してAの回答を引き出したやり取りを，襖を隔てた隣室でAに無断で
録音したテープの証拠能力を認めていることから，同判決とのバランス
を考えれば，施設が利用者及びその家族らと話合いをする際に，その場
のやり取りを録音してよいだろう。

カ　説明内容

　一度異なる事実の説明をしてしまうと以後の説明も全て虚偽の事実で
あると家族に受け止められてしまう危険があることから，事実確認・調
査終了後の最初の説明は，正確を期す必要がある。正確性の担保のため
に，介護・看護記録等の書類に基づいて説明し，その書類，事故の状況
を示す写真（吐しゃ物等），再現写真（写真を左側にその右側に写真の場面の解
説を書くのもよい。）等を交付することも検討した方がよい。

　また，調査方法についても説明してもよい。家族に対して真相解明の
ためにどの程度労力を割いたかを説明することで，施設が真摯に原因解
明と再発防止に取り組んでいることを少しでも理解してもらえるからで
ある。

キ　書類の開示

　事故に遭った利用者に関する，今回の事故前の事故報告書・ヒヤリ
ハット報告書・苦情報告書，フェイスシート・アセスメントシート，
ケース記録，個別支援計画書などの書類の開示については，利用者本人
のプライバシーに配慮して慎重に開示すべきである。利用者本人や成年
後見人等の法定代理人に対しては，本人には自らの情報開示請求権があ
ること，本人及び法定代理人には，通常，契約上開示請求権を明示して
いることから，開示すべきである。他方，家族の場合には，本人の個人
情報開示請求権は本人に帰属していること，通常，契約上家族に開示す
る根拠を定めていないことから，家族であったとしても，当然には開示
すべきではない。もっとも，家族の誰に対しても開示しないとなると，
事業者が事故を起こしておきながら，情報開示をしないことは，情報を

隠している等の理由で，不信感を抱かせるだけであるので，事実上施設サービス利用契約に署名・押印した家族には開示せざるを得ないと思われる。このような場合に備えて，事故に至る経緯等について，説明を行う対象者に，家族を指定する内容を盛り込んだ個人情報保護の同意書に，利用者本人の署名・押印をしてもらう方がよい。なお，通常であればコピー代を徴収することもあろうが，事故の説明の際の資料については無償にすべきであろう。

(3) 謝 罪

施設側に過失が認められれば，過失があったことを素直に認めて，謝罪すべきである。虐待対応と同じであるが，素直に非を認めた上で，今後の対応について誠実に話合いをすべきである。謝罪をするのであれば，信頼確保の観点からは，できる限り早い方がよいことから，事実調査・確認を踏まえて，迅速に過失の有無を判断すべきである。

施設側の過失が認められないと評価した場合には，事故が発生したことにより利用者に痛い思いをさせたこと等に対する謝罪にとどめてよい。この場合には，施設として，適切に支援を行っていたことを懇切丁寧に詳細に説明すべきである。また，施設としての再発防止策をも説明すべきである。

(4) 補 償

ア 損害賠償責任保険の範囲内で補償

まず，利用者や家族に対しては，事故によって被った利用者の損害に対する補償については，損害賠償責任保険の範囲内でしかできないことを明確に説明すべきである。契約書や重要事項説明書に基づいて説明する方がよい。

利用者や家族によっては，保険による補償内容については同意するが，施設としてどの程度加算してくれるのかと迫られることもある。しかし，介護保険法に基づいてサービスを提供しているのであるから，補償内容についても公平性や公正性などが求められている。同種の事故であっても，利用者や家族の対応に応じて，施設側が独自の判断で加算す

121

第2編　事故防止

るようなことはすべきではない。同じ介護保険サービスというある意味公的なサービスを受けている利用者の補償内容が，家族の対応によって異なるのは，不公平かつ不公正であろう。施設としては，保険会社や裁判所が示した補償内容に基づいて補償すると断定的に説明する方がよい。利用者らの争い方によって，補償内容が異なる可能性があるのは，公平ではないかもしれないが，少なくとも保険会社や裁判所等の第三者が判断したという点では，公正性は担保されよう。

　私が，施設で働いていたときは，「当法人では損害賠償については，損害賠償責任保険を利用して賠償させていただいております。それ以外の方法で賠償させていただいたことは一切ございません。例外は絶対にございません。」などと説明し，「話合いでの提示額に応じていただけない場合には，当法人としましては，現時点では増額致しかねますが，調停や訴訟の場で裁判所から増額の提案があった場合には，増額もあり得ます。」などと説明していた。家族としては，自分のところだけ安くなっているのではないかと危惧されていると思われるので，そのようなことは一切ない旨の説明をすべきであろう。他には，保険会社とのやり取りなども説明することもあった。どのように保険会社に事故の報告をしたのか，当初の保険会社の提案額よりも，利用者の現在の心身の状況や家族の意向等を伝えて増額になっていることや，保険会社からも今回の提示額が最終回答であるといわれていること等を説明することにより，事業者としては最大限補償に努めているという姿勢を理解してもらうようにしていた。

イ　見舞金

　顧問をしていると，治療費が少額であることや当方に過失がなく保険での補償ができないが利用者が気の毒なので，見舞金を支払ってもよいかなどの相談を受ける。

　人によってその場その場の対応を変えてしまうと，家族等に補償の説明をする際に，上記のように例外が絶対にないなどと断定的に説明できなくなり，家族等にかえって不信感を抱かせてしまう。

第1章　総論

　加入している保険に見舞金があればその条件に沿って保険会社に判断してもらえばよいが，保険の内容になければ，施設独自の補償事業（見舞金：重篤な状態なら10万円，そうでない場合には1万から5万円など）として条件を決めて対応すべきである。

ウ　対保険会社との話合い

　保険会社が提示する補償内容は，当初は低い場合があるので，施設としては，今回の事故に至った経緯，施設側の過失内容，事故後の利用者の心身の状況，利用者の治療内容等を詳しく説明するなどして，最大限補償してもらえるように説得すべきである。今は，インターネットなどで，交通事故を参考に，各項目の補償額の算定方法や額を調べることができるので，あまりにも低い額を提示したことによって，利用者やその家族らに不信感を抱かせることになるからである。

　私が副施設長や通所介護の相談員をしていたときに，インターネットなどで調べてから，事故の補償について，当初の保険会社の提示額が低いと判断したときは，保険会社に対して，上記のことを繰り返しかつ粘り強く説明していくことで，当初よりも高くなることがあった。保険会社としても訴訟に移行すれば損害賠償額が高額になるリスクが高まるので，示談による解決の方が望ましいからであろう。

　損害賠償責任保険では，保険会社はあくまで補償内容を提示するのみで，利用者や家族に対して補償内容を説明してくれるものではないことが多いので，説明する職員は，補償内容やその算定根拠について十分に保険会社からレクチャーを受けておくべきである。

エ　補足：訴訟に移行する場合

　示談が成立せず，訴訟に移行する場合には，保険会社が紹介する弁護士に依頼するか否かは慎重に検討する方がよい。保険会社が紹介する弁護士は，事業者として，これまで過失責任を認めて話合いをしていたにもかかわらず，これまでの経過を無視して，過失責任は一切ないとして全面的に争う傾向にあるので，利用者やその家族らの信頼を損なう危険性があるからである。できれば，事業者の意向や訴訟に至るまでの経過

123

第2編　事故防止

を踏まえて，柔軟に対応してもらえる弁護士に依頼した方がよい。

オ　説明

　まず，事故後の早い段階で，治療費を施設が損害賠償責任保険を使用して負担するのか否か，負担する場合には，負担するために家族らに協力してもらうこと（カルテ等の開示の同意書の作成等），治療費以外の補償内容等の一般論等を説明して，本人に安心して治療してもらえるようにするとともに，本人や家族に今後の見通しをもってもらうことによって安心してもらう必要がある。

　補償内容が確定した段階で，説明者は，利用者や家族に対して，懇切丁寧に，補償内容及びその算定根拠について，説明すべきである。これらの説明に納得してもらえない場合には，調停や訴訟を通して裁判所が示した内容であれば，補償できることを情報として提供すればよい。調停や訴訟に至った場合には，利用者の事情が考慮され，素因減額，因果関係のある損害額に限定，慰謝料の減額，及び過失相殺により，保険会社が示した補償内容（利用者の過失等を考慮して補償額を減額していないこともある。）を上回ることがない場合もあることを説明できそうであれば説明してもよい。

6　原因分析の組織的検討

(1)　組織的検討の重要性

　原因分析の組織的検討には，チームでの組織的検討と，施設長も含めた施設全体又は法人本部をも含めた組織的検討がある。

ア　目的～チームでの組織的検討

　サービスの質の向上のためには，職員1人ひとりの資質向上が不可欠である。人は1人だけでは成長できない。成長にはチームが必要である。職員自らが成長できるチームを作っていく必要がある。そのためには，チーム全体で議論していくことが必要である。

　いろいろな施設の事故報告書を読んでいて思うのは，事故が発生した後に，人為的ミスにより事故を発生させた職員や事故を最初に発見した

124

職員（以下「担当職員」という。）1人だけで検討した内容を記載した報告書，原因分析や再発防止策を上長1人だけで記載している報告書が散見される。

しかし，前者の場合には，1人の担当職員のみに報告書の作成の負担を強いるだけで，負担から逃れたい職員は事故報告書を簡単に書いて終わりにしてしまったり，職員間の議論がないので，チーム全体としての力量アップにはつながらない。後者の場合には，上長が担当職員から直接説明を聴いてアドバイスをしないので，その担当職員の成長は見込めないし，前者同様チーム全体としての力量アップにはつながらない。

チームで事故の検討をするのは，職員各自の考え方・知識・スキルを高めてよりよいサービスにつなげていくことにある。助言する職員は，担当職員の状況に配慮しながら助言する，助言を受ける担当職員は，他の職員からの助言は自らを成長させるためのものとして素直に聴く，担当職員の実施したことや不安や疑問に感じたこと，それらの根拠や理由，などについて具体的に説明する，他の職員は真摯に聴いて，意見や考え方を交換する，などにより，職員がお互いを高め合っていくことが必要である。事故の発生は望ましくない。しかし，事故が発生してしまった以上，事故の検討は，職員1人ひとりの資質向上とともにチーム全体としての力量アップにつなげていくチャンスであるのに，そのチャンスを逸するのは，事故の再発の危険性をそのままにした状態で，放置することになるので，事故検討は真摯に取り組むべきである。

イ　目的～施設長も含めた施設全体又は法人本部をも含めた組織的検討

上記3(4)（112頁）事故の原因分析で述べたように，決して職員1人ひとりのミスに矮小化するのではく，組織的課題へとつなげていくことが重要であるが，チーム全体だけの検討にとどめていたのでは，組織的課題を見過ごし，組織的課題が改善されないまま，チームだけが頑張るということになり，チームの構成員である職員が疲弊し，退職要因になるので，要注意である。組織的課題を改善することにより，職員が安心して働くことのできる環境を整備していく必要がある。

第2編　事故防止

ウ　検討内容

　事故の分析に当たっては，ⅰ事業者に事故の予見可能性があったか，ⅱ結果発生回避のための対策をとっていたか，ⅲ結果拡大回避のための対策をとっていたかどうかの３つの点について順次分析していく必要がある。全ての段階で，原因分析を行い，職員や施設の課題を明確にしていく必要がある。上記ⅰからⅲの関係については，下記の【表6】のとおりである。

　誤嚥及び転倒事故については，第2編第2章・3章で詳述する。繰り返しになるが，職員個人の問題に矮小化することなく，組織的課題へとつなげていくことが重要である。特に，組織的課題に対して取り組むため組織的体制を整備することも必要となる。

【表6】

予見可能性	結果回避措置	結果拡大防止措置	過失
なし	検討不要	適切	なし
		不適切	拡大部分についてあり
あり	適切	適切	なし
		不適切	拡大部分についてあり
	不適切	適切	拡大前の部分についてあり
		不適切	全部についてあり

エ　準備物

　事故原因・対策の分析に際して，準備する物は，事故報告書，ヒヤリハット報告書・苦情報告書，フェイスシート・アセスメントシート，少なくとも事故前1か月程度のケース記録，個別支援計画書，業務マニュアルなどである。

オ　検討時期

　検討時期については，通常，事故後速やかに実施することになる。ただ，特に死亡事故の場合には，職員の動揺，ストレス等を考慮して，実施時期やメンバーを検討すべきである。

126

後述キのように２段階，又は３段階に分ける方が望ましい。

カ　検討メンバー

　検討メンバーについては，担当職員，他の介護職（上長は１人必ず参加），必要に応じて，利用者の支援を行っているチームを構成するケアマネジャー，看護師，栄養士等である。さらに，組織的課題の検討が必要となるので，施設長，管理職，本部職員が必要に応じて参加する。

キ　事故検討は２段階，又は３段階に分ける

　これらの職員が事故後速やかにその都度一堂に会するのは極めて困難であるので，検討を２段階，又は３段階に分けることも必要となろう。

　①事故後速やかに検討する段階，②チーム又は施設全体で検討する段階，③本部をも含めて法人全体で検討する段階である。

　①事故後速やかに検討する段階は事故後速やかに実施する。検討メンバーは，３人は欲しい。人為的ミスにより事故を発生させた職員や事故を最初に発見した職員，同じチームの他の職員（できれば上長又は他の職種の職員），管理・監督職である。当初から管理・監督職が参加して組織的課題を見逃さないようにすべきである。管理・監督職は，担当職員を責めるのではなく，できる限り，事実や判断根拠を聴き取るべきである。

　②チーム又は施設全体で検討する段階は，チーム全体の場合はユニット会議等，施設全体の場合は，毎月開催する事故防止検討委員会等で実施する。検討メンバーは，チーム又は委員会の構成員となるが，介護職だけではなく，ケアマネジャー，看護師，栄養士等の他職種が参加して多職種で検討すべきである。いずれにせよ，施設長等，管理・監督職は参加すべきである。施設長等が参加することにより，施設内に改善できる組織的課題には速やかに取り組むべきだからである。なお，チーム及び施設全体の２回とも検討してもよい。

　③本部をも含めて法人全体で検討する段階は，少なくとも３か月程度に１回開催する事故防止検討委員会等で実施する。検討メンバーに

は，理事長，理事，又は本部の部長等が参加すべきである。できれ
ば，弁護士等の外部委員も参加することが望ましい。一施設にはと
どまらない法人全体の課題について取り組む必要があるからであ
る。

ク　検討事案の絞り込み

　全ての事故について，組織的に，しかも複数の段階で事故検討を行う
ことは，職員の負担が大きくなり，疲弊してしまい，利用者に対する支
援に支障が生じることはあり得る。①事故後速やかに検討する段階につ
いては基本的には全ての事故について検討することが望ましい。

　ただ，②チーム又は施設全体で検討する段階については，検討する事
故を１つに絞って30分程度検討するなどの方法はあり得る。というの
は，いろいろな施設の事故報告書を読んでいて思うのは，全ての事故に
ついて一応の検討は行っているものの，全てが不十分であるため，事故
の検討が職員の資質向上やサービスの質の向上につながっているとは思
えない施設が比較的多いと思われるからである。全て検討するよりは，
じっくりと時間をかけて検討する事故事案を絞った方がより効果的であ
ると思う。

　そこで，絞り方としては，直接介護による事故事案に絞ることは既に
提案した（第１の２(2)86頁）。

ケ　ハインリッヒの法則（１：29：300の法則）の視点を活用する

　ハインリッヒの法則とは，アメリカの損害保険会社の安全技師であっ
たハインリッヒが発表した法則である。「同じ人間が起こした330件の
災害のうち，１件は重い災害（死亡や手足の切断等の大事故のみではない。）
があったとすると，29回の軽傷（応急手当だけですむかすり傷），傷害のな
い事故（傷害や物損の可能性があるもの）を300回起こしている。」という
ものである。

　要は，重大な事故１件が発生する背後には，29件もの軽微な事故が
発生し，さらにその背後には300件もの傷害のない事故，すなわち，ヒ
ヤリハットが発生しているというものであり，このような比率の数字が

重要ではなく，重大な事故が発生する背景には，危険要因が数多くあることから，ヒヤリハット等の情報をできるだけ把握し，迅速，的確にその対応策を講ずることが必要であるということである。

コ　ヒヤリハットの数を集めるのが目的ではない

　講演会でよく質問されるのが，ヒヤリハットの数が少ないとか，ヒヤリハットと事故の区別基準である。前者については，上記比率に応じてヒヤリハットの数を集めることが目的ではない。重要なのは，軽微な事故やヒヤリハットが生じているということは，重大な事故が発生する危険要因が数多く存在することになり，いずれ重大な事故が発生することになりかねないので，重大な事故が発生する前に危険要因を取り除くことにある。

サ　ヒヤリハットと事故の区別基準の考え方

　後者については，死亡，骨折等による入院などの重大な事故が発生するのを防止するために，事故検討会を行うのであるから，まず，重大な事故としてどのような事故を想定するかを検討すべきである。次に，重大な事故に至る可能性の高い軽微な事故を想定する。事故検討会では，重大な事故に至る可能性の高い軽微な事故を優先的に検討することが考えられる。

　例えば，誤嚥事故では，重大な事故例は，喉詰めによる死亡や重度な後遺症の結果が生じた事故，軽微な事故例は，喉詰めに至ったが吸引等により後遺症などがない事故，ヒヤリハット事例は，喉詰めに至らないむせ込み等の事案，又は，重大な事故例は，喉詰めによる死亡や重度な後遺症の結果が生じた事故に，喉詰めに至ったが吸引等により後遺症などがない事故を含め，軽微な事故例は，喉詰めに至らないむせ込み等の事案，ヒヤリハット事例は，食事形態の異なる食事の配膳をし，摂食したがむせ込み等もない事案，というようにある程度の具体的なイメージをもつことが重要である。いずれの線引きもあり得る。

第2編　事故防止

【表7】

	事故検討に不慣れな施設	通常の施設
重大な事故例	喉詰めによる死亡や重度な後遺症の結果が生じた事故	喉詰めによる死亡や重度な後遺症の結果が生じた事故＋喉詰めに至ったが吸引等により後遺症などがない事故
軽微な事故例	喉詰めに至ったが吸引等により後遺症などがない事故	喉詰めに至らないむせ込み等の事案
ヒヤリハット事例	喉詰めに至らないむせ込み等の事案	食事形態の異なる食事の配膳をし，摂食したがむせ込み等もない事案

　ヒヤリハットと軽微な事故との間に，どのように線引きするかは，施設の状況を考慮して決める方がよいであろう。事故検討に不慣れな施設では，前者のパターンでよいであろうし，事故検討に慣れた施設では，後者のパターンでよいであろう。このように，施設の力量に応じて決めればよいといえる理由は，事故に位置付けた場合とヒヤリハットに位置付けた場合とでは，報告書を書く労力や時間，事案の検討に要する労力や時間の点で，事故の方がヒヤリハットよりも負担が大きいことからである。多くの施設は，ヒヤリハットは，いかなるヒヤリハット事案が，誰に対して，どの場面で，どの時間に，どこで発生するのかを，ある程度の数をまとめて集計・整理して分析するのに対して，事故の場合には，これらの分析に加えて，多職種で集団で具体的に原因分析を行い，再発防止策を検討していると思われる。

　第2章第3の1(1)エ（163頁）で後述するが通常の施設としては，後者のパターン（【表7】通常の施設）で十分に事故検討をすべきである。さらに，権利保護施設としては，食事形態の異なる食事の配膳をし，摂食したがむせ込み等もない事案も誤配膳の事故として，十分に検討すべきである。

　このように，施設の力量に合わせてヒヤリハットと事故の区別基準を考えればよいと思われる。

シ　②チーム又は施設全体で検討する段階で十分に検討する事案のまと

第1章　総論

め

　チーム又は施設全体で検討する段階で十分に検討する事案については，重大な事故例，軽微な事故例のうち直接介護による事故事案や重大な事故に至る危険性の高い事案に絞り，他の事案は従来通りの検討でよいと思われる。

⑵　ⅰ事業者に事故の予見可能性があったか

　ア　事故の予見可能性の判断の考え方

　過失責任主義の下では，人に対して不可能なことは要求しない。不可能なことを要求すれば，サービス提供するための事業を担う人がいなくなってしまうからである。事故の予見ができないのに，事故発生の防止の対策をとるべきであったと事故後に言われても，限られた人員体制の中では，全ての対策をとることは不可能である。よって，事故に対する予見可能性が認められない，又は極めて低い場合には，対策をとる優先順位が低く，対策をとる人的資源がないことから，法的責任を問われることはないといえる。

　では，予見可能性はいかに判断していくのか。具体的な事故の発生に対する予見可能性の判断に当たっては，まず，①事業者が認識していた事実を基に判断される。さらに，具体的な事故の発生に対する予見可能性の判断に当たっては，①だけではなく，②事業者が事業者として要求される調査を尽くせば知り得たといえる事実も含めて，事故が起こることを予見できたか否かで判断することになる。

　例えば，毎月，ショートスティを2泊3日で利用していた利用者Aがいるとする。その家族は「利用者Aが最近自宅ではむせ込みやすくなっている事実」（事実 a ）を認識していたにもかかわらず，権利侵害施設では，これまでむせ込み等がないことから，利用者Aが誤嚥の危険性の低い利用者であると評価していた。確かに，権利侵害施設の職員らが，事実 a を認識していなかった場合には，Aの誤嚥事故を予見できなかったのもやむを得なかったと思えるかもしれない（【表8】のⅱ）。しかし，権利保護施設では，利用者Aの迎え時に，その家族から，利用者Aの最近

131

第2編　事故防止

の情報を丁寧に聴き取ることを実行しており，事実 a について，聞いていた場合には，Aの誤嚥事故を予見できたと判断されることもあり得る（【表8】のi）。このように，誠実に職務を遂行している権利保護施設であれば，家族に対して，Aの直近の最新情報を聴き取ることにより，事実 a を認識できていたために予見可能であったと判断されるにもかかわらず（【表8】のi），権利侵害施設の場合，事実 a の情報を収集していなかったために，事実 a を知らなかったことを理由に，事実 a を予見可能性判断の基礎事情に含めないとすると，職務を誠実に行わない質の低い権利侵害施設の方が，法的責任を免れることになってしまう（【表8】のii）。これは不合理であるので，権利侵害施設であっても適切に情報を収集しておれば，権利保護施設と同じように，事実 a を知ることができたのであるから，事実 a を予見可能性判断の基礎事情に含めて，予見可能性の有無を判断して，予見可能性があったと判断されることになる（【表8】のiii）。このように判断することによって，権利保護施設では，事実 a を知っていたのであるから，結果回避措置をとるチャンスが与えられ，結果回避措置を適切に実施している場合には過失責任は問われない。しかし，権利侵害施設は，事実 a を知らなかった以上，結果回避措置をとるチャンスさえないので，結果回避措置を怠ったとして過失責任が問われることになる。以上から，できる限り情報を収集することによって，事故の予見を行って，事故を回避するための対策を講じるべきである。

第 1 章　総論

【表 8】

	客観的事実	施設職員の認識の有無	予見可能性判断の基礎事情	予見可能性	備考
i 権利保護施設	事実 α あり	α を知っていた	基礎事情の中に α を入れる	あり	知っていたので結果回避措置をとるチャンスあり。結果回避措置を適切にとれば過失なしもあり得る。
ii 権利侵害施設	事実 α あり	α を知らなかった	基礎事情の中に α を入れない	なし →この結論は不合理	ii の結論は不合理→iii に変更されることになる。結局，権利侵害施設としては，α を知らなかった以上，結果回避措置をとるチャンスさえなくなり，結果回避措置を怠ったとして過失ありとなる。
iii 権利侵害施設	事実 α あり	α を知らなかった	基礎事情の中に α を入れる	あり	

　　よって，①事業者が認識していた事実及び②事業者が事業者として要求される調査を尽くせば知り得たといえる事実を含めて，今回の誤嚥事故を予見することができたか否かについて，検討することになる。

イ　予見可能性についての事故検討の在り方

　　事故が起こる可能性の有無・程度の検討の際には，利用者の身体状況（疾病・障害），生活全般についての状態（日常生活の能力），精神状況，環境面から検討することになる。事前情報（上記準備物から判明する事実）と，介助直前，介助時に職員が把握していた（把握すべきであった）情報から，事故発生の危険性を示す事実を探していくことになる。

　　その上で，予見可能性の判断に当たっては，次のステップを踏んで検討していくことが考えられる（【表9】参照）。ただ，これでは手順が多く煩雑になるので，実際には，下記のステップⅢの①ないし③の事実を基に，標準的な職員であれば，事故を予見できたか否かを検討し，予見できたと評価できるのであれば，次の結果回避措置の検討に移行することになろう。次のようなステップを踏むのは，原因及び課題をより丁寧に分析することにある。

133

第2編　事故防止

【表9】

事実の範囲	事故の予見可能性の可否	原因・課題
ステップⅠ ①事故当時，担当職員が認識していた事実のみ	標準レベルの職員なら予見できた場合で，担当職員が予見していた場合	（Ⅰア）担当職員の予見可能性の判断に問題なし。⇒ⅱ結果発生回避のための対策をとっていたかの検討へ移行
	担当職員は予見していなかったが，標準レベルの職員なら予見できた場合	（Ⅰイ）担当職員が，なぜ，予見できなかったのかを検討⇒ⅱの検討＋担当職員に対する研修，普段のOJTの在り方，業務マニュアル等に課題あり。
	標準レベルの職員でも予見できなかった場合	（Ⅰウ）ステップⅡへ移行
ステップⅡ ①＋②他の職員が認識していた事実	標準レベルの職員なら予見できた場合	（Ⅱア）なぜ，事実の共有ができなかったのかを検討⇒ⅱの検討＋共有の在り方等に課題
	標準レベルの職員でも予見できなかった場合	（Ⅱイ）ステップⅢへ移行
ステップⅢ ①＋②＋③事故当時客観的に存在した事実	標準レベルの職員なら予見できた場合	（Ⅲア）施設は，なぜ，客観的な事実を把握できなかったのを検討⇒ⅱの検討＋アセスメントシート，アセスメントの方法，観察力等に課題
	標準レベルの職員でも予見できなかった場合	（Ⅲイ）今回については，やむを得ない事故といえる（施設の過失なし）。今後の再発防止策を検討。

ステップⅠ：まず，事故当時，担当職員が認識していた事実のみだけ
で，今回の事故の発生を予見できたか否かについて検討する。
Ⅰア：予見していた場合には，次のステップ（ⅱ　結果発生回避のた
めの対策をとっていたか）の検討へ進むことになる。
Ⅰイ：担当職員は予見していなかったが，標準レベルの職員なら予
見できた場合には，担当職員が，なぜ，予見できなかったのかを

第1章　総論

検討する。他の職員は，どの事実に着目して，今回の事故を予見
できたのかを明確にし，担当職員から，事故当時，他の職員が着
目した事実に着目できなかった理由を聴取し，担当職員に対し
て，適切に事故の予見ができるように，着目すべき事実及びその
事実が有する意味を理解してもらうことが必要である。担当職員
のみの問題でなければ，マニュアルの改訂，研修等を行い，職員
全体に周知徹底する必要がある。担当職員の問題であったとして
も，研修及び普段のOJT（On-The-Job Trainingの略称。実際の職務現
場において，日常の業務を通して行う教育訓練のことをいう。）のあり方
等を見直す必要がある。

Ⅰウ：標準レベルの職員でも予見できなかった場合には，ステップ
Ⅱへ移行する。

ステップⅡ：事故当時，担当職員が認識していた事実のみでは，標準
レベルの職員でも予見できない場合には，次に，事故当時利用者に
対し介護をしていた担当職員は認識していなかったが，②他の職員
が認識していた事実を含めて検討した場合に，今回の事故の発生す
る時間，場所，場面がある程度具体的に予見できたか否かについて
検討する。

Ⅱア：検討した結果，標準レベルの職員なら予見できたと判断した
場合には，職員間の情報の共有不足ということになる。事業者
は，なぜ，職員間で情報の共有ができなかったのかを検討する必
要がある。その際には，事故当時までに，情報の共有を行うため
にすべきであった対策を列挙し，それらの対策を事故当時までに
とることが容易であったかを検討し，容易であれば，なぜとるこ
とができなかったのかについて検討する。容易でなければ，今後
の情報共有を確実に行うためには，どのようにすべきかを検討す
る。

Ⅱイ：事故当時，担当職員が認識していた事実及び他の職員が認識
していた事実では，標準レベルの職員でも予見できない場合に

135

第2編　事故防止

は，次のステップⅢへ移行する。

ステップⅢ：事業者の全職員が認識していなかったが，③客観的には
存在した事実を含めて検討した場合に，今回の事故が予見できたか
否かについて検討する。

Ⅲア：検討した結果，予見できたと判断した場合には，その客観的
な事実は，事故発生時までに，いつ，誰が，誰に対し，どこで，
どのようにすれば情報収集が可能であったのかを検討する。情報
収集が可能であったと判断した場合には，職員の観察力や情報収
集力が不足していたのであるから，事故が予見できると判断した
根拠となる事実は，どの検討資料に基づくものか。その事実は，
いつ判明していたのかについて分析し，今後の情報収集の在り方
について教訓化しておく必要がある。

Ⅲイ：事業者が認識していた事実と事業者が事業者として要求され
る調査を尽くせば予見できたといえる客観的事実も含めて検討し
ても，今回の事故の発生を予見できなければ，事故防止のための
具体的対応策を検討するきっかけさえないので，事故が発生した
のはやむを得ないといえる。

ただ，今回は，事故の予見ができなかった場合であっても，一
度事故が起こると，2回目の事故の予見可能性は高まっていくの
で，事故の再発防止のために，対策を検討しておく必要がある。

136

第1章　総論

(3)　ⅱ結果発生回避のための対策をとっていたか

【表 10】

人的要因	職員個人	・施設理念の理解 ・知識及び技術の修得 ・観察力・判断力の修得 ・倫理・意欲　など
	組織	・職員が利用者に対して適切に支援できるように指導・研修する義務（業務マニュアルの作成，研修・OJT の在り方，人事考課の在り方）や各職種及び各職位等に応じて適切に役割分担をする義務 ・職員が利用者に対して適切に支援できるように，適切にアセスメントするとともに，適切なケアプランを計画する義務 ・施設内の場所等に利用者の安全を監視する人員を配置する義務 ・事故原因となり得る支援方法につき，適任の人員を配置する義務 ・職員が支援方法等について相談しやすい職場環境を整備する義務 ・情報を適宜タイムリーに共有する義務　など
環境要因	利用者全体に対する措置	・施設内の危険個所に安全装置を設ける義務 ・施設内の危険個所に入ることができないように安全装置を設置する義務　など
	特定の利用者に対する措置	・介助用の道具・器具として，安全なものを選択する義務 ・利用者が安全に行動できるように家具・福祉用具等を配置する義務　など

ア　検討手順（6つのステップ）

　上記のステップⅠからⅢの検討をとおして，標準レベルの職員であれば，今回発生した事故を予見できたと判断した場合には，結果回避可能性すなわち，事故の発生（結果）を回避するためにいかなる対策をとるべきであったのかについて検討する。検討に当たっては，【表 10】などを参考にするとよい。その上で，今回の事故当時の担当職員が，利用者に対して行った対策の内容を時系列の順に明確化する。これらを踏まえて，深く掘り下げて原因を分析する必要がある。直接介護中の事故につ

第2編 事故防止

いての検討の手順は，次のとおりである。

①本人の心身の状況を踏まえ，事故時にマニュアル等により実施する
ように決めていた，又は（マニュアル等がなければ）本来実施すべきで
あった一連の支援方法（環境面も含む）の明確化

②事故時の一連の支援方法（環境面も含む）の明確化

③両者の違いの明確化

④①のとおり実施しなかった（できなかった）理由（原因・背景）の把握

⑤①のとおり実施しなかった（できなかった）理由が合理的といえるか
の検討

⑥①のとおり実施しなかった（できなかった）理由の問題点の分析

イ　6つのステップの説明

①本人の心身の状況を踏まえ，事故時にマニュアル等により実施する
ように決めていた，又は（マニュアル等がなければ）本来実施すべきで
あった一連の支援方法の明確化

まずは，もともと決められていた介護マニュアルやサービス計画等
の介護（以下「決められていた介護」という）の手順を明らかにすべきで
ある。決められていた介護手順がない場合には，事故時に実施すべき
であった支援方法を検討し，明らかにすべきである。いずれにして
も，一連の流れ（全体）を想起しつつ，支援方法を細分化して，支援
する手順に沿って，A⇒B⇒C⇒……などと書く。

②事故時の一連の支援方法の明確化

事故当時支援していた職員から，上記①の手順に沿って，事故当時
実施していた支援内容及び方法を明確にしていく。実際に支援した内
容・方法をa⇒b⇒c⇒……などと書く。

③両者の違いの明確化

ここでは，もともと決められていた介護を実施しておれば，事故を
防止できたのに，担当職員が実際に行った介護が不十分であったか否
かを検討する。担当職員が行った介護の中で，決められていた介護の
うちのどの部分が適切に実施できなかったのかを特定すべきである。

138

要は，上記①と②を比較して，違いを特定する。上記①の手順のうち，違う部分を抜き出し，①○○すべきところ，②××したと記載する。

④①のとおり実施しなかった（できなかった）理由（原因・背景）の把握

(ア)　担当職員から直接聴き取る

　理由を担当職員から聴き取ることが最重要である。事故報告書に，担当した職員からの聴き取りが一切なく，他の職員が，担当職員が①のとおり実施していなかった理由を推測して書いていることがあるが，職員の資質向上という観点からは，担当職員から直接聴き取り，記載すべきである。この際に，【表5】プロセスレコードを作成するとよい。

(イ)　忘れていた，焦っていた等の単純な理由で原因分析を終わらせない

　担当職員からの聴取は行っているが，ある手順を怠ったとき（例えば，A⇒B⇒C⇒……のうち，Cをしなかった。）の聴取内容が，単に「忘れた」，「焦っていた」等の簡単なことしか書いていない場合が多い。しかし，これでは，職員の資質向上の観点からは，あまり意味がない。さらに掘り下げられるか否かが，権利保護施設になれるか，権利侵害施設にとどまるのかの試金石である。「忘れた」，「焦っていた」等という状況に陥った具体的な事情（直前及び当日の業務の経過，当時の職員が置かれていた環境，直前及び当日の職員の気持ちなど）を書くことによって，なぜ，職員が「忘れた」，「焦っていた」のかの理由（原因・背景）も書くことも重要である。このような具体的な事情を掘り下げることができれば，職員は，事故発生前に，自らの焦り等の予見や焦っていることの自己覚知を行い，焦り等の予防策又は焦り等が生じたときの対策を検討することができるからである。

(ウ)　担当職員から支援上の根拠を聴き取る

　次に，上記①と②を比較したときに，①A⇒B⇒C⇒……とすべきところ，②A⇒B⇒甲⇒……などと上記①とは異なる支援をしていた

第2編 事故防止

場合には，なぜ，担当職員が決められていた介護方法を実施できなかったのかの理由を担当職員から具体的に聴取する必要がある。その際，職員が事故当時上記①とは異なる支援をあえて行ったような場合には，上記②の支援を行う際の判断根拠，つまり，上記①とは異なる支援を行った根拠を書くことが重要である。上記②の支援を行うときの判断根拠は，下記の4つを意識して聴取するとよい。すなわち，Ⅰ ⅰ上記②の支援を行うことにより得られる利益及びⅱその可能性の程度と，Ⅱ ⅲ上記②の支援を行うことにより失われる利益（リスク）及びⅳその可能性の程度を比較して，Ⅰ ⅰ上記②の支援を行うことにより得られる利益×ⅱその可能性の程度＞Ⅱ ⅲ失われる利益（リスク）×ⅳその可能性の程度であると判断したから，Ⅰを優先し，上記②の支援を行ったと考えられるからである。そこで，上記の4つの点を書く。何気なく業務の流れで支援を行っていたのでは，事故は減らない。職員は，根拠をもって支援をしているはずであるので，支援の根拠を明らかにして，将来の職員の判断力を向上させていく必要がある。特に検討すべきは，ⅲ・ⅳである。

⑤①のとおり実施しなかった（できなかった）理由が合理的といえるかの検討

上記①のとおり実施しなかった（できなかった）理由が，事故当時の状況からは，やむを得なかったか否かの検討をする。やむを得なかったのであれば，やるべきことはやったといえるので，事故当時適切に支援をしていたことになるので，これ以上原因を深く掘り下げて検討する必要はないであろう。次の⑥のステップを飛ばして，再発防止策の検討を行えば足りる。

他方，事故当時の状況からは，担当職員が，①のとおり実施しなかった（できなかった）ことに合理性がなく問題があれば，⑥の検討へ移る。

ウ　原因の掘り下げ〜⑥①のとおり実施しなかった（できなかった）理由
　　の問題点の分析（課題設定）

　⑥のステップでは，より原因を掘り下げることに意味がある。すなわ
ち，上記①のとおり実施しなかった（できなかった）理由の問題点を分析
することによって，理由を掘り下げることが必要である。理由によっ
て，再発防止策も異なってくるからである。

　再発防止策が個人的な問題に矮小化されていることが散見されるの
で，施設としては，できる限り組織的な課題につなげていくことが必要で
ある。問題点の分析が，職員個人を責めているとの印象があるのであれ
ば，「なぜできていなかったのか」という分析ではなく，「今後できるよ
うにするためには何が足りなかったのか，または，何が必要であったの
か」というように課題設定のために分析した方がよい。

　㋐　決められていた介護方法では，今回の事故を防止することができ
　　なかった場合

　　まずは，決められていた介護方法では，今回の事故を防止すること
　ができなかった場合には，結果を回避するために他にとるべき対策
　（本来実施すべきであった一連の支援方法）があったか否か，あった場合に
　はその対策をとることの必要性，その対策をとることの容易性，その
　対策をとれば事故を防げた可能性の程度等を検討していくことにな
　る。今後とるべき対策を介護マニュアルやサービス計画に反映させて
　いく必要がある。

　㋑　決められていた介護方法により今回の事故を防止することができ
　　た場合

　　次に，決められていた介護方法により今回の事故を防止すること
　ができた場合には，まず，担当職員が決められていた介護方法を知っ
　ていたか否かに分けて検討すべきである。

　㋒　担当職員が上記①の支援方法を知らなかった場合

　　そもそも職員が①の支援方法を知らなかったのであれば，研修・教
　育・情報共有等の問題となり，組織的な問題といえよう。担当職員

が，決められていた介護方法を知らなかったのであれば，研修や上司の部下に対する指導の方法に問題があることになる。知らなかった担当職員が採用間もない職員であったとすれば，だれが，担当職員に任せたのかを特定し，任せた職員からその理由を具体的に聴取した上で，その理由に基づく判断が適切であったのかを検討する。

(エ)　担当職員が上記①の支援方法を知っていた場合

　担当職員が上記①の支援方法を知っていたのであれば，ⅰ介護技術・能力，ⅱ職員の意識，ⅲ段取り，ⅳ人員体制等の問題となる。ただ，上記⑤のとおり，担当職員が，決められていた介護方法を知っていた場合には，担当職員から，決められていた介護方法とは異なった介護方法をとった理由を具体的に聴取した上で，その理由に基づく判断が適切であれば問題はないといえよう。

　上記①の支援方法を知っていたのに，その方法を実施するだけのⅰ介護技術・能力がなかった場合には，研修・教育・経験等の問題となる。

　上記①の支援方法を知っており，その方法を実施するだけのⅰ介護技術・能力をも有していたのに，ⅱ事故当時の職員の意識に問題があった場合には，事故の再発防止のためには，職員にいかなる知識・理解等が必要であるかを検討し，職員の意識改革が必要となる。意識改革には，研修・教育・自己覚知などが必要となる。

　上記①の支援方法を知っており，その方法を実施するだけのⅰ介護技術・能力をも有していたのに，ⅲ段取りに問題があった場合には，①の支援方法の手順を確実に踏むことができるには，いかなる準備・意識等が必要になるかを検討する必要がある。

　ⅳは，運営基準以上の人員配置をしていたのであれば，現在の雇用状況を考慮すると，速やかに人員を増やすことは難しい以上，ⅰからⅲのいずれかに理由を求めるべきである。

エ　事故の発生に最も影響を及ぼした場面・要因を特定する

　上記のような検討を行う際に留意すべきは，折角の検討を無駄にしな

第1章　総論

いために，事故という結果に対して最も大きな影響を及ぼしたといえる，場面・要因に焦点を当てて検討する必要がある。例えば，次のような転倒事故を例に説明する。夜間ベッド脇に歩行器を置くとの計画（歩行器による移動で転倒したことなし）→A遅出勤務者が事故当日の夜間に歩行器をベッド脇に置くべきであったのに置くのを忘れた→B夜勤者は午前3時に訪室することになっていたにもかかわらず，他の利用者の支援のために午前3時15分に訪室したところ→部屋の戸の前で転倒していたという場合，A及びBが計画通りに行われていない。上記④乃至⑥を検討する場合には，Bを計画通りに実施していたとしても，利用者は必ず午前3時に移動するとまで決まっているわけではないので，午前3時に訪室したとしても午前3時には寝たままで，午前3時10分に移動し転倒した可能性も否定できない以上，午前3時の訪室が転倒事故を防げる可能性は高いとまではいえないのに対して，歩行器による移動で転倒したことのないことを踏まえると，Aの方が今回の転倒事故を引き起こした可能性を高めているといえるので，Aの場面に焦点を当てて上記④乃至⑥のように検討すべきである。

(4)　ⅲ　結果拡大回避のための対策をとっていたかどうか

　ある利用者が転倒事故により頭部を打撲していたのに，医師の診察を受けることなく，2日経過したときに，その利用者が急に意識不明となり，脳内出血で死亡した場合のように，事故後結果が拡大した場合（事故当時は脳内出血であり，手術により救命が可能であったのに，事故後死亡した。）には，結果拡大回避のための対策をとっていたかどうかの検討も必要である。

　まず，今回の事故の結果を最小限にとどめるために，いかなる対策をとるべきであったのかについて検討する。次に，今回の事故発生後に，担当職員や他の職員が，結果の拡大を回避するためにいかなる対策をとったのかについて，時系列の順に明確化する。

　その後の検討は，「⑶　ⅱ結果発生回避のための対策をとっていたか」のとおりである。

143

第2編　事故防止

7　再発防止策の組織的検討（事故の再発防止策の計画策定）

上記6の原因・課題分析を踏まえて，マニュアルの改訂，指導，研修の実施，サービス計画書への反映等を検討する。

(1)　事故当時よりもさらに実効性を高める再発防止策を

再発防止策でよく散見されるのが，例えば，職員Xが，利用者A川B子（粥食）に対して，利用者A川C子の普通食を誤配膳した事故のような場合，再発防止策に，「次回からは，トレーに置いてある食札のフルネームを確認してから配膳する。」などと書いてある場合がある。しかし，これでは真の対策にはなっていない。確かに，一度事故が発生したので事故を体験した職員Xは，次回からはより慎重を期すといえるので，事故の可能性は低下すると思われる。しかし，上記の対策はもともと決められていた当然の対策であって，今回の配膳ミスを踏まえてより実効性のある対策にはなっていない。今回の配膳ミスは他の職員にも起こり得ることであるので，6つのステップの④及び⑥の分析を丁寧に行うことで，より実効性のある対策を立てるべきである。職員XがA川C子の食札を見たときに「A川C子」と「A川B子」がよく似ていたので，「A川C子」を「A川B子」と思い込んでしまったという説明をした場合には，配膳する順番を粥食のみを配膳し，その後普通食を配膳する，粥食の食札をピンクに，普通食の食札を青にするなど，確実に配膳できるように，事故前よりも事故後の対策を実効あらしめるものに高めていく必要がある。

(2)　業務マニュアルの改訂

複数の利用者に共通する業務マニュアルの改訂については，職員が，マニュアル通りに業務を遂行しておれば，事故を防止できたのか否かについて検討し，防止できなければ，マニュアルのどこに問題があったのかを検討する。事故の再発防止のために，マニュアルをいかに改善すればよいのかを検討し，改訂する。マニュアルの内容の改訂に当たっては，マニュアルだけであると，後で他の職員が読んだときに，マニュアルの改訂根拠が分からなくなるので，マニュアル改訂につながった事故の概要や以前のマニュアルの問題点等を明記した方がよい。マニュアル内容の理解を深める

144

には，単に手順のみを書くのではなく，支援の場面ごとの支援の目的も明記しておくべきである。

　また，人的ミスを減らすためにチェックの回数を増やす傾向があるが，チェック回数を増やしすぎると，その分業務過多となり他の支援を確実に行う時間的余裕が無くなったり，チェック回数を増やすことで，自分にミスがあっても他の職員がミスを防いでくれるという油断が生じてしまい，かえってミスが生じる危険性を高めてしまうことがあるので，1人ひとりの職員が確実にチェックできるように，チェックはシンプルにすべきである。

　マニュアルの形式面の改訂では，マニュアルの内容が一見して分かるように，支援方法やその根拠や留意点等の文章だけではなく，一連の手順に沿って，ポイントなる場面を撮影して写真を添付する等の工夫も必要である。

(3)　サービス計画の見直し～人的側面

　個別の利用者に対するサービス計画書の見直しについては，サービス計画書に事故防止のための具体的な対応策を盛り込む必要がある。盛り込めていなかったのであれば，なぜ盛り込めていなかったのかを検討する。今回は，事故の予見ができなかったとしても，事故が発生した以上，サービス計画書に今後事故の再発防止のための具体的な対応策を盛り込んでいく。例えば，夜間の居室でのベッドからの転落事故について，「頻回な訪室」では抽象的であるので，「午後9時から午前6時まで1時間に1回」などと書くべきである。具体的な対応策には，実施可能性が高く，実効性のある内容でなければならない。特に，上述の夜間の居室でのベッドからの転落事故で，例えば「10分に1回」などの対策は，夜間に20名，30名の利用者を1人の職員が担当している現実を踏まえると，極めて実施が困難であろう。実施可能な対策を立てなければ，職員はどうせできないと最初から諦めてしまい結局対策が実施されなかったり，実施したとすれば職員に過酷な労働を課すことになり，他のミスを誘発したり，他の利用者に対する支援が不十分となり，他の事故が発生する危険性を高めることに

第2編　事故防止

なってしまう。

(4)　サービス計画の見直し～環境面

　また，上記の夜間ベッド脇に歩行器を置くとの計画（歩行器による移動で転倒したことなし）→A遅出勤務者が事故当日の夜間に歩行器をベッド脇に置くべきであったのに置くのを忘れた→B夜勤者は午前3時に訪室することになっていたにもかかわらず，他の利用者の支援のために午前3時15分に訪室したところ→部屋の戸の前で転倒していたという転倒事故のように，夜間に歩行器をベッド脇に置くことを徹底した方が，午前3時に訪室するという対策よりも実効性がある。

　他には，情報の共有化，対応策の周知徹底の方法，マニュアル・個別支援計画書に基づいたケアの実践の徹底の方法，職員研修の在り方等の組織的課題についても検討する。

　再発防止策については，職員に対して周知徹底すべである。

(5)　居宅サービスの場合はサービス担当者会議を開催してもらう

　訪問介護，訪問看護，通所介護，短期入所生活介護等の居宅サービスの場合，個別のサービスだけで，再発防止策を完結させるのは困難である。例えば，転倒事故の原因が，利用者の生活リズムが乱れているため，サービス利用中の利用者の覚醒が不十分であったり，歩行能力が低下してきているような場合，例えば，通所介護，短期入所生活介護等のサービス利用中の見守りを強化する等，個別のサービスだけで改善策を全て完結することは困難である。利用者の現状を踏まえて総合的に全サービスの内容等を検討する必要がある。担当の介護支援専門員に利用者の現状及び事故の危険性等を連絡して，サービス担当者会議を開催してもらい，生活リズムの改善や歩行能力の維持・改善のためのサービス，又は移動手段の検討などを，関係者全員で検討してもらう必要がある。個別のサービスだけで，再発防止策を完結させるのが困難である場合には，サービス担当者会議を積極的に活用すべきである。

　また，サービス担当者会議に利用者又はその家族も参加してもらって，利用者の希望や心身の現状を十分に伝えて，転倒リスクについて理解して

146

もらう必要がある。利用者にリスクを理解した上で，サービスの在り方を判断してもらう必要があるからである。さらに，利用者又はその家族にとって，サービス担当者会議等に参加することは，利用者の希望や心身の現状を踏まえて，サービス提供機関が全て集まって，利用者が安心して自分らしく生活できるように，真剣にサービス内容について検討して，サービスを提供してもらっているとの安心にもつながる。

8　行政への報告

「指定介護老人福祉施設は，入所者に対する指定介護福祉施設サービスの提供により事故が発生した場合は，速やかに市町村……に連絡を行うとともに，必要な措置を講じなければならない。」（運営基準35条2項）のように，事故が発生した場合には，市区町村へ報告することになっている。

事故報告の基準，報告書の様式，提出期限などは，各市区町村によって異なるので，市区町村に問い合わせる等して，適切に報告すべきである。事故報告書作成上の留意点は，第3の3（108頁）の通りである。

9　組織的取組み～事故発生の防止のための委員会

運営基準35条1項3号では，「事故発生の防止のための委員会」（以下「事故防止検討委員会」という。）が明記されているように，組織全体として事故の再発防止に取り組むことが重要である。

これまで述べてきたとおり，事故の再発防止は，単に職員レベルでの原因を分析して対策を立てるだけでは権利保護施設になることはできない。いかに組織的課題につなげて組織全体として取り組んでいくかが問われている。すなわち，職員が利用者に対して適切に支援できるように指導・研修する義務（業務マニュアルの作成，研修・OJTの在り方，人事考課の在り方）や各職種及び各職位等に応じて適切に役割分担をする義務，施設内の場所等に利用者の安全を監視する人員を配置する義務，事故原因となり得る支援方法につき，適任の人員を配置する義務，職員が支援方法等について相談しやすい職場環境を整備する義務，施設内の危険個所に安全装置を設ける義務，施設内の危険

個所に入ることができないように安全装置を設置する義務などは，施設の1ユニットなどの1つの部署の介護士のみで解決できる課題では無い以上，多職種が参加するのはもちろん，施設長，ひいては理事長なども参加して検討すべきである。事故防止検討委員会は，各種事故やヒヤリハット事例を集約するとともに，職員個人の問題に矮小化することなく，潜んでいる組織的課題を見落としてはならないという観点から，原因・課題分析を行うとともに，再発防止策を計画及び実行していかなければならない。さらに，計画の実施状況を把握するとともに，改善状況についても評価して，さらなる実効性のある再発防止策を検討する必要がある。

10　まとめ

　介護事故によって，事故後に利用者の心身の状態の低下を招いてしまったのでは，事故後長きにわたり利用者の将来の自由を制約することになってしまう。

　そこで，利用者の意思に沿ったその人らしい生活を最大限保障していくためには，事故によって生じる利用者の心身の状態の低下等のリスクをいかに減らすのかが重要となってくる。

　事業者としては，利用者の心身の状態を適時的確に把握し，その心身の状況，環境面，並びに利用者の行動予測及び介護手順等を踏まえて，いかなる事故が発生するのかを予測し，その予測できる事故を防止するために必要な対策を立てて，確実に実施することにより，利用者の生命・身体・財産等の安全を守ることが重要である。このように，事故防止の取組は職員の資質向上につながるのはもちろん，利用者の生命・身体等の安全を保障することで，職員のやりがいにつながるはずである。

　また，以上のとおり，事前あるいは事後に，事業者として事後防止のために尽くすべき対策をとっていたかどうかは，その後の責任追及の場面で非常に重要な意味を持つことになるので，各種の記録は，正確に記載しておく必要がある。

　裁判例の中には，結果責任を認めたに等しいようなものもある。事業者と

しては，利用者の意思・権利等を尊重することが重要であるから，リスクの
ある介護サービスをも提供せざるを得ないことがある。この場合には，リス
クのある介護サービスを選択した根拠（選択する必要性），リスクを低下させ
るための手段の内容，利用者やその家族に対する十分な説明をした上での同
意等を記録化しておくべきである。

第2編　事故防止

第2章　誤嚥事故

　X法人のY施設（特別養護老人ホーム）の施設長Zから，法人本部の本部長
Oに対して次のような事故報告が，その都度あった。1月に事例2，7月に
事例1及び3の誤嚥事故が同じユニットで発生したので，Oとしては，臨時
にY施設での事故検討会を開催する必要があると判断して，OはYの臨時事
故検討会に参加することになった。

　参加者は，O，施設長Z，ケアマネジャーP，看護師Q，栄養士R，課長
S，介護職員甲・乙・丙・丁（主任）であった。司会は課長Sであった。

　同検討会でOはZらに対してどのように助言すればよいか。

事例1 ● 支援中の事故の例

■利用者情報等
　Ａ1：85歳，女性，要介護5，障害高齢者日常生活自立度（寝たきり度）
Ｃ1，認知症高齢者日常生活自立度Ⅳ

■職員情報
　担当職員甲：○年6月1日採用。採用以前に介護職の経験無し。Y施設で
嚥下障害のある入所者に対する食事介助についての教育，指導を体系的に受
けたことはなく，連日食事のたびにむせ込んでいるので，一口大の大きさで
少量ずつ食べてもらう，しっかり飲み込んだことを確認するという点につい
て注意するようにと口頭で言われているだけであった。しかも甲がＡ1を担
当するのは初めてであった。

■事故概要
　事故の種別：誤嚥事故，事故日：○年7月18日，場面：朝食，場所：リ
ビング

■事故の経緯
○事故までの利用者の状況
　○年6月以降食事は全介助。
　○年7月当時，主治医から，嚥下障害が進行し，誤嚥性肺炎発症の可能性

150

第2章　誤嚥事故

が高いことを指摘されていた。特に○年7月11日以降は，連日食事のたび
にむせ込んで摂食を拒否する状態が続いていた。

○事故当時の計画

　○年6月以降，主食：お粥，パン粥。副食：一口大の大きさ。食事介助を
実施。

○事故日

　朝食は蒸しパン，ホットミルク等であった。

　当日のＡ1は，やや眠そうであり，車いすにいわゆる仙骨座りの状態で
座っており，踵がフットレストよりも前に出ていた。午前8時食事介助開
始。甲は，最初に蒸しパンを一口大の大きさにちぎって，Ａ1の口の中に入
れた。同人はむせ込んでしまった。

■事故後の対応

　甲はＡ1の体を起こしてタッピングをしたり，口の中に指をいれたりし
た。しかし何も出てこず，同人の顔色が悪くなってきたので，午前8時3分
に，看護師乙を呼んだ。乙が吸引器による吸引を施行したが，蒸しパンを吸
引することができず，顔面が蒼白になったので，乙は丙に救急車を呼ぶよう
に指示した。丙は午前8時8分に救急車を手配した。午前8時13分に救急
車が到着した。

　午前8時23分に病院に搬送したが，搬送時には呼吸停止，血圧もなくほ
とんど心肺停止状態であり，気管内挿管，吸引，心臓マッサージなどの措置
によって心拍が再開したが，意識レベルはもどらないまま，当日午前11時
に死亡した。

事例2 ● 見守り中の事故の例

■利用者情報等

　Ａ2：90歳，男性，要介護3，障害高齢者日常生活自立度（寝たきり度）
Ｂ1，認知症高齢者日常生活自立度Ⅲa

■職員情報

　担当職員乙：採用後10年の経験あり。介護福祉士。

■事故概要

　事故の種別：誤嚥事故，事故日：○年1月2日，場面：昼食，場所：リビ
ング

■事故の経緯

○事故までの利用者の状況

　Ａ2は，認知症のため，口の中に食べ物をため込んだり早食いをする傾向
があり，数か月に2，3回むせ込むことがあった。毎食全量摂取していた。

第2編　事故防止

○事故当時の計画

主食：米飯。副食：通常。食事は自立。食事介助や見守りについての計画なし。

○事故日

Ａ２の心身の状況は普段通り。

昼食は，雑煮（餅の大きさは一口で食べられる大きさ），おせちセット（栗きんとん・昆布巻・エビ豆・大根なます・数の子等）。

利用者 10 人（うち食事介助が必要な利用者は２人）。職員３人。

テーブルＩには利用者３人。食事介助が必要なＢがいたので，職員丁（主任）が食事介助を実施した。

テーブルⅡには利用者３人。食事介助が必要なＣがいたので，職員丙が食事介助を実施した。

テーブルⅢには利用者４人（うち１人がＡ２）。見守り職員として職員乙が配置された。

職員甲及び丁は，Ａ２に対して背を向けた状態で食事介助をしていたので，Ａ２については見ていなかった。

乙はＡ２の隣りに座った。当日のＡ２の覚醒状態良好，食事姿勢安定。食事開始前に餅はのどに詰まりやすいのでゆっくり食べるようにＡ２らに注意喚起していた。他におせち料理の内容について説明した。

午後０時食事介助開始。乙はＡ２が餅１つを食べて飲み込んだのを確認した。

午後０時５分，乙は，自分の向かい側に座っているＤと年末の紅白歌合戦の話をしており，その話に夢中になり，Ａ２の食事の摂取状況を確認していなかった。

午後０時 10 分，Ａ２が突然立ち上がり，苦しみ出し，その場に倒れた。

■事故後の対応

乙は，Ｄが「Ａ２さんが急に立った」との声を聞いた。Ａ２の隣りにいた乙が，Ａ２のところに駆け寄った。以下，（略）。当日午後 10 時にＡ２は死亡した。

事例3 ● 悩ましい事案

■利用者情報等

Ａ３：95 歳，女性，要介護５，障害高齢者日常生活自立度（寝たきり度）Ｃ１，認知症高齢者日常生活自立度Ⅳ

■職員情報

担当職員丙：採用後 5 年の経験あり。介護福祉士。

■事故概要

事故の種別：誤嚥事故，事故日：○年 7 月 7 日，場面：昼食，場所：リビング

■事故の経緯

○事故までの利用者の状況

- 今年に入って，誤嚥性肺炎により，既に 2 回入院している。半年程度で体重が 10kg 減った。
- 6 月 15 日　体温 36.4 度

午前中退院。12：00 頃に昼食開始　食事のときに咽込みあり。30 分間自力摂取→ 30 分間食事支援。主食 10・副食 10

- 6 月 18 日　体温 36.5 度　10:00 頃に入浴

12：00 頃に昼食開始　食事のときに咽込みほとんどない。30 分間自力摂取→ 30 分間食事支援。主食 8・副食 8

- 6 月 21 日　体温 36.2 度　10：00 頃に入浴　入浴後 20 分間程度居室にて臥床。

12：00 頃に昼食開始　食事のときに咽込みあり。30 分間自力摂取→ 60 分間食事支援。主食 10・副食 10

- 6 月 24 日　体温 36.5 度　10：00 頃に入浴　入浴後 40 分間程度居室にて臥床。

12：00 頃に昼食開始　食事のときに咽込みほとんどない。30 分間自力摂取→ 30 分間食事支援。主食 9・副食 8

- 6 月 27 日　体温 36.3 度　10：00 頃に入浴　入浴後 20 分間程度居室にて臥床。

12：00 頃に昼食開始　食事のときに咽込みあり。食事介助の拒絶あり。30 分間自力摂取→ 60 分間食事支援。主食 6・副食 7

- 6 月 30 日　体温 36.4 度　10：00 頃に入浴

12：00 頃に昼食開始　食事のときに咽込みほとんどない。30 分間自力摂取→ 30 分間食事支援。主食 8・副食 8

- 7 月 3 日　体温 35.9 度　10：00 頃に入浴　入浴後 30 分間程度居室にて臥床。

12：00 頃に昼食開始　食事のときに咽込みあり。食事介助の拒絶あり。30 分間自力摂取→ 60 分間食事支援。主食 6・副食 6

○事故当時の計画

主食：軟飯。副食：一口サイズ（スプーンにのる程度の大きさ）。汁物：とろみ剤でとろみをつける。

第2編　事故防止

　　施設サービス計画書には食事介助についての記載なし。

○事故当日

・7月7日（事故当日）　体温37.2度　11：00頃に入浴

　12：00頃に，A3昼食開始　A3は，最初30分間程度自力摂取。見守り程度。

　12：35頃より30分以上経過していたので，丙がA3に対する食事支援を行う。

　13：30頃，主食6・副食6摂取。丙が食事支援を続けようとすると，A3は口を開けない。口元まで運んだスプーンを手でのけようとする。A3は，食事支援を継続。その後，A3が味噌汁を飲んだとき，むせ込みや咳払い2，3回あり。治まったので，丙がスプーンで軟飯をA3の口に運ぶ。A3が軟飯を咀嚼してしばらくすると，ガラガラと強いむせ込みが出る。

　すぐに丙がA3の背部タッピングするが治まらず，口に残っていたご飯をかきだし，前傾姿勢をとってもらい再度背部タッピングを行うが，改善する様子がないため，看護師に連絡し吸引を依頼する。吸引施行するが，SPO2が71％まで低下し，唇にチアノーゼが認められたので，救急要請。以下略。

● **解説**

第1　誤嚥事故に対する基本的な理解

1　誤嚥事故の特徴

「誤嚥とは，食べ物や異物を気管内に吸い込んでしまうことをいい，これによって窒息したり肺炎を発症（誤嚥性肺炎）したりして死に至ることが少なくない」という特徴がある（判タ1425号75頁）。以下，詳述する。

（1）　死亡に至る割合が高い

　誤嚥事故は，食物を気管に詰まらせ，窒息した事例がほとんどであり，大半が食事中又は食事後に食堂で発生している。

　「誤嚥の報告事例について被害の程度を見ると，「受診なし」が2.4％，「通院」が10.4％であるのに対して，「入院」が35.3％，「死亡」が39.1％と，重篤な被害につながる事例が多」い（以上H21三菱98頁）。これは，事故発生直後に，多くの施設で口腔内の食物を取り出す，背中を叩く，吸引する等の対応をしている（「約7割の事例において救命救急が実施されている」（H

154

21 三菱図表 154））が，食物を喉に詰まらせた場合 4 分以内（ドリンカーの生存曲線によると，生存率は呼吸停止から 4 分で 50％とされている。）に吐き出さなければ半数は死亡するとされていることから，時間内に迅速に対応することができていないからだと思われる。このように，誤嚥事故は他の転倒事故等とは異なり死亡に至る割合が高いという特徴がある（H 21 三菱図表 87）。

(2) 事故が発生する時間，場所，場面をある程度特定できる

　誤嚥事故は，発生場面については，「食事（水分摂取含む）」が 81.7％を占めている（なお，「休息・娯楽，その他（不明含む）もあわせて 7％あり，食事以外の場面でも，居室で間食をする場合などで誤嚥が発生」）。発生場面は食事のときが多いことから，「発生時刻を食事の時間帯別にみると，朝食（7 時～ 8 時台）が 26.3％，昼食時間帯の 12 時台が 22.8％，夕食の時間帯（17 時から 18 時台）が 23.2％」であり，発生場所については，「食堂・リビング」が 78.9％を占めている（なお，「「居室・静養室（ベッド周辺）」という事例も 13.8％」）（以上 H 21 三菱 97 頁）。

　このように，誤嚥事故は，ほとんどが食事の場面で発生していることから，その発生時間や場所を特定することができる。

(3) 利用者の状況

　「利用者の属性別に被害の程度（「死亡」に至る割合）を比較すると，性別・年齢別では，女性よりも男性のほうが，死亡に至る割合が高く，男女とも 80 歳未満よりも 80 歳以上で死亡に至る割合が高」く，「要介護度別に見ると，要介護 2 以下の軽度の利用者は，死亡に至る割合が低く，要介護 5 ではその割合が高」いという特徴がある（H 21 三菱 98 頁）。このように，「誤嚥が発生した場合，男性のほうが女性よりも死亡に至る割合が高」く，特に「年齢が 90 歳以上，要介護度が重いほど誤嚥が報告される割合が高く，また発生した場合に死亡に至る割合も高い」（H 21 三菱図表 154）という特徴がある。特に，高年齢や要介護の重度化により，自ら詰まった食物を吐く力が弱くなっていたり，自ら詰まったことを意思表示するのが困難な利用者等には十分な誤嚥防止対策が必要である。

第2編　事故防止

(4)　まとめ

　このように，誤嚥事故は，死亡事故に至る可能性が高いので，事業者側が，誤嚥事故の防止対策をとるべき要請は強いとともに，時間，場所，場面も特定できるので，職員配置もしやすい点で，事故発生防止対策もとりやすいことから，事業者側としては，基本的に，食事の時間帯に食堂に職員が誰もいない（利用者しかいない）場面を作るべきではない。

2　嚥下の仕組みと誤嚥について

　嚥下の仕組みは，次のとおりである。①先行期：食物の認識（摂食及び嚥下のスタートは，食物の認識であり，食物を認識して初めて食事に対する意欲がわき，食事を始めることができる。）→②準備期：そしゃくと食塊形成（口に取り込んだ食物は，舌と歯を使って唾液と混ぜられ，そしゃくされる。そしゃく動作を繰り返すうちに食物は唾液と混合され，飲み込みやすい形すなわち食塊に整えられる。）→③口腔期：咽頭への送り込み（舌の運動によって食塊は，口の中を口唇側から舌の後ろ側（奥舌）へと移動し，奥舌と軟口蓋で作られたドアを通過して咽頭に送り込まれる。）→④咽頭期：咽頭通過，食道への送り込み（食塊は，一連の嚥下反射によって咽頭を通過し，正常な状態では，0.5〜1秒以内に食道へ送り込まれる。嚥下反射は，食塊が咽頭に入ると鼻と気管へ通じる2つの窓と口へ通じるドアが閉じ，食道に通じるドアが開くというものであり，これによって，一気に食塊が食道へ送り込まれる。）→⑤食道期：食道通過（食道に食塊が送り込まれると，逆流しないように食道括約筋はぴったりと閉鎖され，その後食塊は蠕動運動により胃へ運ばれていく。食道括約筋は，上下2つあり，1つは上食道括約筋であり，もう1つは下食道括約筋で，下食道括約筋の閉鎖が不完全であると胃から食道への逆流が起こり，さらに上食道括約筋の閉鎖が不完全であると，胃酸，消化液及び細菌を含んだ食物が咽頭に逆流し，誤嚥すると肺炎の原因となる。）（初任者Ⅱ171・172頁参照）

　以上の嚥下の流れの中で，上記の④及び⑤の段階で，誤嚥が生じることになる。上記④の段階において，嚥下反射がうまくいかず，気管へ通じるドアが閉鎖されていないと，食塊は誤って気管に入ることによって，気道を塞いで窒息等の生命の危険につながる，肺に入って炎症を起こして誤嚥性肺炎を惹き起こす等の誤嚥が生じることとなる。また，⑤の段階における誤嚥は，

156

外形的には嚥下反射は良好であり，むせることもないが，食物が胸につかえる，あるいは，食物が喉を通らないといった症状があり，飲み込んだはずの食塊が，梨状陥凹（りじょうかんおう）や咽頭蓋谷（こうとうがいこく）に残っており，呼吸と共に気管に流れ込んで，誤嚥を引き起こすものである。④の段階の誤嚥は，嚥下反射がうまくいかず気管に食塊が入って即時に生じるのに対し，⑤の段階の誤嚥は，嚥下反射がおこり，食道へ送ったはずの食塊が一定の時間が経過してから気管に流れ込んで起こるという時間的な差異が生じる。(初任者Ⅰ106頁，初任者Ⅱ184頁参照)

　食事中に咳き込んだり，むせたりする利用者に対しては，以上のような誤嚥性肺炎や窒息等の誤嚥事故を回避するために，適切な食形態，食事の姿勢，個々の利用者の咀嚼・嚥下機能や口腔内の状態に適した介助を行う必要がある（初任者Ⅰ106，285頁）。これらについては，第3で述べる。

第2　事故発生時・直後の対応

1　利用者の心身の状況の確認・応急処置及び救急車・医療機関等への通報・連絡・搬送

(1)　まず食事中の利用者の異変は誤嚥事故を疑うべき

　誤嚥事故が発生した場合，遅くとも4分以内には，詰まった食物を取り除き気道を確保する必要があるから，食事の場面で，異変があれば，まず誤嚥事故を疑うべきである。

　例えば，Aが誤飲した場合に，「吸引器を取りに行くこともせず，また，午前8時25分ころに異変を発見していながら，午前8時40分ころまで救急車を呼ぶこともなかったのであり，この点に，適切な処置を怠った過失が認められる。」「仮に，速やかに背中をたたくなどの方法を取ったり，吸引器を使用するか，あるいは，直ちに，救急車を呼んで救急隊員の応急措置を求めることができていれば，気道内の食物を取り除いて，Aを救命できた可能性は大きいというべきである」(横浜地裁川崎支部平成12年2月23日判決賃金と社会保障1284号43頁）として過失が認められている。このように，誤嚥事故発生後の迅速な応急処置及び救急車・医療機関等への通報・連絡・搬送の実施が求められている。ここで，結果回避義務を怠ったか否

第2編　事故防止

かについては，α結果を回避するためにとるべき対策の有無，β あった場合にはその対策をとることの必要性，γ その対策をとることの容易性，δ その対策をとれば結果の拡大をどの程度防げたのか等を検討していくことになる。上記裁判例に当てはめると，異変を発見すれば，結果拡大回避のための対策をとして，α・β背中をたたくなどの方法をとる必要性が認められ，γ これらの方法をとることは容易であり，δ これらの方法をとれば救命できた可能性は大きいことから，過失が認められている。

　事業者としては，食事中（又は食事直後）の利用者に異変があった場合には，窒息死を防ぐために，まず，何よりも誤嚥を疑って，背中をたたくなどの方法をとるとともに，併行して救急車の要請等をすべきである。

(2)　誤嚥事故発生時特有の応急対策

　誤嚥事故が発生すると，窒息により死亡に至るリスクが高い。上記のように喉に食物を詰まらせた場合，4分以内に吐き出させなければ半数は死亡するとされており，発生直後の救護対策（応急処置）が極めて重要である。

　そこで，不幸にも誤嚥事故が発生した場合，職員が取るべき応急対策をマニュアル化し周知徹底させるとともに，とっさの事態に実際に対応できるよう，発見者が応急対策を行い，他の職員が看護師を呼びに行くなどの役割分担を決めて定期的に訓練や研修を行う必要がある。これらの応急対策の周知徹底及び定期的な訓練や研修がなされている場合，事業者側の過失を否定するファクターになるとされており，事業者側のリスクマネジメントとして最低限行うべき事項である。

　誤嚥事故に対する応急対策として，一般に，すぐに誤嚥者の身体を前かがみにさせて背中を叩く，口の中に手を入れて誤嚥したものを取り出す，吸引器で誤嚥したものを吸い取るなどの対策を講じ，誤嚥したものがとれても呼吸が停止していれば直ちに人工呼吸を行ったり，AED を使用すべきであると言われており，同時に救急車を呼ぶなど医療機関への搬送を手配すべきである。

158

(3)　サービスの性格と注意義務の程度～特に誤嚥であると認識すべき義務
の程度

ア　介護士と看護師の応急対策義務の程度

　応急対策については，看護師が必置ではない「訪問介護」等のサービ
スの場合には，誤嚥であるとの認識に至ること及び応急対策の程度は，
看護師よりも軽減される。例えば，訪問介護は，居宅において，介護福
祉士等が，基本的には単独で，入浴，排泄，食事等の介護その他の日常
生活上の世話を行うサービスである（介保法8条2項）ので，利用者に食
事中の異変が認められた場合に，直ちに誤嚥に陥っていると判断して応
急対策をとることまでは当然には認められていない。この点について触
れているのが，名古屋地裁一宮支部平成20年9月24日判決判時2035
号104頁である。事案の概要は，次のとおりである（介護保険法上のサー
ビスではないが参考になる。）。ホームヘルパー2級とガイドヘルパーの資格
をもつY1がA（中枢神経障害による体幹神経障害により，常時，身体・生活介
助を必要としていた15歳の障がい者）に対して食事介助を行っていたとこ
ろ，午後7時25分頃，突然Aが上半身を前後に大きく揺らし，顔色が
悪くなっていたことから，Y1は，背中を2，3回たたいて声をかけた
ものの反応がなかった。そこでY1は，別の部屋にいた祖父母にその旨
を伝えたところ，祖母はてんかんの発作であると判断し，Aに座薬を投
与した。しかしAに変化がなかったので，X2（Aの母）の携帯電話に
かけたがつながらなかったため，Y1は祖父とともに車で，X2を呼び
に行った。午後7時40分頃Y1と共に戻ってきたX2は，119番通報
後，救命措置をしようとして，Aの口を開けたところ，ロールキャベツ
のかんぴょうが詰まっているのが見えたことから，吸引機でAの口から
かんぴょうを取り除いた。この頃Y1は，Y2（会社）に電話連絡をし，
Y3（代表取締役・看護師）に対し，Aの顔色が悪いこと，チアノーゼ症
状が起きていることを説明したところ，Y3は，誤嚥の可能性があると
判断し，吸引と人工呼吸，心臓マッサージをするよう指示したため，救
急隊が到着するまで，人工呼吸と心臓マッサージをX2とY1が交代し

第2編　事故防止

ながら継続した。救急車で搬送された後，翌日Aは死亡した。このような事案に対して，上記判決は，「Y1は訪問介護員2級課程を修了しているホームヘルパーではあるが，ホームヘルパーの養成における医学知識の受講時間に照らしても，医師はもちろん看護師と同程度の注意義務を認めることができず，本件においてY1はAが誤嚥に陥っていることに直ちに気づくべきであったとまでは認め難い。」「もっとも，……Y1は，異常事態の原因を自ら判断できなかったとしても，少なくともY2ないしY3に対して連絡する程度の異常事態であったとの認識は持つべきであったと認められる。」とした上で，「誤嚥の場合の対処法として，掃除機を使用する，指交差法による開口と指拭法，背部叩打法，ハイムリック法，側胸下部圧迫法などによる異物の除去を行うことが可能であった」ことなどからすると，「Y1が異常事態を認識して，早期にY2ないしY3に連絡を取れば，十分にAの誤嚥による窒息死を防ぐことが可能であったと認められる。」として，Y1及びY2の過失を認めた。このように，介護士については，看護師と同程度までの注意義務は認められないとしても，誤嚥事故が発生した場合には，わずか数分で死に至る危険性は高いという特徴から，少なくとも「サービス提供時の利用者の状態の急変に備えて，医師や利用者の家族等の連絡先や対応方針を事前に定め，緊急事態が発生した場合は速やかに適切な処理が行えるよう従事者に徹底する必要がある。緊急時対応マニュアル等を作成して職員に持たせるなどの工夫が必要である。

イ　医療機関との違い

　例えば，特別養護老人ホーム（介護老人福祉施設）の場合，「介護老人福祉施設に入所する要介護者に対し，施設サービス計画に基づいて行われる入浴，排せつ，食事等の介護その他の日常生活上の世話，機能訓練，健康管理及び療養上の世話」のサービスを提供する（介保法8条27項）のであるから，医療サービスが含まれていない以上，医療機関ではない。よって，介護保険法上の施設としての対応をすれば足りる。例えば，神戸地裁平成16年4月15日判決賃金と社会保障1427号45頁は，

160

パン粥を喉に詰まらせ死亡した利用者に対して食事介助をしていた施設職員は，「誤嚥の兆候は認識していないのであるから，亡利用者が介助したパン粥を口に溜め込み，なかなか飲み込まないという事態を受けて，上記誤嚥の可能性を認識することは不可能であり，仮に認識すべき義務があるとすると，これには，食事介護中は常に肺か頸部の呼吸音を聞く必要があり（但し正確に聞くには熟練が必要である），また，誤嚥を一番正確に評価するには嚥下造影をすることになる（証拠略）が，このようなことを病院でない特別養護老人ホームであるＺの職員に義務づけることは不可能を強いることとなり，このような義務を認めることはできない。」と判示している。

　以上のように，各サービスの性格を踏まえて，できることを尽くして実施することが求められているのであって，病院，医師等と同程度の義務までは求められていない。

第3　事故の原因分析

　事故予防・再発防止検討委員会（以下「事故検討会」という。）で事故の再発防止策を決定していくためには，まず，前提として事故の原因分析が必要となる。事故の原因分析に当たっては，ⅰ事業者に事故の予見可能性があったか，ⅱ結果発生回避のための対策をとっていたか，ⅲ結果拡大回避のための対策をとっていたかどうかの３つの点について順次分析することが望ましい。

1　ⅰ事業者に誤嚥事故の予見可能性があったか

(1)　利用者に関する情報の把握

ア　咳き込みやむせ込み等の有無や頻度

　裁判例は，誤嚥事故の予見可能性の判断に当たっては，判断の基礎事情として，誤嚥事故よりも前に，利用者に咳き込みやむせ込み等の有無や頻度を重視する傾向にある。例えば，松山地裁平成20年2月18日判決判タ1275号219頁は，平成17年7月18日の誤嚥事故事案（詰めた物：ミキサーにかけたキュウリともやしの酢の物やみそ汁にとろみをつけたもの）について，「Ａは平成17年7月11日に医師の診察を受け，医師からは

第2編　事故防止

加齢にともなうもの又は小さい脳梗塞，脳血管障害等によって食事の飲み込みが悪くなってきており，今後も嚥下障害が進行したり，誤嚥性肺炎の発症の可能性があるとの説明がなされ，この説明をY職員も聞いていたこと，Aは平成17年7月11日以降も食事の際にムセ込む状態が続いており，それは同月14日の夕食から副食についてミキサーにかけてとろみをつけた状態のものにする措置を取った後も続いていたことが認められ」ていたことを理由に予見可能性があったと判断している。

　他方，東京地裁平成22年7月28日判決判時2092号99頁は，平成19年9月22日の誤嚥事故事案（詰めた物：常食）について，「時折，食事介助を受けることがあったものの，通常は自力で食事をしていた。Bが食事介助を受けたのは，本件事故前の約3か月間で10日程度であり，本件施設の介助職員等が記録していた介護日誌（証拠略）や看護記録（証拠略）を見ても，むせやせきを始めとする，嚥下機能の低下をうかがわせる具体的症状が観察されたとの記載は存在しない（なお，平成19年9月19日の介護日誌には，朝食時にむせ込みが見られたとの記載が存在するものの，同日以前の介護日誌や，同日後の同月20日，同月21日の介護日誌を見ても，食事の際にむせ込み等があったことはうかがわれず，上記の同月19日の記載をもって，直ちに嚥下機能の低下を具体的にうかがわせるような症状であると認めることはできない。）」こと等を理由に「誤嚥による窒息が生じる危険があることを具体的に予見することは困難であったというべきである」と判断している。このように，問題となるのは，誤嚥事故の具体的予見可能性である。抽象的な誤嚥事故の可能性としては，誰にでも誤嚥の可能性はあるといえよう。咳き込みやむせ込み等は，だれでも年に数回程度はあるからである。むせ込み等が年に数回あったという事実は，不特定多数の人にも当てはまるので，誤嚥事故の予見可能性は，一般的・抽象的な（誤嚥事故が生じる可能性の低い）レベルであるということになろう。誤嚥事故の予見可能性が認められるには，高齢者や年に数回のむせ込み等があったという事実だけでは足りず，ある程度具体的な予見可能性があると認められるだけの事実が必要となる。

162

第2章　誤嚥事故

　以上のように，まず，介護・看護記録等の日々の記録や関係職員の記憶等から，誤嚥事故よりも前に，利用者に咳き込みやむせ込み等の嚥下障害を示す具体的事実の有無その頻度，及び利用者に咳き込みやむせ込み等が生じた際の食材や食事形態を明確にすべきである。特に誤嚥事故が生じる危険性が高まっていることを示す事実としては，上記のむせ込みや咳込みの他，口の中に食べものを溜め込んで飲み込めない，食事中に疲れたり，眠ってしまう，飲み込むときに上を向いたり，体を前後に揺らす等食べ方がおかしい，食べたときに声がガラガラ声に変わる等の事実の有無や頻度も把握すべきである。これらの事実については，少なくとも直近1か月間程度はチェックしたい。

イ　その他，事故日前日までの情報

　他には，残存歯の状態，義歯の使用や適合，食事動作の自立度（自立して食事摂取が可能かどうか），早く食べる，長く噛んでいる，食物を詰め込むなど特徴的な食べ方をしていないか，自宅や施設での食事形態（常食・軟菜食・刻み食・トロミをつける・ソフト食・ミキサー食など），食事量，食事に要する時間，嗜好，アレルギー等の禁食等の事実も収集すべきである。

ウ　その他，事故日当日の情報

　さらに，当日の利用者の覚醒状況，心身の状態，異変の有無，食事姿勢，服薬状況，食事中の食べる早さ，飲み込みの状況等の事実をも把握すべきである。特に，普段とは異なる事実について着目すべきである。

エ　ハインリッヒの法則（1：29：300の法則）の視点を活用する

　ここで検討する誤嚥事故の段階として，重大なものから，①喉詰めによる死亡や重度の後遺症結果が生じた事案，②喉詰めに至ったが吸引等により，誤嚥性肺炎等の入院を要したが，後遺症などがなかった事案，③喉詰めに至ったが吸引等により，特に治療を要せず，後遺症などもなかった事案，④喉詰めに至らないむせ込み等の事案，⑤食事形態の異なる食事の配膳をし，摂食したがむせ込み等もない事案，などが考えられる。

163

第2編　事故防止

　　通常，訴訟に至っているのは，上記①及び②であると思われるが，上記③も含めた上記①乃至③の喉詰めに至った事故は，喉詰めした後に，迅速かつ適切に救命活動をできたか否か等の差によるものであって，喉詰め事故が上記①乃至③のいずれに当たるかは紙一重である。裁判所としては，誤嚥事故の危険性が高いと判断するのは，上記①乃至③の前段階の④喉詰めに至らないむせ込み等の事案となるからこそ，咳き込みやむせ等の有無や頻度を重視していると思われる。

　　そうであれば，権利保護施設としては，④喉詰めに至らないむせ込み等の事案は，ハインリッヒのいう重大な事故の前段階の軽微な事故として位置づけ，上記①乃至③の重大な事故に至らないように，十分に検討すべきであろう。

(2)　事例検討：担当職員の認識～【事例1】についての検討

　　Oとしては，「ⅰ事業者に事故の予見可能性があったか」（第1章第3の6(2)(131頁)）及び上記(1)を参考に，客観的事実を確認する。誤嚥事故につながる危険性のある客観的事実は，①計画では「○年6月以降，主食はお粥，パン粥，副食は一口大の大きさ」で提供することになっていたこと，②「○年7月11日以降は，連日食事のたびにむせ込んで摂食を拒否する状態が続いていた」こと，③「蒸しパン」を一口大の大きさで提供したこと，④喉に詰まったのは「蒸しパン」であったことである。

　　司会Pが，甲に対して，これらの事実を事故当時知っていたかについて確認したところ，甲は知っていたと回答するとともに，上記②の事実から，誤嚥事故の危険性は一般的・抽象的レベルではなく，具体的な危険性があったと評価していた旨の回答をした。

　　Oは，甲の回答を聴いて，次のように説明した。

　　たしかに，上記①のような計画を実施していたにもかかわらず，②の状態が続いていたのであるから，誤嚥事故の危険性は一般的・抽象的レベルではなく，具体的な危険性があったと評価できる。さらに，普段「パン粥」で提供していたところ，窒息しやすい食材である「蒸しパン」のまま提供したのであるから，より一層誤嚥事故の危険性は高まっていたといえ

164

第2章　誤嚥事故

よう。

　なお，ここでは詳細な検討は省略するが，詳細な予見可能性の検討の方法については第3章第3の(5)（234頁）参照。

2　ⅱ 結果発生回避のための対策をとっていたか

　上記「ⅰ 事業者に誤嚥事故の予見可能性があったかの検討」をした結果，誤嚥事故の発生について予見できたといえる場合には，そのまま何もせず放置すれば，誤嚥事故が現実に発生し，利用者の生命・身体等が侵害される蓋然性が高い以上，誤嚥事故の発生を予防するために，適切な対策（食材・食事形態及び支援方法等）を実施することが求められていたはずである。事故検討会では，以下を参考に今回の事故を防ぐためにとるべきであった対策をまず検討した上で，今回の実際の対応と比較しながら，できている点とできていない点とを整理し，できていなかった点については，なぜできていなかったのかを分析し，その原因を踏まえて事故の再発防止対策を検討すべきである。

(1)　食材・食事形態の選択

　　ア　食材・食事形態の選択の考え方について

　　　(ア)　食材・食事形態の選択

　　　　まず，歯の状態，咀嚼機能，嚥下機能に応じて，食材の大きさ，及び食事形態（常食・軟菜食・刻み食・トロミ食・ミキサー食など）等を選ぶ必要がある。

　　　　食材も固い物，噛みにくい物等を避けるなどの対策が必要となる。誤嚥しやすい食材として，噛み砕きにくいもの（こんにゃく，イカ，蒲鉾等の練り物，肉等），パサパサしたもの（パン，カステラ等），口の中に粘着するもの（餅，ノリ，モナカの皮等），液体，酸味の強いもの等が挙げられている。誤嚥しやすい食材を選択した場合には，細かく刻む，粉砕する，トロミをつけるなど特に注意が必要である。

　　　(イ)　過失を判断する際の考慮要素（総論）

　　　　食材の選択のみで，過失の有無が判断されているわけではない。過失の有無は，α 利用者の心身の状況や β 食材による誤嚥事故発生の危

165

第2編　事故防止

険性の程度（利用者の心身の状況については「ⅰ事業者に誤嚥事故の予見可能性があったか」で説明済み。），γ食材選択の根拠，δ食事形態の選択，ε食事介助（直接介護）の方法や見守り体制の支援方法等を考慮して，総合的に判断されている。誤嚥事故発生の危険性の程度については，主に，α利用者の心身の状況を考慮して判断することになる。その危険性が相当程度ある場合には，基本的には，その危険性の程度を低くするための対策として，主に，β食材の選択，δ食事形態の選択，ε食事介助（直接介護）の方法や見守り体制の支援方法を検討することとなる。ただ，β食材として誤嚥の危険性の高いものを選択した場合には，γ危険性の高い食材を選んだ根拠が問題となる。この点については，下記の裁判例が参考になる。

(ウ)　食材の選択の重要性

　まず，食材の選択は，重要な要素の1つである。例えば，東京地裁平成26年9月11日判決判タ1422号357頁は，昼食に提供された蒸しパンを一口大にちぎることなく大きな塊のまま口に入れ，これを喉に詰まらせて窒息し，呼吸停止となった誤嚥事故につき，β「パンは唾液がその表面部分を覆うと付着性が増加するといった特性を有し，窒息の原因食品としては上位に挙げられる食品であること」から，δ「事故当時原告X1の食事の介助を担当する看護師は，蒸しパンが窒息の危険がある食品であることを念頭に置き，同原告が蒸しパンを大きな塊のまま口に入れることのないように，あらかじめ蒸しパンを食べやすい大きさにちぎっておいたり」，ε「同原告の動作を観察し必要に応じてこれを制止するなどの措置を講ずるべき注意義務を負っていたというべきである。」と判示している。

(エ)　食材の選択の根拠

　しかし，誤嚥しやすい食材を選択したことのみが，問題となるのではなく，その選択の根拠も問題となる。次の2つの裁判例は，誤嚥しやすい食材であるこんにゃくを選択しているが，過失の有無で判断が分かれている。

166

第2章　誤嚥事故

　β「こんにゃくは，食べにくく，のどにつまらせやすく嚥下障害の
患者や高齢者に向かない食物であると指摘され，はんぺんと同じ練り
製品であるかまぼこも嚥下障害の患者に向かない食物であると指摘さ
れており，これらのことは市販の書物や公開されたホームページ等で
も紹介されていること等を考慮すると」，ε「Aにこんにゃくやはん
ぺんを食べさせるに際しては，Aに誤嚥を生じさせないよう細心の注
意を払う必要があったことは明らかであって，B職員は，こんにゃく
を食べさせた後，Aの口の中の確認及びAの嚥下動作の確認をする注
意義務を負っていたというべきであ」ったにもかかわらず（名古屋地
裁平成16年7月30日判決賃金と社会保障1427号54頁），この義務を怠った
場合には，過失が認められている。

　他方，α「Aには，多少食欲不振な時期があったにせよ，格別摂食
障害があったとまでは認められない」場合には，γ「B施設は，栄養
価は乏しいものの，腸をきれいにする，便通をよくする等の理由によ
りこんにゃくを食材として選択したこと，小さく切り分ける等，高齢
者に提供する食材であることに十分配慮していたこと等に照らし」，
β「こんにゃくを食材として選択したこと自体について，Yに注意義
務違反があったとは認められない。」「有毒物などの一般食材として不
適当なものであればともかく，通常食材として使われ，身体にとって
有用であるものについて，単に誤飲の危険性があるという一事によっ
て食事に供したこと自体に過失があるとはいえない」。また，ε「本
件事故当時，食堂で食事をしていた約40名の入所者は，自分自身で
食事をすることができたのであるから，介護職員3名が，食堂内を巡
回し，その都度必要な介護を提供していたこと，食材により，付き
添って摂取させることが必要な入所者に対しては，料理を事前に取り
上げておく等の措置を講じていたこと，亡Aに本件事故が発生した直
後，Y職員3名が直ちに亡Aのもとに駆け寄り，救急救命措置を開始
していることからすると，B施設の右監視体制が，不徹底で，妥当性
を欠くものであったとはいえない」（横浜地裁平成12年6月13日判決賃金

167

第2編　事故防止

と社会保障1303号60頁）として，食材に同じこんにゃくを選択したと
しても前掲名古屋地裁平成16年7月30日判決の場合とは異なり，過
失が否定されている。

㈼　まとめ

　このように，まず，α及びβを考慮して，事故が生じる危険性が相
当程度に高まっているか否かの検討を踏まえた上で，危険性の程度に
応じて，γ誤嚥の危険の高い食材の選択の根拠，並びにδ食事形態の
選択，ε食事介助（直接介護）の方法，及び見守り体制等の支援方法
が適切であれば，過失責任は認められていないことから，こんにゃく
が危険という理由で禁止するのではなく，利用者の意向を尊重し，リ
スクの高いサービスを実施する場合には，そのサービスを実施する根
拠，リスクを低くするための直接介護・見守り等を検討することが，
事業者にとって重要である。

㈩　食欲は生きる源

　私が，副施設長をしていたとき，脳梗塞の後遺症で，右半身麻痺が
遺り，胃ろうを造設した利用者Aさんがいた。Aさんは，食事に強い
こだわりがあり，自ら口から摂食したいという気持ちが非常に強く
あった。徐々に経口摂取を増やしていった。昼食のみはお粥を経口摂
取していたとき，施設で，ホテルにお寿司を食べにいく企画を開催し
た。Aさんは，お寿司を食べに行きたいとの参加申込みがあった。ま
だ，基本は経管栄養であり，経口摂取は部分的でしかもお粥の形態で
あったので，誤嚥事故の危険性が高いため，Aさん，その家族，看護
師，介護士，私が集まり話し合った。Aさんは，どうしても一番好き
なお寿司を皆と一緒にホテルへ食べに行きたい。家族は誤嚥事故で死
亡したとしても覚悟している等の意見であった。そこで，詳細は省く
が，看護師がAさんに付き添い食事介助をするとともに，吸引機を施
設から持っていき迅速に救命できるように対応した。その結果，何口
かお寿司を食べたが，やはり誤嚥事故が発生し，看護師が直ちに吸引
したので，後遺症等何もなかった。その後，Aさんは，数口であった

が，このことが意欲になり，胃ろうを離脱して全食（主食：常食，副食：一口大）経口摂取できるようになるまで快復した。

経口摂取は本当に大切なことだと感じた。

イ　事故検討会

事故検討会では，まず，利用者がβ誤嚥した食材を特定して，δその食材の大きさ，食事形態を把握する。その上で，γ事故当時の誤嚥した食材・大きさ・食事形態の根拠を明確にすべきである。

特に，誤嚥事故の具体的危険性があると思われる利用者に対して，誤嚥しやすい食材を提供していたにもかかわらず，その食材を選んだ根拠がない場合には，そもそも当該利用者の心身の状況から誤嚥の危険性を想起して，適切に食材等を選択するという組織にまで成長していないので，組織的な問題が大きい。

ウ　事例検討

■【事例1】について

㋐　誤嚥した食材の特定等

まず，司会のSが，誤嚥した食材，δその食材の大きさ，食事形態と，誤嚥の危険性について説明した。

朝食は蒸しパン，ホットミルク等であったところ，誤嚥したのは，β蒸しパンであった。蒸し「パンは唾液がその表面部分を覆うと付着性が増加するといった特性を有し，窒息の原因食品としては上位に挙げられる食品であること」から，誤嚥の危険性の高い食材である。

もっとも，δ一口大の大きさにしていたので，一応誤嚥の危険性が高いことを考慮してその可能性を低める対策は講じていたといえる。

㋑　問題点の設定〜誤嚥した食材を選択した根拠

まず，Oとしては，誤嚥の危険性の高い食材を選んだことが気になったので，Sに対して，γ誤嚥の危険性の高い蒸しパンを選択した根拠を検討するように助言した。

事例1では，事故当時の計画では「主食：お粥，パン粥」であったにもかかわらず，甲は蒸しパンを提供した。事故検討会では，甲から

第2編　事故防止

その根拠を聴取する必要がある。

　いくつかのパターンが考えられよう。そのパターンごとに，施設や職員の課題は異なってくるので，司会Sとしては，必ず職員から具体的に聴取すべきである。特に，食材の選択は，介護士だけの判断で決めているものではないはずなので，ケアマネジャーP，看護師Q，栄養士Rからも選択の根拠を聴くべきである。

　ここでは，パン粥を配膳すべきところ蒸しパンを誤って配膳したパターンと，基本的にはパン粥を配膳することになっていたが，蒸しパンのときは蒸しパンを提供することになっていたパターンについて検討する。

■パン粥を配膳すべきところ蒸しパンを誤って配膳したパターン

㋐　本来実施すべき実施手順の明確化（検討手順ステップ①）

　配膳についての本来実施すべき実施手順は，a食材・食事形態に関する計画→b調理又は調理済みの食事がリビング等に届く→c食札とトレーにセットされた物との同一性のチェック→d計画や食札と届けられた物が異なれば変更→e配膳というような流れであると思われる（検討手順ステップ①）。

㋑　計画・配膳過程の問題点の分析〜食事形態の誤りに気付かなかったパターン（パターン①）

　Sが配膳担当の甲に対して蒸しパンを配膳した経緯を質問したところ，甲は次のように回答した。甲は，「A1専用のトレーに蒸しパンがあったので，そのまま何ら疑問を抱かず（危険性に気づかず）に提供した。」と説明した。

　Sとしては，甲の説明を事実とした上で，なぜパン粥ではなく蒸しパンがセットされていたのかについて，さらに掘り下げて検討するように進行した。ここで，確認しておくが，確かに，b委託業者のセットミスの可能性もあるが，仮に委託業者のセットミスであったとしても，あくまで介護サービスの運営主体はX法人であるので，委託業者の責任で済ますことはできないことを肝に銘じておくべきである。O

170

第2章　誤嚥事故

としても，委託業者のセットミスに問題を矮小化することなく，さらに原因を掘り下げていくように促すべきである。

　そこで，司会のＳは，まず，ありがちなｃから検討することを提案した。ｃの具体的手順を主任丁に確認した。丁の説明は次の通りであった。通常，食札には「主食：お粥，パン粥」などと記載されているはずであるので，食札とトレーにセットされた物が合っているかをＸ法人職員がチェックする必要があるということであった（検討手順ステップ①）。

　司会のＳは，これから検討する論点を次のように整理した。上記チェックを怠っていたのであれば（検討手順ステップ②），これをチェックする職員が誰であったのか（検討手順ステップ①），甲以外であれば，今回は，その職員がなぜチェックを怠ったのかをその職員からも聴取する必要がある（検討手順ステップ④）。食札とトレーにセットされていた物のチェック体制が問題となるので，掘り下げて問題点を分析する必要がある（検討手順ステップ④）。

　その後，上記の点について，参加メンバーで話し合った。

　次に，Ｏは，甲の回答の中の，「何ら疑問を抱かず（危険性に気づかず）」という説明が気になり，この説明だけでは原因分析が浅いので，さらに深く掘り下げる必要があることを，助言した。

　そこで，司会のＳは，甲に対して，次のような質問をした。なぜ，甲は「蒸しパン」がセットされていることに疑問を抱かなかったのか。言い換えると，なぜＡ１に蒸しパンを提供することが誤嚥の危険性の高いことに気付けなかったのか，についてさらに掘り下げて聴き取りを行った（検討手順ステップ④）。甲が危険性を想定できれば少なくとも蒸しパンを提供することはなかったといえるからである。もちろん上記のとおり食札を確認しなかったこともあり得るが，甲は，Ａ１の主食はパン粥であること，蒸しパンは誤嚥の危険性の高い食材であることを知らなかったと説明した。甲にとって言いにくいことも含めて正直に話しをしてもらうことが重要である。甲を責めるのではな

171

第2編　事故防止

く，今の施設のリアルな課題を発見するためである。

施設の課題として，担当職員の選定（後出），誤嚥の危険性の高い食材等に関する職員に対する研修が課題であることが分かる（検討手順ステップ⑥）。

他に，通常，食事の場面では職員が複数人いるはずであるので，Ａ１以外の職員もなぜ気付けかったのかも問題となる（検討手順ステップ④）。偶々担当していた職員甲の責任のみに矮小化しないことが大切である。複数の職員が気付かなかったのであれば，職員がチームとして事故を予防するという意識の希薄さも問題となる（検討手順ステップ⑥）。

司会のＳは，事故当時の食事時に配置されていた，他の職員に対しても，質問を行い，参加メンバーで話し合った。

㋑　食事形態の誤りに気付いたがあえて提供したパターン（パターン②）

次に，パターン②として，甲が次のように説明したパターンを検討しよう。Ｓが配膳担当の甲に対して蒸しパンを配膳した経緯を質問したところ，甲が，「Ａ１の食札にはパン粥と書いてあったのに，Ａ１専用のトレーに蒸しパンがあったのは知っていたが，蒸しパンは柔らかいので噛みやすいことから，特に問題はないと判断して，そのまま提供した」と説明した（検討手順ステップ④）。このように，職員からは判断根拠を聴取することが重要である。甲は，咀嚼に重点をおいて判断したことが分かる。しかし，誤嚥事故の危険性は咀嚼だけではなく嚥下の点も問題となる（検討手順ステップ⑤　＊検討手順ステップ⑤は職員の判断根拠が合理的でないときに検討することになる。合理的とはいえない知識や考え方を職員が有するに至った理由等を検討することなる。）。このように，甲の判断は，嚥下の点を考慮しなかった点で，不十分であったことが分かる。

これは，単に甲だけの問題ではない。誤嚥事故に関する知識が不足しているので，組織として，いかなる研修体制を構築しているのか，

普段の指導や助言のあり方等も問題となる（検討手順ステップ⑥）。

㈔　食事形態の誤りに気付いたがあえて提供したパターン（パターン③）

　パターン③として，甲が，「Ａ１の食札にはパン粥と書いてあったのに，Ａ１専用のトレーに蒸しパンがあったのは知っていたが，パン粥を厨房にまで行ってもらってくるのは，時間がかかると思った。配膳に時間をかけずに早く食事介助をした方がよいと思って，焦っていた。他方，蒸しパンを提供しても，多分大丈夫だろうと思って，そのまま提供した」と説明した（検討手順ステップ④）。このような考え方には，利用者の生命・健康の安全よりも，目の前の業務を優先するという誤った考え方が根底にあることが分かる（検討手順ステップ⑤）。このような誤った考え方を甲にもたらしたのは，甲だけの問題ではなく，組織的に業務を優先するという雰囲気が蔓延していること等の問題であるといえよう（検討手順ステップ⑥）。組織的に，その場，その場でいかに優先順位をつけていくのか，仮にパン粥を厨房に取りに行って業務が押してしまったとしても，職員がチーム全体でいかにフォローしていくのか等について，共通認識を持てるように話合いを行うことなどが必要となる。

　このように，チーム全体で話し合うことで，チーム全体及び職員の考え方を改めていき，適切に支援できるようにしていく必要がある。

■基本的にはパン粥を配膳することになっていたが，蒸しパンのときは蒸しパンを提供することになっていたパターン

㈠　計画・配膳過程の問題点の分析～食事形態の変更を検討しなかったパターン

　次に，パターン２として，食事形態の変更を検討しなかったパターンについてみてみよう。○年６月以降，主食はお粥・パン粥（ただし，蒸しパンのときは蒸しパンを提供），副食は一口大の大きさで提供していたところ，○年７月11日以降，連日食事のたびにむせ込んで摂食を拒否する状態が続いていたことを考慮すると，ａなぜ，食事形態を変

第2編　事故防止

更しなかったのかも問題となる。これは甲だけの問題ではない。看護師や栄養士等も含めた組織の問題でもある。

　利用者の心身の状況に合わせてタイムリーに計画を変更（ここでは，蒸しパンのときでもパン粥にする。）していくという基本的なこと（検討手順ステップ①）ができていない（検討手順ステップ②）からである。看護師や栄養士等も含めた職員の誰かが食事形態の変更を提案すればよいのに誰も提案せず放置するという，いわば組織的なネグレクトの側面をも有する。そこで，関係する職員からなぜ提案しなかったのかについて聴取する必要がある（検討手順ステップ④）。

　そこで，司会のSは，ケアマネジャーP，看護師Q，栄養士Rに対しても，食事形態の変更を提案できなかったのかについて質問を行い，参加メンバーで話し合った。

(2)　支援方法～食事介助（直接介護）の方法について

ア　食事介助（直接介護）の方法について（検討手順ステップ①について）

　次に，ε食事介助（直接介護）の方法，及び見守り体制等の支援方法を検討すべきである。

　㋐　食事介助（直接介護）の方法に関する検討事項

　まず，誤嚥事故の危険性が相当程度高い場合には，食事介助（直接介護）を選択すべきである。

　食事介助を選択した場合には，職員の資質・技能，及び直接介護の方法の適切性が問題となる。職員の資質・技能とは，無資格者であったり，有資格者であっても施設に入ったばかりで経験の少ない職員に食事介助を任せた場合には，事業者側が責任を負う可能性は高くなる。

　㋑　食事介助の手順

　また，食事介助の方法は，おおむね次のような手順になる。排泄の有無の確認や「声かけ・説明（覚醒確認）→安全確認（誤飲兆候の観察）→ヘルパー自身の清潔動作→準備（利用者の手洗い，排泄，エプロン・タオル・おしぼりなどの物品準備）→食事場所の環境整備→食事姿勢の確保

第2章　誤嚥事故

（ベッド上での座位保持を含む）→配膳→メニュー・材料の説明→摂食介助（おかずをきざむ・つぶす，吸い口で水分を補給するなどを含む。）→服薬介助→安楽な姿勢の確保→気分の確認→食べこぼしの処理→後始末（エプロン・タオルなどの後始末，下膳，残滓の処理，食器洗い）→ヘルパー自身の清潔動作」（「訪問介護におけるサービス行為ごとの区分等について」より）。

㈡　食事姿勢の確保

　食事姿勢の確保については，足底が床についているか，椅子に深く腰をかけ安定して座っているか，体感の傾きはないか，頸部を前屈させ誤嚥しにくい姿勢になっているか，身体がずれないよう膝関節の下に枕（クッション）を入れ下半身が安定しているか，患側の上肢がテーブルの上に乗っかっているか，ギャッジベッドの場合，約30度起こし上半身を挙上しているか等の確認が必要である（初任者Ⅱ 176頁，平成14年3月28日福祉サービスにおける危機管理に関する検討会（別紙4））。

㈢　食事介助（直接介護）の留意点

　摂食介助では，最初に，飲み込みやすくするために，お茶などの水分からすすめることが必要であるとともに，献立を説明し食べたい物の希望を聞きながら介助する，判断ができない利用者の場合，一口ずつ嚥下を確かめ，適宜水分を交えながらすすめる，水分，汁物はむせやすいので少しずつ介助する，咀嚼しているときは，誤嚥の危険があるので，返事を求めるような話しかけをしてはならない，のどがゴロゴロいうようであれば中断して様子を見る（※ゴロゴロがとれない場合は，誤嚥の危険があるため看護師等に報告する。），患側の口腔内に食べ物がたまっていないかなど，利用者の食事中の様子を確認すること等が必要となります（初任者Ⅱ 176頁，平成14年3月28日福祉サービスにおける危機管理に関する検討会（別紙4））。

　事業者は，これらの食事介助の方法が適切に行えるように，介護マニュアルを作成し，研修等を行うとともに，現に適切に介護が提供されているかを確認する必要がある。

175

第2編　事故防止

㈵　事故検討会で検討する際の留意点

　特に，施設は，介護の専門家集団であるので，質の高い介護サービスを提供するのが，施設運営の要である。よって，事故検討会では，上記の食事介助方法の流れを参考に，一連の介護行為を細分化し，各々の場面について，どのような介護を行ったのかを具体的に想起し，できていた点とできていなかった点に整理することが重要である。細分化して検討することにより，職員の課題が明確化でき，施設課題に応じて集中して迅速に対策を実行できるからである。

㈻　施設の過失が否定された裁判例

　なお，施設としては，食事介助（直接介護）として，上記アのとおりに全て実施していなくとも，そのうち相当程度実施している場合には，過失責任は否定されよう。この点，参考になるのが，福岡地裁田川支部平成26年12月25日判決判時2270号41頁である。この裁判例は，「施設職員の本件当日の夕食時の介助について検討するに，Aについては，本件当日以前から施設においても嚥下機能が低下していることを認識して，粥やとろみを付けた汁物，細かく刻んだ食べ物を与えていたこと，食事は，施設職員がすべて介助して行っていたことが認められるところ，本件当日のAの夕食についても，食べ物は，粥や，とろみをつけた汁物，刻んだおかずなど食べやすくした物が与えられており，介護職の甲が介助をしながら食事が行われている。そして，甲の食事介助の方法は，Aに声掛けをしながら，スプーンで口元に食べ物を運んで食事をとらせており，Aの口から食べものが流れ出てきた後は，Aに更に食べものを与えたりはしていないこと，Aに振戦が見られた後は，Aに声掛けをして反応を確かめたうえ，食事を中止して様子を見ていること，Aに声掛けをして，Aが夕食をいらない旨答えたことからAの夕食を終えていること，さらに，乙もAの様子を近くで見守っていることなどが認められ，嚥下機能が低下しているAの食事介助の方法として，施設職員が，不適切な方法で行っていたとまでは認めることはできない。」と判示している。

第 2 章　誤嚥事故

イ　事故検討会～【事例 1】について

㈠担当職員選定の妥当性

　まず，甲が一人でＡ 1 に対する食事介助を担当することの妥当性について検討する。担当した職員の技術や経験等について検討していない例が散見されるが，検討することを忘れないようにすべきである。特に，死亡に至るリスクの高い食事介助については，担当職員を慎重に選択すべきである。Ｏとしては，このような観点からもアドバイスすべきである。

　i　新人職員を選定したことの問題点

　　司会のＳは，甲の採用月や経験について，次のように説明した。甲は，事故が発生する 2 か月前に採用されたばかりで，採用以前に介護職の経験は無かった。

　　次に，Ｓは，甲に対して，どのような教育や指導を受けていたのかを質問した。甲は，「Ｙ施設で嚥下障害のある入所者に対する食事介助についての教育，指導を体系的に受けたことはなく，連日食事のたびにむせ込んでいるので，一口大の大きさで少量ずつ食べてもらう，しっかり飲み込んだことを確認するという点について注意するようにと，主任丁らから口頭で言われているだけであった。Ａ 1 を担当するのは初めてであった。」と説明した。

　　Ｏは，甲の説明を聴いて，上記のような甲に，見守りではなく，食事介助を担当させたこと，及び担当させるのであれば教育や指導が不十分であったのではないかと思い，丁に対して，6 月採用の甲に対して，なぜＡ 1 の食事介助をさせたのかについて，次のステップに沿って質問を行うとともに，今後の新人職員に対する教育や指導の在り方，誤嚥の危険性の高い利用者に対して新人職員に食事介助を任せる場合の条件などについて，意見を出し合い，参加メンバーで話し合った。

　ii　検討手順ステップ①～④

　　担当職員の選定の点についても，本来はＡ 1 に対する食事の介助

177

の経験のある職員を担当すべきところ（検討手順ステップ①），甲を選んだのであるから（検討手順ステップ②），なぜ，指示をした職員が甲を選んだのかについて理由を聴取すべきである（検討手順ステップ④）。

このような議論のときは，事故当時のリーダー職員を特定し，当時出勤していた職員の誰が何をしていたのかを確認する必要がある。例えば，当時，甲，乙，丁が出勤しており，丁がリーダーで，甲はＡ１に対する食事介助，乙はＡ１よりも誤嚥の危険性の高い利用者に対する食事介助，丁が別のテーブルの見守りをしていたような場合には，なぜ，甲が見守り，丁がＡ１に対する食事介助にしなかったのかについて，検討することになる。

iii　自信がない場合には自信がないことを伝える＋新人職員に対するフォロー

Ｏは，厳しいかもしれないが，甲が，Ａ１の食事介助の指示をした職員に対して，自分には自信が無い旨伝えられなかった甲にも問題があると感じた。そこで，甲の個人攻撃になってもいけないので，一般的な話として，次のように説明した。

「指示を受けた職員は，指示された内容が自分の力量の範囲のものか正しく判断し，自分の力を超えるものである場合は指示を受けてはならない。指示を受けた場合は，責任をもって，十分な注意を払って実施することが大切である。もちろん，指示をした職員は，十分に支援上の注意を説明し，その後，当該職員が適切に支援できているかを観察（確認）することは怠ってはならない。これらは，指示をした職員や指示受けた職員ともに，専門職であるので，肝に銘じておく必要がある。」と。

この点についても，甲も自分の力を超えるものである旨を伝えるべきであるのに（検討手順ステップ①），伝えなかったのであるから（検討手順ステップ②），その理由を甲から聴取すべきである（検討手順ステップ④）。

甲が，「普段からチームのメンバーから，何でも経験だから指示
されたことは1人でやるように言われていたので，自信がなく万が
一誤嚥事故に至ったらどうしようと思ったが，言い出せなかった。」
などと説明したような場合には，チームの雰囲気を改善していく必
要がある。このようなことをもチーム全体で話し合っていくこと
が，事故や虐待を防止することにつながっていくのである。

　Oは，プリセプター制度を導入していくことを参加者に説明し
た。本部職員が参加する意義は，法人全体で必要なことを決めた
り，法人全体の課題として今後検討していくことにつなげていく点
にある。なお，プリセプター制度とは，介護職として雇用された新
入職員に対して，一定期間，先輩職員がマンツーマンで，OJTに
よる業務スキルの習得を現場でより実践的に行うことと，身近な先
輩職員が職場生活上の不安や悩み等のメンタルケアを行う仕組みを
いう。【事例1】では，先輩職員である乙がマンツーマンで甲に付
いて，Ａ1に対する食事介助のスキルを習得してもらうために，適
切に指導することになる。

(イ)　食事介助の妥当性
　次に，Ｓは，今回の事故は，食事介助中に生じた事故であるので，
次のステップに沿って質問を行った。

　ⅰ　検討手順ステップ①
　食事介助の妥当性を検討するに当たっての本来あるべき支援方法
は，利用者の心身の状況等によって異なるのはもちろんである。た
だ，ここでは，本来あるべき支援方法は上記アのとおりとする（検
討手順ステップ①）。

　ⅱ　検討手順ステップ②・③
　職員から事情を聴取する際には，本来あるべき支援方法に沿っ
て，順番に聴いていく。場合によっては，再現してもらうことも必
要である。
　Ｓが甲から聴取したところ，甲は，「当日のＡがやや眠そうで

第2編　事故防止

あったのに食事介助を始めた，車いすにいわゆる仙骨座りの状態で座っており，踵がフットレストよりも前に出ていたのに食事介助を始めた，朝食は蒸しパン，ホットミルク等であったところ，ホットミルクではなく最初に蒸しパンを一口大の大きさにちぎって，Ａ１の口の中に入れた。」と説明した（検討手順ステップ②）。

そこで，Ｓは，甲が，検討手順ステップ①のうち，覚醒確認，食事姿勢の確保，水分からすすめることができていなかったことを確認した（検討手順ステップ③）。

iii　検討手順ステップ④

Ｓは，甲が，なぜ，これらのことができなかったのかについて，甲からさらに聴取した（検討手順ステップ④）。甲とすれば，これらのことをきちんと教えてもらっていなかったというのが本音であろう。この点で参考になる松山地裁平成20年2月18日判決判タ1275号219頁は，Ｘ法人は「実際に同人の食事の介助を行う職員が①覚醒をきちんと確認しているか，②頚部を前屈させているか，③手，口腔内を清潔にすることを行っているか，④一口ずつ嚥下を確かめているかなどの点を確認し，これらのことが実際にきちんと行われるように介護を担当する職員を教育，指導すべき注意義務があったものというべきである」のに，これを怠った点に過失を認めている。

甲は，「一口大の大きさで少量ずつ食べてもらう，しっかり飲み込んだことを確認することは実施していた。しかし，上記①や②の姿勢については，知らなかったので，確認していなかった。もしかしたら，仙骨座りになり，頚部は上を向いていたかもしれない。よく覚えていない。」などと説明した。

iv　検討手順ステップ⑥

Ｏとしては，この裁判例が指摘するように，甲が適切に食事介助をできなかったのは，甲に対する研修，指導等を適切にしていなかった組織の問題である（検討手順ステップ⑥）ので，研修や指導の

180

第2章　誤嚥事故

在り方等を組織として検討する必要があると思い，今後，法人全体のマニュアルや研修等の内容の見直しなどをしていくことを参加者に伝えた。

(3)　支援方法〜見守り体制について

ア　見守り体制について

　1対1による食事介助までは不要であったとしても，特に，誤嚥のおそれの高い食材を使用した場合（餅，こんにゃくなど）には，事業者は，窒息死という重い結果の発生を防止すべく各テーブルに職員1人は配置する等の見守りを実施すべきである。つまり，自分で食べられる利用者に対しても職員を配置し，常に目配りを怠らない体制を整えなければならない。全利用者の席を職員から目の届くように配置し，場合によっては食事の内容によって席を区別するなどの工夫が必要である。十分な職員が手配できない場合が多いと思われるが，その場合には，利用者の食事時間を2回に分けるなどの工夫をすべきである。

　見守りは，職員が利用者の心身の状況を観察し，異変があったときに，すぐに適切な対応を行い，誤嚥事故の防止又は誤嚥事故後の窒息死を防止することに意味がある。

　よって，職員は，むせたり，咳き込んだり，急に立ち上がったり，顔をテーブルに伏せたり，体が前後・左右に揺れたり，涙を流したり，急に黙りこんでしまう等普段とは異なる異変があるか否かを観察すべきである。また，異変は食事中だけではなく，前記第1の2の⑤の段階の誤嚥のように，嚥下反射が良好で，食塊が飲み込まれてから，一定の時間が経過して，気管に逆流しておこる場合もあるので，食後も一定の時間，利用者の様子観察を行う必要がある。

　事故検討会においては，見守り要員として配置された職員が，どの利用者の何を観察していたのかを時系列順に明確にして，事故当時の観察が十分であったのか否かを検討すべきである。誤嚥事故を疑うべき兆候を見落としていたのであれば，なぜ見落としていたのかということについて，原因を分析した上で，対策を検討すべきである。

181

第2編　事故防止

イ　見守りに関する裁判例

　見守りに関する裁判例は，Ⅰ在宅サービス（ここでは施設の管理が及ばない自宅で提供するサービスをいう。）かⅡ施設サービス（ここでは通所介護を含めた施設の管理下で提供するサービスをいう。）か，施設サービスとしてⅰ食事中かⅱ食後か，ⅰ食事中として施設の過失がａ認められる，ｂ認められないで分かれているようである。

㋐　Ⅰ在宅サービスの場合

　まず，Ⅰ在宅サービスの場合，事業者の見守り義務が認められる射程範囲が問題となる。例えば，大阪地裁平成27年9月17日判決判時2293号95頁は，訪問介護サービスの提供時間帯ではない午後7時頃に，利用者が誤嚥により窒息した事案につき，「利用者と事業との契約は，訪問介護契約であって，これまで認めた事実からは，夕食時間帯はサービス提供の時間帯ではなく，……契約の範囲にかかわらず利用者の夕食時に誤嚥を防止する法的義務があったとまではいえない」として，事業者の過失責任を否定している。在宅サービスについては，サービス提供時間帯以外については，施設サービスとは異なり，利用者の生命・健康についての安全を確保することについて事業者の支配管理下に置かれているわけではないので，事業者の責任は認められにくいと思われる。

㋑　Ⅱ施設サービス→ⅱ食後

　Ⅱ施設サービスについては，ⅰ食事中かⅱ食後かで施設の責任が認められる可能性については，食後の方が低くなると思料される。

　東京地裁平成24年1月16日判決ウエストロー・ジャパンは，知的障害者更生施設であるが，「亡利用者は，本件事故当時，胎生期脳障害による知的障害，弛緩性不全対麻痺，大頭症などの障害を有しており，常時，車椅子を使用し，食事等の日常生活において必要な介助を要する状態にあったことが認められるが，常時，職員が見守らなければその生命・身体等に危険を生じるような状態にあったとは認められない。……本件事故は本件昼食が終了してから30分以上も経過した

後に生じたもので，本件昼食時の状況も，担当職員甲が１対１で亡利用者の食事介助をし，咀嚼・嚥下を確認しながら適宜お茶などによって水分補給を行っていたもので，その際に亡利用者がむせ込むようなこともなかったこと，同日の午後１時30分に他の職員乙が歯磨き介助をした際も，亡利用者に特段の異常反応も認められず，その口腔内に食物残渣は確認できなかったことが認められる。

そうすると，本件昼食時から同日の午後１時40分ころまでの間に，亡利用者において誤嚥，嘔吐，点頭てんかん，心不全などを生じていたことや，このような状態を生ずる危険性を推測させるような兆候は何ら認められなかったものと言うべきであるから，被告法人において，亡利用者との関係で，前記のような役割を担っていた乙以外の職員をデイルームに常駐させ，あるいは職員をして常時亡利用者を見守らせなかったとしてもやむを得ないもので，このような対応を採らなかった被告法人に注意義務違反があったものと認めることはできない」と判示しているように，食事終了時に，誤嚥等の危険性を示す具体的事実が存在しなければ，ⅱ食後に常時の見守りまでは不要であろう。

(ウ)　Ⅱ施設サービス→ⅰ食事中→ａ過失が認められた例

他方，ⅰ食事中の場合には，常時の見守りまでは義務づけられないとしても，仮に利用者のもとを離れる場合には，５分程度以内に１回の見守りを実施することが望ましいと思われる。食事中の見守り義務を怠ったとして施設の過失責任を認めているのは，おおむね20分以上もの間見守りを怠った事案である。例えば，福岡地裁平成19年6月26日判決判タ1277号306頁は，「担当看護師である被告甲としては，Ａが誤嚥して窒息する危険を回避するため，介助して食事を食べさせる場合はもちろん，Ａが自分一人で摂食する場合でも，一口ごとに食物を咀しゃくして飲み込んだか否かを確認するなどして，Ａが誤嚥することがないように注意深く見守るとともに，誤嚥した場合には即時に対応すべき注意義務があり，仮に他の患者の世話などのために

Aの許を離れる場合でも，頻回に見回って摂食状況を見守るべき注意義務があったというべきである。しかるに，被告甲は，これを怠り，Aの摂食・嚥下の状況を見守らずに，約30分間も病室を離れていたため，Aがおにぎりを誤嚥して窒息したことに気づくのが遅れたのであるから，被告甲にはこの点につき過失がある」，大阪高裁平成25年5月22日判決判タ1395号160頁は，Yが経営する介護付き有料老人ホーム（Y施設）に入居していたAは，入居3日目，自室で朝食を摂っていたところ，Y施設から提供されたロールパンを誤嚥し，窒息死するという事故が発生した事案につき，「居室で食事をさせるにもかかわらず，ナースコールを入所者の手元に置くことなく，見回りについても配膳後約20分も放置していたのであるから，誤嚥が起こっても発見できる状態ではなかったといえ，Aの誤嚥防止に対する適切な措置が講じられたということはできず，Aの身体に対する安全配慮を欠いた過失があるというべきである」と判示している。ドリンカーの生存曲線によると，呼吸停止から4分で50％，5分で25％の生存率であることを考慮すると，食事中に，他利用者に対する支援等により，利用者のもとから職員が離れる場合には，誤嚥した場合には即時に対応できるように，例えば5分に1回程度，頻回に見回ること等が望ましいと思われる。

㈡　Ⅱ施設サービス→ⅰ食事中→ｂ過失が認められなかった例

これに対して，東京地裁立川支部平成22年12月8日判決判タ1346号199頁は，Xが経営するY通所介護を利用していたA（事故当時81歳。要介護5）は，デイルームで，昼食（通常食：マグロの味噌焼き，揚げ物，青菜，漬け物等）を摂っていたところ，開始して5分後頃，見守り中に，様子がおかしいことを職員が発見し，救急対応をし，緊急搬送されたが，3か月後に死亡した事案につき，Aは，「丸テーブルの1つを他の6，7名の利用者とともに囲み，『いただきます』の発声で食事を開始した」。当日の「利用者は亡Aを含めて合計23名であり，……要介護5は亡Aを含めて2名であり，食事について介助が必

要な者はいなかった。……Yの職員は５名配置されており，デイルームには，甲介護員と乙看護師が残って全体を見守りながら利用者の希望に応じておかずをほぐしたり，指の力が弱いためにミニソースの蓋をはずしたりしていた。他の３名は厨房に入っていたが，電子レンジはデイルームにおいてあったため，その３名も出たり入ったりしていた。……本件事故当時昼食の見守りを担当していた甲及び乙は，その役割を的確に果たしており，他の利用者に気を奪われて亡Ａの飲食状態の見守りを怠ったとは認められず，過失は認められない。……Yの職員らは，本件事故当時，それぞれの配置された状況のもとで亡Ａのためにできるだけのことはしたものと認められる。したがって，Xに本件利用契約に基づく債務の不履行は認められない。」と判示している。要は，利用者が誤嚥した場合には即時に対応できるように，職員の役割分担を決めて見守りを実施することが求められている。

ウ 【事例２】について

㋐ 見守りを選んだこと自体の妥当性

　Ａ２は，認知症のため，口の中に食べ物をため込んだり早食いをする傾向があったために，数か月に２，３回むせ込む程度であったので，１対１の食事介助をしなければならないとまではいえないであろう。

　この点で参考になるのが，松山地裁平成26年４月17日判決判例秘書である。同判決が，訪問介護サービス提供中に，Ａ（87歳，約１か月前に２回，嚥下障害の徴表として，これを疑うべき痰の発生があった。上下とも前歯がなく２，３本しか歯がなく，入れ歯を使用していない。）が，昼食のうどん（具材として直径６ないし７cmの大きさのさつま揚げ様の揚げ物が入っていた。）を食べていたところ，誤嚥して窒息し，翌日に死亡した事案について，「甲はテーブルに本件うどんを配膳した後，同テーブルで食事をするＡに声を掛けるなどしながら同じ台所内にある流し台で洗い物をしていた。本件居宅の台所が小さな台所であり，Ａが食事をしていたテーブルと，甲が洗い物をしていた流し台がすぐ近くにありその

185

第2編　事故防止

間を隔てる物が何もないことに鑑みれば，他の作業をしつつ，声掛け
をしながら見守るという甲の行動は，見守りの方法として不適切であ
るとはいえない。」と判示しているように，むせ込みが連日続くなど
のように，誤嚥の危険が相当程度に高いとまではいえない場合には，
他の作業をしつつ，声がけをしながら見守ることが不適切とまではい
えないといえる。ましてや1対1の食事介助までは不要であろう。

　食事介助ではなく見守りを選んだこと自体に過失は認められないこ
とを前提に以下検討する。

　i　検討手順ステップ①

　　Sは，まず，事故当時の見守り体制と見守り方法を確認した。事
故当時は乙，丙，丁が出勤していた。3人の職員がいたので，利用
者が誤嚥した場合には即時に対応できるように，3つの各テーブル
に職員1人を配置した。A2は，口の中に食べ物をため込んだり早
食いをする傾向があり，数か月に2，3回むせ込むことがあったこ
と，誤嚥しやすい通常の餅を選んだので，誤嚥の危険性が一定程度
認められると判断していた。そこで，食事介助を実施しない乙が，
A2と同じテーブルで見守りを実施していた。見守り中，乙は，A
2ら4人の利用者に対して，適宜様子観察することになっていた
（検討手順ステップ①）。

　ii　検討手順ステップ②

　　Sは，乙に対して，検討手順ステップ①のとおり，見守りができ
ていたかについて，質問した。乙は，「自分の向かい側に座ってい
るDとの話しに夢中になり，A2の食事の摂取状況を5分程度確認
していなかった」と説明した（検討手順ステップ②）。

　iii　検討手順ステップ③

　　Sは，検討手順ステップ①と②を比較すると，甲は，A2に対し
て適宜様子観察すべきところ，A2の食事の摂取状況を5分程度確
認していなかったと整理した（検討手順ステップ③）。

186

第2章 誤嚥事故

iv 検討手順ステップ④〜⑥：乙も誤嚥の危険性ありと評価していなかった場合

次に，Ｓは，乙に対して，なぜ，乙がＡ２から５分程度目を離していた理由について，甲から聴取する必要がある。Ｓは，まず，乙に対して，Ａ２の誤嚥事故の危険性があると評価していたか否かについて確認した。

乙が，「上記の事情に基づき誤嚥の危険性が一定程度あるとの評価をしていなかった」と説明した場合には（検討手順ステップ④），丁主任らが，食事開始前までに，職員のテーブル配置を指示する際に，乙に対して，Ａ２の誤嚥の危険性を伝えて指示をしていたのか，Ａ２の誤嚥事故の危険性をチーム内でどのように共有していたのか，などが問題となる（検討手順ステップ⑥）。

そこで，Ｓは，丁らから，乙に対してどのような指示をしていたのか，チーム内でどのように共有してきたのか，などを聴取する必要がある（検討手順ステップ④）。

このようにして，チーム内での課題を見つけ出していくことが重要である。

v 検討手順ステップ④〜⑥：乙も誤嚥の危険性ありと評価していた場合

乙が，「上記の事情に基づき誤嚥の危険性が一定程度あるとの評価をしていた」と説明した場合には（検討手順ステップ④），Ｓは，乙に対して，Ａ２の誤嚥事故の危険性があると評価していながら，Ａ２から目を離してしまったのかについて，聴取した。

乙は，「判断と言われると，明確ではない。ただ，食事開始直後は，Ａ２の様子を観察していたところ，Ａ２が餅１つを食べて飲み込んだのを確認したので，餅で誤嚥する危険性は低いと判断して，テーブルの利用者に楽しく食事を摂ってもらおうと思い，Ａ２から目を離して，Ｄと話をしていても大丈夫と思ったのだと思う。」と説明した（検討手順ステップ④）。

187

第2編　事故防止

乙の説明には一応それなりの根拠があるので，検討手順ステップ⑤へ進む。検討手順ステップ⑤で検討すべきは，甲の判断は適切であったのかである。

Sは，乙以外の他の職員からも意見を聴いた。このように，職員間で，食事中の見守りの際に，各自が意識して行っていることを，事例2の事故検討を通して，話し合うことが重要である。

Sは，ステップ⑤のまとめとして，テーブルの利用者に楽しく食事を摂ってもらおうと思い，Dと話しをするという判断は，食事中の支援の目的は安全確保だけではなく，楽しく団らんしながら食事をすること等も目的の1つであるので，適切といえる。しかし，「楽しく」と適宜A2らに対する様子観察により安全を確保することは併行して行うことができるのであるから，A2から目を離すという判断は適切とはいえない。と結論付けた。

続けて検討手順ステップ⑥。支援の途中から支援目的がすり替ってしまうことはありがちなことである。乙がDと話を始めたときは，おそらく適宜A2らに対する様子観察により安全を確保するという目的を意識していたはずである。乙は意図的に安全確保が不要と判断したのではないであろう。しかしながら，Dとの話が弾んでしまい途中から安全確保の目的を忘れてしまったのであろう。

そこで，Sは，乙には上記のような傾向があることを自己覚知して支援を行うように助言した。

Oも，少なくとも利用者の食事中は安全確保の目的を常に意識することができるように，強く意識することが重要であると助言した。

(4) 記録の重要性

ア　利用者の状況に関する具体的事実の記載

抽象的な事故の可能性としては，誰にでも誤嚥の可能性はある。誤嚥事故の予見可能性を一般的・抽象的な（可能性の低い）レベルで認めると，施設は食事時に常時1対1で対応をすべきということになってしま

188

いかねない。裁判例では，24時間常時の介護・監視義務までは認めて
いないことから，事業者の介護・監視義務を認める場合には，高齢や障
がい者というだけでは足りず，ある程度具体的な予見可能性があると認
められるだけの事情が必要となる。したがって，事業者としては，誤嚥
事故の予見可能性を利用者ごとに検討し，リスクの高い利用者を優先し
て，対策を立てることになる。万が一，リスクが抽象的な（可能性の低
い）レベルだと判断していた利用者に誤嚥事故が生じた場合には，施設
としては，いかなる事実から抽象的な（可能性の低い）レベルだと判断し
たのかを説明する必要があるので，アセスメントシート，ケアプラン，
サービス担当者会議録，モニタリング会議録等の記録に，利用者の状
況，介助方法等を具体的に明記しておくべきである。よって，事業者と
しては，施設が提供した介護方法の適切さを証明するためにも，事故の
事実が正確かつ明確に記録されていることが何よりも重要になってく
る。

　東京地裁平成22年7月28日判決判時2092号99頁は，平成19年9
月22日の事故について，「Aは，本件施設において，常食を提供され，
時折，食事介助を受けることがあったものの，通常は自力で食事をして
いた。Aが食事介助を受けたのは，本件事故前の約3か月間で10日程
度であり，本件施設の介助職員等が記録していた介護日誌（証拠略）や
看護記録（証拠略）を見ても，むせやせきを始めとする，嚥下機能の低
下をうかがわせる具体的症状が観察されたとの記載は存在しない（なお，
平成19年9月19日の介護日誌には，朝食時にむせ込みが見られたとの記載が存在
するものの，同日以前の介護日誌や，同日後の同月20日，同月21日の介護日誌を
見ても，食事の際にむせ込み等があったことはうかがわれず，上記の同月19日の記
載をもって，直ちに嚥下機能の低下を具体的にうかがわせるような症状であると認
めることはできない。）。」と判示しており，普段からの記録が重要であるこ
とを裏付けている。

イ　見守りの支援内容の記載～事故報告書作成上の注意点
　見守りの場合，直接介護していた場合とは異なり，事故報告書の事故

第2編　事故防止

に至る経緯の記述が少なくなってしまっていることが散見される。仮
に，【事例2】の事故報告書に，「午後0：00に食事開始。午後0：30
にＡ2が突然立ち上がり苦しみ出した。」しか書いていなかったとすれ
ば，Ａ2の遺族はこの事故報告書を見たり，この程度しか施設に説明さ
れなかったら，どのように感じるだろうか。遺族（家族）は，自ら利用
者の世話をしたいと思っていたとしても，様々な事情により，施設に介
護をお願いせざるを得ないのであり，施設を利用したことを心苦しく
思っている場合が多い。遺族（家族）としては，施設が最期まで適切に
支援をしてくれていたならば利用者が施設に入居してよかったと思える
のに，施設の支援が不適切であれば，自らを責めるとともに，施設に対
する不信感が一気に高まり，憤りに変わることも多い。このような事態
を避けるには，空白の30分間を埋めるべく，施設としては，支援内容
を具体的に補充すべきである。見守りの支援内容として，午後0：00
から午後0：30までの間，Ａ2と同じリビングに少しの時間でもいた
職員も含めてＡ2の様子を見た職員全員から聴取して，職員が見た利用
者の様子等も書くことにより30分間の空白を埋めていくべきである。

**3　リスクマネジメントを考える上での対立利益の調整の視点～誤嚥の危険
性が高い場合に経口摂取を実施すべきか**

(1)　考え方

　ア　利用者の意思を最大限に尊重して実現すべき

　　事業者は，利用者の尊厳を最大限守るために，利用者が意思決定をし
やすいように援助し，利用者が選択した意思を尊重し，施設で保障され
る人権・自由を拡大させていく必要がある。

　　他方で，利用者の意思に沿ったサービスを提供することによって，リ
スクが高まることが予想される。また，加齢とともに心身の状態の低下
を伴う利用者が生活する上でのリスクは不可避な部分もある。さらに，
認知症があれば，時間・場所・人物に対する認知能力が低下することに
伴い，自ら将来発生する可能性のあるリスクを予見し，そのリスクを回
避するための行動を選択することが困難となるため，リスクが高まるこ

とも予想される。

しかし，リスクを回避するために，例えば，ベッドから転落しないように，ベッドを4点の柵（サイドレール）で囲むというような対策を立てるのは禁物である。人が生きていく上でもっとも重要なことは人間としての尊厳を守り，精神的な豊かさをいかに保つかの点にあるからである。このような身体拘束の例で言うと，利用者Aはいつも寝ているときに，見えるのは，ベッドの柵か，部屋の天井ぐらいになってしまう。このような景色が長期間継続し，その場所からは逃げられないのだから，Aからすれば刑務所の中に入っているにも等しい気持ちになってしまう。

このように，利用者の安全を保護することを重視しすぎるあまり，かえって人間としての尊厳を害するのは本末転倒であることは言うまでもない。

そこで，リスクマネジメントを検討する上で，大切な視点としては，利用者の意思に沿ったその人らしい生活を最大限保障しつつ，事故によって生じる利用者の心身の状態の低下等のリスクをいかに減らすのかという点にあるというべきである。

イ　利用者にとっての食事の意義を十分に踏まえて判断すべき

特に，食事は，利用者の健康状態を健全に保つことはもちろん，食べたい食材を，食べたい調理方法によって，食べたい時に，美味しく食することによって，利用者の生きていて幸せだという気持ち，ひいては生きる意欲を引き出すことにつながるという点で，施設生活において重要な役割を担っている。

誤嚥の危険性が高い場合であっても，食事の重要性に鑑み，利用者が強く希望しているにもかかわらず，経口摂取の実施を中止するのではなく，以下の対策を検討して，安易に経管栄養や胃瘻造設等の判断をすることなく，できる限り，直接介護による経口摂取を心がける必要がある。誤嚥の危険性が高い場合に，食事介助による経口摂取を実施した場合には，適切に食材・食事形態を選択していれば，いくら対策を尽くし

ても，不可避的に誤嚥事故が発生するのはやむを得ないといえるので，この場合には，ⅱ結果発生回避のための対策を怠っていたとはいえず，ⅲ誤嚥事故発生後の窒息死等の結果の発生を防止するための結果拡大回避のための対策が適切であったか否かが問題となる。

(2) 【事例３】について

ア　施設サービス計画の重要性

(ア)　直接介護による経口摂取継続の重要性

　Ｓは，まず，【事例３】の事実関係を時系列に沿って確認した。

　今年に入って，誤嚥性肺炎により，既に２回入院しており，６月15日に退院し，当日から，食事のときにむせ込みがあった。30分間自力で摂取後，30分間食事支援を実施。６月21日からは，食事支援の時間を60分間に延長。６月27日には，60分間食事支援を実施しても，食事量が主食６・副食７に低下。

(イ)　利用者本人の意思等を基本にした施設サービス計画の重要性

　Ｓは，「このような状況下でも，上記(1)のとおり，経口摂取の実施を中止するのではなく，直接介護による経口摂取を継続するという判断は十分に尊重できる。」と述べた。

　これに対して，Ｏが，「ただ，仮にＡ３が嫌がっているにもかかわらず，施設が，食事量の維持・確保が重要として無理に食事介助を60分間も継続していたら，それは，身体的虐待に当たり得る。利用者に食べたいという意思・意欲がないのに，無理に食べさせるのは，単なる拷問である。他方で，施設が，Ａ３が嫌がっているという理由で，何も支援せずに放置すれば，ネグレクトに当たり得る。利用者が食べたいという意思・意欲を向上させるための支援の検討及び実施は必要であるのに，それらを怠っているのは，利用者が食べたいという意思・意欲を向上させる機会が奪われるからである。Ａ３は，95歳で認知症高齢者日常生活自立度はⅣである。しかも今年に入って，既に誤嚥性肺炎により，既に２回入院している。徐々に食べられなくなる中で，どのように食事支援をしていくのかは，本当に悩ましい問題

第2章　誤嚥事故

である。」と指摘した。

　続けて，Ｓは，「このような問題があるときに，施設としては，Ａ
３及びその家族，多職種が集まり，サービス担当者会議等で，看取り
も含めて，今後の食事支援について検討して，施設サービス計画を立
てる必要がある。その際に，最期まで一定の食事量を維持・確保する
ために，無理にでも食べ続けるのか，それとも，食べられる量が減っ
ているからこそ，美味しさや楽しさ等を優先して，本当に食べたいも
のを食べられる量のみに減らしていくのかの判断は，基本的には，Ａ
３又はその家族で判断していくことになろう。」と述べた。

㈡　６つのステップ

　このようなＯの指摘を踏まえて，Ｓは，６つのステップに沿って検
討を進めた。

　まず，問題の１つとして，Ｓは，「【事例３】では，施設サービス計
画書には食事介助についての記載がなかったことが問題として挙げら
れる。」と述べて，ステップ①から③までを整理した。

　本来は退院後又は退院直前に，遅くとも60分間食事支援を実施し
ても，食事量が主食６・副食７に低下した６月27日頃までには，施
設サービス計画書の中に，食事介助についての計画を盛り込むべきで
あったところ（検討手順ステップ①），事故日までに食事介助についての
計画を盛り込んでいなかった（検討手順ステップ②）。検討手順ステップ
③は不要。

　Ｓは，なぜ，事故日までに食事支援に関する計画を盛り込むことが
できなかったのかについて，施設サービス計画の見直しを発案すべき
ケアマネやケアマネに助言等すべき介護職員らから，理由を聴取した
（検討手順ステップ④）。

　仮に，施設のケアマネや介護職員らが，「Ａ３の体重が徐々に減っ
ていき，食事量も減っていく状況の中で，できる限り最期まで元気に
長生きしてほしいという思いで食事量の維持・確保を最優先にするこ
とが正しいと思っていたところ，徐々に食事介助の時間も増やして皆

193

で食事量の維持・確保に向けて取り組んでいたので，特に，Ａ３及び
その家族，多職種が集まり，サービス担当者会議等で検討することを
想いつくこともなかった。」と説明したとしよう（検討手順ステップ④）。

　「食事量の維持・確保を最優先にする」という方針について，事例
３のような事故が起こった後，今から考えて，適切であったのかにつ
いて，チーム内で話し合うことが重要である。

　丁が，「今から考えれば，Ａ３の意思を確認することなく，食事量
の維持・確保が最優先するという方針を立ててしまったことは，適切
ではなかったと思う。現に，７月３日には，Ａ３は食事介助に対して
拒絶していたことを考慮すると，60分間にも及ぶ食事介助はＡ３の
意思に反していたことが推測できる。職員らの介護観よりも利用者の
自己決定権の方が優先させるべきであることから，チームの方針は不
適切だったと思う。」と述べた（検討手順ステップ⑤）。

　Ｏとしては，Ａ３の意思を確認していなかったのであるから，利用
者の意思に反していたかもしれないのに，食事量の維持・確保が最も
重要という方針をとってしまった理由や事情について明らかにする必
要があると感じた。そこで，Ｓに対して，「食事量の維持・確保を最
優先にするという方針をとることに，なぜ，誰も疑いを抱かなかった
のか，Ａ３の意思を確認することを言い出せなかったのか，などにつ
いて，ケアマネや介護職員らに質問して，原因をさらに掘り下げる必
要がある。」ことを指摘した。その後，Ｓは，チーム内で話合いをし
た。

　最後に，Ｓが，「Ｙ施設ではこれまでも食事量の維持・確保を重視
して取り組んできたので，誰も疑問に思わなかったのだろう。そうで
あれば，施設の明示又は黙示の運営方針が問題である。利用者の自己
決定権の尊重という施設の運営方針の確立，自己決定権の尊重や看取
りに関する研修等の課題が浮かび上がってきたので，今後は，これら
について見直していきたい。」と参加者に改善を誓った。

第2章　誤嚥事故

イ　食事介助の検討

　㋐　普段と異なる点に着目

　　次に，Ｓは，事故当日に普段とは異なっていた点について整理した。普段と異なった点を見落とすことにより，事故が発生する危険性が高まるからである。

　　Ｓは，「事故当日は，退院後普段は体温35.9度から体温36.5度であったところ，体温37.2度であったこと，普段は10：00頃に入浴し，入浴後30分間程度居室にて臥床していたところ，11：00頃に入浴し，居室にて臥床することなく，12：00から食事が開始されていた点が，普段と異なる点である。」と整理した。

　㋑　職員の判断根拠の聴取（検討手順ステップ④）

　　【事例3】の事故で検討すべきは，13：30頃に丙が食事支援を続けようと判断した点と，Ａ３が口を開けなかったり，丙がＡ３の口元まで運んだスプーンを手で払いのけようとしていたのに，丙が食事支援を続けようと判断した，2つの時点である。

　　Ｓは，このような点を意識して，まず，丙に対して，最初の時点の丙が食事支援を続けようと判断した理由について，質問した。

　　まず，丙は，「Ａ３の健康維持のためには，食事の維持・確保が重要であるところ（得られる利益），13：30頃のＡ３の食事摂取量が主食6・副食6であり，普段よりも少なかったので，私（丙）としては，食事介助を続ければ，Ａ３の食事摂取量が増える可能性も十分に見込まれたため（得られる利益の可能性），もう少しＡ３に摂取してもらうべく，食事支援を続けようと判断した。」と説明した。

　㋒　職員の判断根拠の検討（検討手順ステップ⑤）

　　このような判断が適切であったか否かについて，メンバーで話し合った。

　　Ｏは，「食事介助を継続することによって失われる利益の検討がなされていない点が問題であると思う。事故や虐待等が発生する場合に，ありがちなパターンである。何かの支援をする場合には，支援に

第2編　事故防止

よって失われる利益の検討を忘れてはならない。普段と異なる点に着目して検討してほしい。」とコメントした。

乙から，「体温が普段より高いことと，入浴時間が昼食時間に近く昼食前に休憩時間がとれていないことをも考慮すれば，13：30頃以降も食事介助を継続することは，食事開始から既に90分程度が経過しているので，体力的に消耗しており，食事が丙にとって苦痛となっていると考えられること，身体的負担が大きく誤嚥等の事故の危険性があることをも考慮すべきであった。」と述べた。

Sは，「最初の13：30頃の時点での判断は悩ましいところであるが，食事介助の支援を継続するか否か等，支援の判断に当たっては，支援継続のメリットとデメリットを考えながら，判断していくことが必要である。」とまとめた。

続いて，Sは，丙に対して，Ａ3が口を開けなかったり，丙がＡ3の口元まで運んだスプーンを手で払いのけようとしていたのに，丙が食事支援を続けようと判断した理由について，質問した。

丙は，この時点でも，「Ａ3の健康維持のためには，食事の維持・確保が重要であると考えていたので，もう少しＡ3に摂取してもらうべく，食事支援を続けようと判断した。」と説明した。

その後，続けて，丙は，次のように述べた。「皆さんの意見を聴いていて，私（丙）は，Ａ3の意思の尊重の観点や普段と異なる事実に対する着目とリスク評価の点が弱かったと思う。2番目の時点では，食事介助を中止すべきであった。最初の時点とは異なり，丙がＡ3の口元までスプーンを運んでも，Ａ3は口を開けなかったり，そのスプーンを手で払いのけようとしたのであるから，Ａ3の意思としては，食事介助の継続を拒否していると推測されることから，Ａ3の意思に反して食事介助を続けることは，身体的虐待にも当たり得るし，誤嚥等の事故の危険性がより一層高まっているからである。少なくとも，2番目の時点においても，私（丙）が食事介助を続けようと判断したのは，不適切であったと思う。」と述べた。

第2章　誤嚥事故

㈐　職員の判断過程の問題点の掘り下げ（検討手順ステップ⑥）

　Oとしては，丙の発言を聴いて，なぜ，丙が，支援によって失われる利益を考慮することができなかったのかの検討をさらに行う必要があると助言した。Oは，この点を多職種により集団で検討することによって，チーム全体の考え方が良い意味で統一化されるのを期待した。

　丁が，「たとえば，6月21日に，30分間自力摂取の後，60分間食事支援をすることによって，主食10・副食10を摂取できたことを過大に評価して，60分間食事支援すれば全量摂取できるという点のみが強調され，担当者職員を褒め称えていたことがあった。このような出来事が，チーム内で食事の維持・確保至上主義のような考えが浸透していったかもしれません。」と発言した。丙も「そのような出来事があったので，A3にもっと食事を摂ってもらわないと，と思った。そして，私（丙）も，A3に全量摂取してもらって他の職員に褒めてほしかった。」と発言した。

　Oは，このように，職場の雰囲気がともすると偏った又は誤った考え方を助長することになってしまう。普段から，自己決定権の尊重，利用者の意思決定に対する支援，意思決定支援によって得られた利用者の意思の実現を基本とすることを確認した上で，得られる利益と失われる利益の比較考慮を踏まえた，根拠に基づく施設サービス計画を立てたり，支援の判断をするという取組を強めていくことが重要であることを指摘した。

197

第2編　事故防止

第3章　転倒事故

　X法人のY施設（特別養護老人ホーム）の施設長Zから法人本部の本部長O
に対して次のような事故報告があった。いすれの事故も同じユニットで起
こったものであった。

　OはY施設で毎月開催されている，ユニットの事故検討会に，その都度，
参加した。同検討会でOはZらに対してどのように助言すればよいか。

　同検討会の参加者は，介護職員甲，乙，丙，介護主任P，看護師Q，施設
ケアマネジャーR，及び課長S，司会はSであった。

事例1 ● 支援中の事故の例

■利用者情報等
　Ａ１：88歳，女性，要介護３，障害高齢者日常生活自立度（寝たきり度）
Ａ２，認知症高齢者日常生活自立度Ⅱｂ，歩行は何かにつかまればできる，
移動時には歩行器使用。
■事故概要
　事故の種別：転倒事故，事故日：〇年５月３日午後２時30分頃，場面：
レクリエーション終了後居室に戻るとき，場所：リビング
■事故の経緯
〇事故までの事故歴
　〇年４月20日に，Ａ１が歩行器を使用して１人でリビングを移動してい
たときに，Ａ１の歩くスピードよりも歩行器が前に進んでいってしまったた
め，バランスを崩して，転倒したという事故があった。外傷なし。
〇事故日までの利用者の状況
　四肢麻痺なし。
　〇年４月20日の転倒事故以降，Ａ１は移動する際には必ず職員に伝えて
くれる。職員が駆けつける前に１人で歩き出すことはなくなった。
　加齢とともに徐々に痩せてきており，体力や下肢筋力が低下してきてい

198

る。

○事故当時の移動時の支援計画

A1は，できる限り自分の力で歩きたいとの希望が強いので，Ⅰ車いすは使用せず，移動時は歩行器を使用するとともに，職員が歩行器を持って歩行器を進めたりしない。

○年4月20日の事故以後，A1が歩行器を使って移動する際には，職員が1人付き添って，支援することになった。

具体的には，上記のⅠに加えて，Ⅱ職員は，A1の体調を考慮して，歩行器による移動が可能か否かを判断する。

ⅢA1が歩行器による移動ができると職員が判断した場合には，膝折れ等による転倒事故を防止するため，職員は，すぐにA1を支えることができるように，A1のやや後方に付き添って，A1の腰を軽く支える，場合によっては歩行器を押さえる等の支援をする。

Ⅳ職員は，A1の身体が歩行器から離れすぎないように確認したり，A1がしっかりと前に足を出せるように声かけする。

ことになっていた。

○事故日

A1は，午後1時30分から午後2時25分まで，フロアの比較的広いスペースで風船バレーに参加していた。

風船バレーが終わり，甲が後片付けをしていた，午後2時27分頃，A1が，トイレに行きたいと職員甲に伝えたので，職員甲が付き添うことになった。比較的広いスペースからトイレに行くまでには，右側に曲がる必要があった。トイレまでは10メートル程度であった。

職員甲は，椅子から支援によりA1に立ってもらい，A1が歩行器を両手で持った後，A1の右側のやや後方に位置して，左手で，A1の腰を軽く支えながら，付き添っていた。右に曲がらないといけない場所で，A1は，一旦，足を止める。職員甲は，その後，歩行器を右側に進むように誘導するため，職員甲は「右側に曲がりましょうね」と声がけし，左手をA1の腰から離して歩行器を持って，歩行器を右向きに方向転換したとき，A1は，歩行器の動きについていけずに，左膝が折れて，そのまま左膝を床に着く形で転倒した。職員甲はすぐに両手でA1の腰を支えたので，左膝を床で強くは打っていない。

■事故後の対応

職員甲は，他の職員（看護師）を呼ぶとともに，A1に痛みの確認をすると，「痛いことあらへん。大丈夫。」と言った。車いすを持って駆けつけてきた看護師と一緒に支援して車いすに座ってもらう。看護師が，A1の左下肢

第2編　事故防止

を屈伸させて痛みの確認をしても「痛いことない。」と言った。体温 36.2
度。血圧 120／80。

　その後，Ａ1が「トイレに行きたい。」と言ったので，歩行器を使用せず
車いすにて移動支援をした。トイレ内で，Ａ1は，車いすからトイレへの移
乗等を自分で行う。そのときも左膝の痛みの訴えなし。その後も，痛みの訴
えなし。

事例2 ● トイレへ誘導した後，離脱したときの事故の例

■利用者情報等

　Ａ2：90歳，男性，要介護4，障害高齢者日常生活自立度（寝たきり度）
Ｂ2，認知症高齢者日常生活自立度ⅢＢ，職員の指示を忘れてしまい動き出
すことあり，移動手段は車いす。

■事故概要

　事故の種別：転倒事故，事故日：〇年2月14日午後2時頃，場面：排泄
支援・トイレへ誘導した後，場所：3階東車いす用トイレ内

■事故の経緯

〇事故までの事故歴

　〇年1月25日に，職員がトイレⅠへ誘導した後，職員がトイレから離れ
ている間に，Ａ2がトイレⅠ内で，転倒したという事故があった。外傷な
し。

〇事故日までの利用者の状況

　移動は，車いすを利用。便座から車いす等への移乗は，基本的には，職員
が支援する。立位保持は困難。手すりを持ちながら腰を上げて移乗できると
きもある。

　おおむね午後2時頃にトイレに行くことが多い。

〇事故当時のトイレ内での支援計画

　〇年1月25日にトイレ内での転倒事故があったので，その改善策とし
て，便器での座位が長くなるときであっても，トイレに誘導した職員は傍を
離れず見守りを継続することになっていた。

〇事故日

　職員乙は，普段通り，午後2時頃に，Ａ2を3階東車いす用トイレ（以下
「トイレⅠ」という）へ車いすを押して誘導した。

　トイレⅠで，乙は，便器に対して車いすを，便座に座った状態から見て右
側に45°程度の角度でとめブレーキをかけて置いてから，Ａ2のズボンとパ
ンツを下ろし，車いすから便座への移乗支援を行い，Ａ2に便座に座っても

200

第3章　転倒事故

らった。いつもはすぐに排尿が終わるのに，数分経過しても今日はなかなか出なかった。Ａ2は，乙に対して，「出るのにまだ時間がかかる。」と言った。乙は，Ａ2に対して，ケアコールを指さして，「終わったらＡ2さんの左横にあるこのケアコールを必ず押して職員を呼んでください。」と伝えて，午後2時5分ころ，その場を離れた。乙は，トイレⅠのドア付近でＡ2の様子をみたとき，じっと便座に座っており，動く気配がなかったことを確認した。その際，車いすの位置を動かしていない。手すりもＡ2の左側に設置されている。

　午後2時10分頃，乙が，他の利用者のトイレ誘導をするために，Ａ2が使用している隣のトイレへと誘導していたとき，トイレⅠから「誰か。助けて～」と大きな声が聞こえたので，急いで駆け付けると，Ａ2はトイレⅠの手すり（便座に座った状態から見て左側）の方向に頭を下げた状況で向いており，壁（便座に座った状態から見て左側）と車いす（便座に座った状態から見て右側）の間に三角座りのような姿勢で座り込んでいた。乙がＡ2に対して，「どこか打ちましたか。」と尋ねたところ，Ａ2は「おでこが壁に当たった。」と言ったので，乙がトイレⅠ内でＡ2の外傷確認を行ったときには確認できなかった（なお，その後，右額が腫れていたのを発見する。）。車いすは，乙が置いた位置よりも後ろに15から20センチメートル程度ずれていた。Ａ2はズボンを臀部付近まで上げていた。

■事故後の対応
　省略

事例3 ● 居室内で転倒した事故の例

■利用者情報等
　Ａ3：90歳，女性，要介護3，障害高齢者日常生活自立度（寝たきり度）Ａ2，認知症高齢者日常生活自立度Ⅲa，歩行は居室内での2，3メートルであれば何かにつかまらないでできる。

■事故概要
　事故の種別：転倒事故，事故日：○年8月10日午前6時頃，場所：Ａ3の居室内

■事故の経緯
○事故までの事故歴
　入居して1年が経過しているが，事故は次の1回のみであった。○年7月7日に，Ａ3が，午前7時頃，居室内に設置しているポータブルトイレに行こうとして，転倒したという事故があった。外傷なし。

201

第2編　事故防止

○事故日までの利用者の状況

　居室外での移動は，杖歩行でふらつきはあるもののおおむね自立してい
る。おおむね午前7時頃に起床し，その後トイレに行くことが多い。

○事故当時の支援計画

　○年7月7日午前7時頃に居室内での転倒事故があったので，その改善策
として，起床時間の午前7時に訪室してモーニングケアを実施する。2時間
に1回，見守り（訪室してA3の様子を観察する。）を行う。移動する場合に
はナースコールを押すように繰り返し説明する。

○支援計画実施後の状況

　その後は，ポータブルトイレ等へ移動する場合には，A3は，ナースコー
ルを押して職員を呼び，職員が支援していたので，事故はなかった。

○事故日

　職員丙が，他の利用者の排泄支援中に，A3の居室からガタッという物が
動く音が聞こえたため，訪室した。そのとき，A3は，身体はポータブルト
イレの方を向き，ベッド柵（サイドレール）の方に顔を向け，右手でベッド
柵の下のほうを持ち，長坐位のような姿勢であった。A3は職員丙を見て，
「トイレ行こうと思ったらこけたわ」と説明した。パジャマは畳まれた掛布
団の上に綺麗に広げた状態で置いてあり，下着のみの状態であった。靴は
しっかりと履いていた。

　A3が「トイレに行きたい」と言うので，A3が丙を支援してトイレに
座ってもらった。丙がA3に，何があったのか尋ねると「トイレ行こう思っ
たら後ろにドカーン倒れたんや。なにが起きたんか分からんかった。お尻
打ってそれから頭もドカーン打ったんや。ああ痛たた。」と言いながらお尻
を擦っている。

■対応

　他の夜勤職員丁を呼び，丁と共にボディーチェックを行うと頭部，背部に
は発赤や腫れなど見られず，臀部の尾てい骨のある隆起した部分に2×2cm
程の発赤が確認できた。A3は頭を打ったことを気にしているが，臀部が痛
む様で自分の手で擦っている。

　直ちにバイタル測定する。体温＝36.4℃　血圧＝150／80　脈拍＝61
回／分　SPO2＝99％。測定中もお尻が痛いことを気にしており，お尻を
擦りながら「お尻が痛いわ。」と話している。職員丙がA3に対して頭の痛
みについて尋ねると，A3は軽く頷いた後に「あのな。ここ（ベッド柵）を
持って立った後，ここ（ポータブルトイレのアームレスト）を持ちながら移動
してこの（ポータブルトイレ）前に立ったんや。それで（右手でポータブルト
イレのアームレストを持ち，左手で蓋を開けるジェスチャーをする。）蓋開けたら

第3章　転倒事故

後ろにドスーンとこけてお尻打って頭（後頭部を押さえる仕草をする。）もドカンって打ったんや。それで右手でこれ（ベッド柵）を持って立とうとしたんや。」と説明する。口調は普段通りで呂律が回らない様子などはない。顔色も良く，しっかりと職員を見ながら説明する。呼吸も穏やかで取り乱した様子はない。吐き気や痙攣などもない。

　午前8時，丙は，看護師Qが出勤した後，Qに報告する。Qが確認したところ，体温＝36.3℃　血圧＝128／62　脈拍＝61回／分　SPO2＝99％。頭部外傷なく瘤や痛みなく，お尻が痛いと言っている。意識状態やADLの変化なし。念のため，頭部を打っているので，48時間の経過観察とする。

■事故後の対応

　以下，省略

【解説】

第1　転倒事故に対する基本的な理解

1　転倒・転落型の特徴

(1)　いつ発生するか予見するのが困難

　高齢者事故の多くは，転倒・転落事故である。高齢者は，身体的機能の低下によりバランスを失い転倒の危険が増すとともに，認知機能の低下により危険の予知能力や注意力が低下することにより，転倒・転落の危険が増加する。また，骨粗鬆症により，骨がもろくなっている場合が多く，少しの力で骨折し，転倒が思わぬ大怪我（脊椎の圧迫骨折や大腿骨頸部骨折等）に発展する可能性もある。

　転倒・転落事故は，下記(2)のとおり，いつ，どこで，どの場面で発生するのかを予見するのが困難であるとともに，瞬時に骨折等の結果が発生する可能性が高いため，転倒・転落事故防止のための対策をとるのが難しい類型である。

　もっとも，浴室での入浴及びトイレでの排泄のように，場所及び場面が特定され，これらの場所に留まる時間がある程度特定されている場合には，浴室又はトイレ内での転倒・転落事故の予見可能性が高まるといえる。

203

第2編　事故防止

(2)　発生時刻・発生場所等

　転倒による骨折事例の発生状況をみると，発生時刻については，誤嚥事故とは異なり，7％を超える時間帯はなく，比較的発生が多いのは，4時から7時台まで（4時台：4.8％，5時台：6.0％，6時台：6.9％，7時台：5.2％）の間，次いで18時から19時台（18時台：4.7％，19時台：5.2％）が多く，9時から10時台（9時台：4.7％，10時台：4.8％），14時台（5.0％）であった（H21三菱92頁，H21三菱図表107）。これらの時間帯は，利用者の起床後朝食までの間（4時から7時台まで），朝食後（9時から10時台），夕食後（18時から19時台）の時間帯に当たると思われる。

　また，発生場所は「居室・静養室（ベッド周辺）」が33.4％と最も多かった。「居室・静養室（上記以外）」14.9％を含めると，居室・静養室が48.3％となる。次に「食堂・リビング」が15.5％，「廊下・階段・エレベーター」が13.6％，トイレが11.3％（「トイレ共同」7.5％，「トイレ個室」3.8％），浴室・脱衣場・洗面所4.0％であった（以上，H21三菱92頁，H21三菱図表108）。このように，居室・静養室が非常に多いことが分かる。後述するが，利用者1人に対して常に職員1人を配置することは極めて困難であること，見守りといっても居室・静養室には職員の目が届きにくいことから，基本的には転倒を防止するための環境整備や利用者の生活リズムに応じた支援が重要となる。

　事故発生の場面は，「その他（不明を含む）」が最も多く，35.2％であり，次いで「休息・娯楽」（25.2％），「排泄」（24.0％）であった（H21三菱92頁）。

　発生場面別に発生場所を見ると，全体としては「休息・娯楽」場面で「居室・静養室（ベッド付近）」で発生する件数が多く，次いで「排泄」場面での「居室・静養室（ベッド付近）」「トイレ（共同）」，さらに「休息・娯楽」場面で「食堂・リビング」で発生した件数が多かった（H21三菱92頁）。もっとも，「排泄」場面での「居室・静養室（ベッド付近）」「トイレ（共同）」が多いことと，「夜間から明け方にかけて排泄のための移動中に発生し，報告される件数が多い」（H21三菱94頁）ことを踏まえると，排泄に関連する転倒事故が多いという特徴がある。よって，事業者としては利用者の

排泄リズムの把握が大切である。

⑶　事故による被害の内容

　事故種類の「ケガ及び死亡事故」の内容をみると，「転倒」が59.3％でもっとも多く，次いで「転落」が11.5％となっている（H 21 三菱72頁）。さらに，転倒の場合，被害の状況としては「骨折」がもっとも多くその62.4％を占める。これは報告事例の35.5％に相当する（H 21 三菱91頁）。「転倒による骨折事例の内容をみると，身体的被害のあった部位は「下肢」が最も多く65.7％であり，次いで「腰部・臀部」(11.5%)，「上腕部」(9.4％）であった。また，被害の程度については，「入院」が最も多く63.9％であり，通院は31.6％であった」（H 21 三菱94頁）。

　このように，「一度転倒すれば，骨折につながる可能性も高く，骨折が原因となっていわゆる寝たきり状態になり，さらに，身体機能の低下や認知症のBPSD（行動・心理状態）を引き起こす原因にもな」る（初任者 I 105頁）ので，転倒・転落事故の防止は重要である。大阪高裁平成19年3月6日判決賃金と社会保障1447号55頁でも「高齢者の転倒は，単に骨折のみならず，一度転倒を経験すると，その後転倒に対する恐怖心から日常生活動作能力（ADL）を低下させ，日常の生活空間と活動範囲を狭めてしまい，生活の質を著しく低下させ，時として転倒による怪我と合併症によって死にも繋がる可能性があ」ることを指摘している。

⑷　利用者の属性

　「男性よりも女性が多く，要介護4，5の重度の利用者よりも行動範囲の広い要介護3の利用者が多い」（H 21 三菱94頁）。移動できる能力が残存していることが前提となるので，より行動範囲の広い利用者の方が，転倒事故のリスクが高まるのは当然である。

⑸　個別性が高い

　利用者の身体障害の内容（四肢麻痺の内容・程度，視覚の障害，認知の障害等），利用者の移動手段（自立，杖，歩行器等），利用者の生活のリズム，利用者の移動パターン等，個別性が高いので，転倒・転落事故防止対策も，個別・具体的になることから，適宜対策を立てて，職員が確実に対策を実

第2編　事故防止

施していくのは難しい側面をも有する。

2　移動の自由の重要性

　人が，自分が行きたいところに，いつでも自由に移動して，その場で自分が望む様々な体験をしたいというのは，人として本質的な欲求であり，その人の生き方，生きがい等にかかわる重要な人権である（憲法22条1項）ので，移動の自由は最大限保障されなければならない。また，利用者が，快適に生活する上で必要な，食事・入浴・排泄・アクティビティー等を行うには，利用者が移動できることが重要である。このように，移動は，利用者が生き生きと笑顔で自分らしく生活していく上で，重要な人権であることから，権利保護施設としては，たとえ，転倒・転落事故がいつ発生するのかの予見が困難で，転倒・転落事故防止対策が利用者の個別性に合せていくという難しさがあるとしても，転倒・転落事故による骨折等の被害を防止することを，重要な課題として，真摯に取り組む必要がある。

3　転倒・転落のパターン

　権利保護施設としては，転倒事故が発生する前に，利用者が具体的にどのようにして転倒するのかを，できる限り予見すべきである。予見できなければ転倒事故を防ぎようがないからである。そこで，主な転倒・転落のパターンについて確認しておく。

(1)　車いすに関係する転倒・転落

　車いすに関係する転倒・転落には，車いすへの移乗，車いすからの移乗，車いす使用中の事故がある。これらには，職員の支援中と支援を受けていない場合がある。

ア　職員による支援を受けていない場合

　まず，車いす使用中の事故としては，落ちた物を拾おうとしてシートからずり落ちて転落する，利用者が前後に繰り返し上半身を揺さぶるため誤って車いすごと転落する，ブレーキをかけたまま無理に足で床を蹴って前へ進もうとして車いすごと転落する，自走中にハンドリム等が障害物に引っかかり車いすごと転落する，などがある。

　移乗に関する事故としては，車いすへの乗り降りの際にブレーキがか

かっていなかった等により車いすが動いて立った状態から転倒する，車いすから立とうとして転倒した場合や，車いすに座ろうとした際に下げたままになっていたフットレストに足を引っ掛けて転倒する，車いすに勢いよく座ろうとして車いすがその反動で後ろに倒れるなどして転倒する，利用者がシートまでの目測を誤りうまく座れず臀部から落ちて転倒する，利用者が車いすから立ち上がろうとした際に車いすのハンドルからカバン等をかけていたところその荷物の重さで車いすの前輪等が浮いたため足を引っ掛け転倒する，などがある。

車いすから立ち上がった状態から転倒に至る場合には，大腿部を打つ等により，骨折に至ることも多い。車いすから前に転落し，額や頭部を切ったり打撲をしたりすることもある。

イ　職員による支援を受けている場合

まず，車いす使用中の事故としては，浅座りの状態で職員が勢いよく車いすを押して転落する，勢いよく急なカーブを描いて回ろうとして転落する，臀部のクッションを２枚重ねて使用したまま勢いよく車いすを押して転落する，キャスターが溝にはまり急に車いすが止まったときの反動で転落する，などがある。高低差のある道路でブレーキをせずに停止して，そのまま職員が離れたところ，車いすが動き出して車いすごと転落する事故もある。転倒・転落事故ではないが，利用者の手や服が，ハンドリムやタイヤに当たるなどしてケガなどをすることもある。

移乗に関する事故としては，㋐の例に加えて，利用者の膝裏が伸びて立位がとれたのを確認する前に移乗を始めて膝折れして転倒する，利用者の患側の膝を職員の膝で押さえる等せずに移乗したため膝折れして転倒する，片麻痺のある利用者の患側方向へ移乗しようとして利用者がバランスを崩し支えきれずに転倒，車いすを止める位置を誤ったり，車いすの座面までの目測を誤ったため移乗先に適切に座ることができずに転倒する，介助する職員が足を滑らせたために利用者がバランスを崩し転倒する，などがある。

第2編　事故防止

(2)　歩いていて転倒・立った姿勢から転倒

ア　職員による支援を受けていない場合

　足腰の弱りから，歩いている途中や立っている状態，あるいは階段を下りている際などにバランスを失う，膝折れするなどして転倒する，フラットなところでも足のつま先が上がりきらず床で躓いて転倒する，身体の向きを変えようとしたときにバランスを崩して転倒する，他に段差や障害物等に躓き転倒する，床に水滴等があり滑って転倒する，覚醒していなかったり薬剤や体調不良のためふらつき転倒する，などがある。

　立った姿勢からの転倒では倒れたときの衝撃が大きく，大腿骨骨折，頭部傷害，足の関節の損傷等の事故がある。

イ　職員による支援を受けている場合

　利用者の前方を職員が歩いていたため後方の利用者がバランスを崩したのを気付かずにそのまま転倒する，利用者と職員が対面となり両手引き歩行をしていたところ利用者が後方へバランスを崩した際に手を握った状態であったため支えきれずに転倒，両手引き歩行時に前方の職員のペースが速かったために利用者が前方へ転倒，職員が片麻痺のある利用者の健側に立って歩行介助をしていたため利用者が患側からバランスを崩して転倒，職員が利用者の患側に立って利用者の手を握っただけの歩行介助をしていたため利用者が患側からバランスを崩した際に支えきれずに転倒，方向転換をしようとして利用者の身体の向きを変えようとしたところ利用者がバランスを崩し職員が支えきれずに転倒，などがある。

(3)　ベッドからの転倒・転落

ア　職員による支援を受けていない場合

　移乗時以外のベッドからの転落の態様は，ベッド柵を取ったり，可動の柵を動かしたり，ベッド柵を乗り越えようとしたり，ベッド柵が外れたり，柵と柵の隙間から転落したり，落ちた布団を取ろうとしたり，布団を直そうとして転落，ベッドの上に立ち高い所の物を取ろうとして転落，などがある。

208

ベッドからの転落の場合，頭から落下することもあり，頭部や額，目の周辺の打撲や大腿骨等の骨折もある。

イ　職員による支援を受けている場合

職員による支援を受けている場合としては，ベッドからポータブルトイレ，車いす等への移乗が考えられるが，これらの事故態様は，前述の(1)イとおりである。

(4)　居室内での転倒

職員による支援を受けていない場面での転倒には，ポータブルトイレ，居室外のトイレ，食堂・リビング等へ移動する途中，居室内で，上記2アのような転倒，カーテンを開けようとしたり，パンツやズボン等の着脱をしようとしたり，何かを取ろうとしたり，拾おうなどしたときに，バランスを失う等して転倒，立位保持ができないのに立ち上がろうとして転倒，寝起きでバランスを崩して転倒，などがある。

第2　事故発生時・直後の対応

1　緊急性の判断

(1)　緊急性の判断をする際の着眼点

転倒・転落事故の場合には，下腿の骨折が多いので，緊急性が高いとまではいえない場合が多いと思われる。もっとも，特に頭部を打った場合には，頭蓋内出血や頸椎損傷などを起こして，致命傷に至る可能性もあるので，初期対応が重要となる。呼びかけて反応があるかどうか，呼吸はどうか，頭部を打っているかどうか，出血があるか等を確認する必要がある。

(2)　応急処置等

上記の状況を把握して，必要に応じて，気道を確保して人口呼吸をしたり，心肺蘇生やAEDを使用したり，止血をしたり，緊急搬送等をする必要がある。緊急時の対応は，第2編第1章第2の1（99頁）のとおりである。

外出等，施設外で転倒等の事故が発生した場合には，他の職員の応援が得られにくく，応急処置に使用する物品等も少ないので，対応策を十分に検討する必要がある。施設外で事故が発生した場合に，直ちに，施設内職

209

第2編　事故防止

員（特に看護師）に連絡できるように携帯電話を持って出かけるべきである。

(3)　事故報告書や看護・介護記録等

　　事故報告書や看護・介護記録等を読んでいると，転倒事故が生じた場合に，頭部を打ったか否かについて，職員が利用者本人に確認をした内容についての記載がなかったり，利用者に対して頭部を打ったか否かの確認をしたことの記載がないものが散見される。特に，転倒事故後に病院へ搬送しない場合には，事業者がなぜ搬送をしなかったのかについて立証する必要があるので，頭部を打っていないこと（頭部を打っていたとしても，又は頭部を打っていない場合でも），血圧，脈拍及びSPO2等の測定値，意識状態や呼吸状態が正常であったこと，嘔吐，吐き気，痙攣がなかったこと，手足の動きが正常であること，出血や腫脹等の外観上での異変がなかったこと，利用者が痛みを訴えていなかったことなどを正確に記載しておくべきである。

2　医師の診察を受けさせる義務

(1)　医師の診察を受けさせる義務あり

　　医師の診察を受けさせる義務について，次の裁判例が参考になる。

　　通所介護サービスを受けていた利用者が，午後4時頃，送迎車両から降りようとして転倒したところ，翌日午前10時頃に，病院で受診した結果，右大腿骨頸部骨折の傷害を負っていたことが判明した事案について，医師の診察を受けさせる義務が問題となった（なお，転倒に至った点の過失は否定されている。）。東京地裁平成25年5月20日判決判時2208号67頁は，まず，一般的に「利用者である原告の生命，身体等の安全を適切に管理することが期待されるもので，介護中に原告の生命及び身体等に異常が生じた場合には，速やかに医師の助言を受け，必要な診療を受けさせるべき義務を負うものと解される」。このように，介護サービス事業者は，医師の診察を受けさせる義務を負っている。

　　なお，適時に医療機関に受診させなかった場合には，ネグレクトにも当たり得ることを付言しておく（第1編第5章第1の2(1)イ（76頁）参照）。

210

第3章　転倒事故

(2)　義務違反を判断する際の考慮要素

　次に，上記義務違反の有無の検討では，「その義務の内容やその違反があるかどうかについては，本件契約が前提とする被告の人的物的体制や原告の状態等に照らして判断されるべきものである。」とした。

3　様子観察

　転倒事故の直後に緊急搬送等をしなかった場合には，利用者に対する様子観察を行うことになるが，様子観察開始後，利用者に異常が認められた場合に，いつ病院への搬送等を行うべきかについて，問題となった裁判例についてみていく。

(1)　頭部を打った場合

　ア　様子観察の着眼点

　　利用者が頭部を打ったことが認められる場合には，意識，呼吸状態，嘔吐，吐き気，痙攣等の有無を確認して，意識状態や呼吸状態が悪くなっていたり，嘔吐，吐き気，痙攣を起こしていれば，基本的には緊急搬送すべきであろう。もっとも，脳内出血等は，医療機関での検査をしないと分からないことから，速やかに治療ができない介護施設においては，これらの点で異常がなくとも，緊急搬送等をした方が望ましい。

　　事故直後に，上記のような状態になく，病院へ搬送しなければ，施設で様子観察をすることになるが，様子観察をする際には，上記の点に着目して，上記の点で異常が認められれば病院へ搬送すべきであろう。

　イ　転倒事故⇒様子観察⇒病院への搬送に問題がなかった例

　　緊急搬送すべきか否かの判断に当たって，参考となるのが，東京地裁平成24年5月30日判決自保ジャーナル1879号186頁である。これは，介護認定を受けた原告が，被告の短期入所生活介護施設に入所して介護を受けていたところ，原告が転倒して頭部を受傷する事故が発生した案件である。事故に関しては次の事実が認められる。事故当日「午前6時20分ころ，原告の個室のセンサーが反応し，センサー反応から約15秒後，原告の居室から「ドスン」という物音があり，被告の職員は原告がベッド脇に右側臥位で倒れているのを発見した（以下，この転倒事故を「本

211

件事故」という。）。原告には意識障害はなく，頭部の痛みを訴えた。被告の職員が原告の身体を確認したところ，後頭部にたんこぶがあった。原告は，同日午前 10 時 10 分，ａ病院で受診し，CT 検査を受けたところ，前頭部に出血が確認され，同日午後１時５分，転送されたｂ病院で，頭部打撲による脳挫傷（両側前頭葉に挫傷）と診断された。」。

このような事案に対して，事故から受診に至るまで，約３時間 50 分経過していたため，被告が，本件事故後，ただちに原告を病院に救急搬送すべきか否かが争点となった。

これに対して，「原告には本件事故後意識があったこと，被告は原告を経過観察していたところ原告が午前９時 55 分になって吐き気を訴えたこと，原告は午前 10 時 10 分に病院に搬送されたことが認められるのであるから，被告が本件事故後直ちに原告を病院に救急搬送すべき状況にあったとはいえない。」と判示した。本件では，被告である施設は，事故後様子観察を継続して，利用者が吐き気の訴えがあったのを認めてから，速やかに病院へ搬送しているので，搬送義務違反が認められていない。

このように，頭部を打った事案の場合には，様子観察を継続して行い，異常が認められた場合には，速やかに搬送すべきである。

なお，午前６時 20 分頃の事故直後のご本人の心身の状況について，上記裁判例では「意識があった」点のみ記載があるが，事故報告書等には「意識・呼吸正常。嘔吐・吐き気・痙攣なし。頭部の出血・腫脹なし」などと書くことに加えて，バイタル測定をしたのであれば，体温，SPO2 等の検査結果の数値も書く方がよい。

(2) 頭部を打っていない場合などのように生命に対する危険があるとまでいえない場合（転倒事故⇒様子観察⇒病院への搬送に問題があった例）

前記の東京地裁平成 25 年５月 20 日判決は，次のように判示している。

事故当時の午後４時頃，「原告は，何らかの理由により本件車両から降車しようとした際に右足に圧迫を受け，「痛い。」という言葉を発して

車外に前屈みになるように転倒したが……，外傷，腫れや熱感などの異常が確認できなかった上，原告が，痛みを訴えつつも自力で歩行できる状態であった」が，その後職員は「同日午後7時及び午後11時ころの二度にわたり，トイレに立った原告が腰の痛みを訴えていたことを認識して」いたこと等を理由に，「被告……は，原告が本件事故により転倒し，身体の内部に生じた何らかの原因によって右足ないしは腰部に痛みを生ずる状態となったことや，その後，この症状が短時間に解消するものではなく，継続的なものであることを認識したのであるから，遅くとも職員が原告の痛みの状態を確認した同日午後7時ころまでには，医師に相談するなどして，その助言により原告の痛みの原因を確認し，医師の指示に基づき，その原因に応じた必要かつ適切な医療措置を受けさせるべき義務を負ったというべきである（一般的に，高齢者が転倒した際に骨折，捻挫，脱臼等の傷害を負う危険が高いことは知られており，骨折している場合には，速やかにその部分を固定して医療機関の治療を受けさせるべきであること，骨折をした場合でも患部を動かすことができる場合があることについては，高齢者の介護を担当する介護施設において当然に認識すべき知見であると解される。）。」と判示した。

医師が常駐していない介護サービス事業であるので，利用者の心身の状況に異常が確認できなければ，事故後即時に医師に相談する義務までは負わないにしても，事故後に痛みを生ずる状態が継続していたような場合には，痛みの原因を確認すべく，少なくとも医師に相談すべきである。

権利保護施設としては，かかりつけ医等の医師の連絡先を把握し，利用者に異常が認められた場合に，迅速に医師に連絡できるようにすべきである。

(3) 【事例3】の事故報告書

頭部を打った例である事例3について，検討した。対応欄を読むと，丙は，事故直後の状況について，詳細に記載できている。すなわち，外観上確認できる範囲内での全身の状況，Ａ3の様子，バイタルの測定の結果，

第2編　事故防止

A3から転倒に至った経緯の聴取，意識・呼吸状態などについて，詳細に記載されていることが分かる。

その後，看護師に引き継ぎ，看護師が確認したA3の状況を記載している。その後，48時間経過観察している。

対応の記録としては，十分に記載できている。

頭部を打った転倒事故を記載した事故報告書を読んでいると，事故直後の利用者の心身の状況の記載が不十分な例，転倒に至った経緯について利用者から聴き取っていない例，看護師に引き継ぎせず看護師が利用者の心身の状況を確認していない例，経過観察をしていない例などが散見される。頭部を打った転倒事故の場合，死亡や重度の傷害結果が発生する可能性も十分に考えられるので，【事例3】の報告書を参考に丁寧に記載すべきである。

第3　事故の原因分析

1　i事業者に転倒事故の予見可能性があったか

(1)　本人の心身の状態の把握

ア　転倒事故やふらつき等の有無や頻度

転倒事故を防止するための「安全配慮義務の内容を具体化するに当たっては，事業者が認識していたか又は認識すべきであった個別の患者等の心身の状態を前提として，患者等がどのような状況でどの程度転倒・転落する危険性があるのか，事業者はこれを踏まえてどの程度の防止措置を採らなければならないのかを具体的に検討する必要がある。その際，患者等に直近の転倒・転落歴があれば，転倒・転落の予見可能性が高まるため安全配慮義務違反は肯定されやすくなる」（判タ1425号70頁）。確かに，1回転倒した利用者は再度同じような状況で転倒する危険性は高いといえる。

そこで，権利保護施設としては，利用者に転倒事故が発生した場合には，いつ，どこで，どのように転倒したのかを具体的に把握して，原因を分析するとともに，転倒事故を防止するための具体的な措置を検討し，実施すべきである。

214

第3章　転倒事故

　もっとも，転倒事故に至っていない場合でもあっても，権利保護施設としては，ふらつき等のヒヤリハット事案が頻繁に認められる場合には，転倒事故の防止措置を検討して実施すべきであろう。

イ　ハインリッヒの法則（1：29：300の法則）の視点を活用する

　転倒事故の段階として，重大なものから，①頭部等の身体の枢要部の強打による死亡や重度の後遺症結果が生じた事案，②四肢の骨折等により，重度の後遺症結果が生じた事案，③骨折等の外傷はあったが，後遺症などもなかった事故，④転倒はしたが，外傷等もなかった事案，⑤ふらつき等はあったが，転倒には至らなかった事案，などが考えられる。

　通常，訴訟に至っているのは，上記①及び②であると思われる。これらは，重大な事故に該当するのは当然である。⑤の事案はヒヤリハットでよいであろう。③の事案が，重大な事故又は軽微な事故のいずれに当たるか（いずれにしても事故であるので，この区別に拘泥することなく，事故として十分に検討すべきであろう。），④の事案が軽微な事故又はヒヤリハットのいずれに当たるかは施設の状況に応じて決めればよいと思われる。

　裁判所としては，上記①及び②の前段階として，③乃至⑤を位置付け，転倒事故の有無やふらつき等の有無や頻度を重視していると思われる。

　そうであれば，権利保護施設としては，④の事案は，ハインリッヒのいう重大な事故の前段階の軽微な事故として位置付け，上記①及び②（③を含んでも良い。）の重大な事故に至らないように，十分に検討すべきであろう。

ウ　事故前日までの事実

　①利用者の身体状況（身長，体重，視力，聴力等），②障害の部位・状態（麻痺等の有無，関節の可動域の制限の有無），③座位保持や両足・片足での立位保持が相当時間継続してできるか，④何かに掴まらなくても歩行ができるか，何かに掴まることが必要な場合の移動手段，⑤利用者の移動パターンを観察してトイレ等に行く際の動作に不安定さがないか，⑥車いすを利用している場合には車いすから立ち上がろうとする際の動作に不

215

第2編　事故防止

安定さがないか，車いす等の操作の確実性の程度，⑦認知症の有無・程度・周辺症状の内容（特に職員の指示を理解して利用者が行動できるか，場面や場所が変わったことを認識できるか），他には服薬状況などを確認する必要がある。これらの事実から，本人が転倒・転落する可能性の程度を推測していくことになる。

　安全配慮義務違反を肯定する裁判例は，上記の項目のいくつかを指摘している。指摘した事実が多いので，安全配慮義務違反を肯定した裁判例の中から，参考のために例を列挙する。①利用者の身体状況として，体重が減少傾向にあったこと，視力障害があったこと，②障害の部位・状態として，軽度ではあるが左上下肢の片麻痺があったこと，両膝の関節は90度の屈曲制限があり，両足の関節は強度の浮腫で充分に動かず，内反転気味に変形傾向がみられること，③座位保持・立位保持として，立位保持ができたのが杖等を利用すれば30秒から1分程度の短い時間に過ぎなかったこと，④移動手段として，室内は伝い歩き又は杖歩行，歩行器を使用していたこと，⑤歩行時の不安定さとして，歩行時に前のめりになりやや右に傾き不安定であったこと，⑥車いすからの移乗等の不安定さとして，車いすからベッドへの移動の際に立位をとった場合にバランスを崩していたこと，⑦認知症の症状として，認知症で意思の伝達が困難であったこと，頻繁にトイレに行き来する行動傾向があったこと，などを指摘している。これらの事実が1つあったことをもって当然に事故の予見可能性があったと判断しているのではなく，これらの事実を総合的に考慮した上で，転倒事故の予見可能性があったか否かを判断している。

　このように，裁判例では多くの項目に着目しているが，事業者として，これら全ての項目を常にチェックして，適宜利用者に対する支援方法等を見直してくのは，人的物的体制上困難である。

　そこで，少なくとも，転倒事故が発生したか，又は，ふらつき等ヒヤリハット事案が頻繁に認められる場合に，転倒事故の防止措置を検討して実施していくことになると思われる。さらに，質の高いサービスを目

指すのであれば，サービス利用開始時，状態変化時，及び定期的に転倒・転落アセスメント・スコアシートを作成（又は改訂）して，危険度に応じて，防止措置を検討して実施することが望ましい。

転倒による骨折のリスク評価については，H 25 三菱 32 頁の図表 9 を参照するとよい。

（参考）転倒を未然に防ぐためのアセスメント例（ゼロ 27 頁）

- 視覚（視力，視野など），聴覚，バランス感覚などの低下はどの程度か。
- 拘縮，麻痺などによる運動機能の低下はどの程度か。
- 起居・移動動作はどのように行っているか。
- 体調（低血圧，めまい，発熱など），パーキンソン病や認知症などの疾病の状況はどうか。
- 転倒を起こすような薬（催眠剤，降圧剤，抗うつ剤，狭心症治療剤など）は使用していないか。
- 生活環境（床照明，段差，手すりなどの施設，設備環境や，介護用具，衣服，履き物など）はどうか。
- 転倒したことがある場合，いつ，どのような状況で，何が原因で転倒を起こしたのか。

エ　事故日当日の事実

さらに，①当日の利用者の覚醒状況（昨夜一睡もしていない，最近昼夜逆転している・不眠である等），②心身の状態や異変の有無（熱がある，血圧が高い又は低い，体調不良等），③歩行状態等の事実（ふらつきがある，右又は左に傾いて歩いている等），④その他普段と異なる点（そわそわして落ち着きがない，誰に対しても大声で注意している等）をも把握しておくべきである。普段と異なる様子がある場合に，これらの事実を見落としてしまったために，普段通りの支援（おおむね転倒・転落のリスクが極めて低いとして利用者の見守りさえしていない）をした結果，転倒・転落事故に至るケースも散見される。

安全配慮義務違反を肯定する裁判例の中で，上記の項目を指摘する例

217

第2編　事故防止

は少ない。ただ，仮に，事故前日まで転倒の危険性が低かったとしても，事故日当日の事実によっては，転倒事故の予見可能性が認められる場合がある。安全配慮義務違反を肯定した裁判例では，②心身の状態や異変の有無として，「認知症の中核症状ばかりか周辺症状も出現していたことからすれば，多数の入居者とともに静穏に過ごしていた1階食堂からひとり離れて本件リビングに誘導されるという場面転回による症状動揺の可能性があったこと」（大阪高裁平成19年3月6日判決賃金と社会保障1447号54頁），④その他普段と異なる点として，事故日当日は「それまでストレッチャーを使用して，病室から透析室までの移動を行っていた患者が，移動方法を車いすに変更した後，最初の透析の機会であったこと」（東京地裁平成24年11月15日判決判タ1388号264頁）を考慮しているものもある。

　事故日前日までに，一定程度の期間継続している事実については，アセスメントして，転倒事故の危険度を評価して防止策を検討するための準備時間があるが，事故日当日に，普段とは異なり利用者の心身の状況が悪化するなど，転倒の危険性が高まっている場合，又は，上記の大阪高裁平成19年3月6日判決例のように，事故日当日に，転倒事故の危険性を高める状況を作り出している（事故を誘発している）場合には，事業者としては，防止策を講ずる時間的余裕がない。

　そこで，事業者側の支援により転倒事故の危険性を高める状況を作り出している場合には，普段から，チームで，いかなる支援が転倒事故の危険性を高めるかを検討して，危険性が高いと思われる場合には，その危険を低めるための対策も併せて検討するように，努めるべきである。また，普段と異なる事実（利用者の心身の状況が悪化等）が確認できた場合には，その事実を速やかに情報共有するとともに，人員体制上困難な点もあると思われるが，できる限り，見守りを強化する等の対策を実施することが望ましい。

第3章　転倒事故

(2)　利用者の生活リズムの把握

ア　転倒・転落事故が発生する時間・場所・場面を特定するのは困難

　転倒・転落事故は，基本的に，いつ，どこで，どの場面で発生するのかを予見するのは困難である。特に，食堂・居室等のように，利用者が長時間滞在する場所では，24時間，いつ転倒・転落事故が生じるのかを予見するのは困難である。そうすると，前記(1)の事実を収集・整理して，転倒事故の危険度を評価して，転倒の危険性を予見したとしても，常時職員が利用者に付き添うことができない以上，利用者が転倒する危険性の高い，時間，場所，場面をある程度特定できなければ事故を防止することはできないことになってしまう。

イ　利用者の目的・行動パターンの把握が重要

　しかし，転倒・転落事故が発生する時間・場所・場面を特定が全くできないものではない。利用者は，自ら説明できるか否かは別にして，移動する目的や理由があるはずである。転倒・転落事故は，利用者は，トイレ，居室に行く等の目的で移動しようとした際に，発生することが多い。仮に，転倒・転落事故が発生する時間・場所・場面を特定できれば，事業者としては，利用者の移動・移乗の際に，職員がその場に付き添い，見守り，適切な介助ができれば，転倒・転落事故を防ぐ可能性は高まる。限りある人的体制の中でより効果的に転倒・転落事故を防ぐためには，危険度に応じて，特定された時間・場所・場面で支援してくことが求められる。

ウ　事故直後に利用者から移動の目的・理由を聴取する

　事故報告書等を読むと，職員が利用者に対して何をしようとして移動したのかを聴き取っていないものが散見される。転倒・転落事故防止のためには，利用者が移動した目的や理由を把握することが先決であることを忘れてはならない。また，利用者自らが移動した目的や理由を表明できない場合には，事故直前及び事故当時の客観的な情報から利用者が移動した目的や理由を推測することも求められる。

219

エ　24時間シート等の活用

　例えば，移動目的がトイレに行くことであった場合には，権利保護施設としては，時間・場所・場面をできる限り特定するために，24時間シート等を活用し，排泄リズム等の行動パターンを把握するために，十分なアセスメントを行い，利用者の生活リズムに合わせて，職員が，訪室，声掛け等を行うことになろう。このような対応をしていれば，事業者としては，転倒・転落事故を防ぐために，十分な対応をしたといえるであろう。

オ　認知症高齢者に対して

　認知症のある高齢者の場合，不穏状態等により普段の生活のリズムを把握するのが難しい場合がある。トイレ等の特定の目的以外の目的や理由で移動することもある。しかし，生活のリズムの把握が困難であるとの理由で，諦めるのではなく，権利保護施設としては粘り強く支援していくべきである。

　まず，利用者は，何時頃に不穏な状況となり多動になりやすいのか，その前後はどのように過ごしていたのか，特に不穏な状況に至る前に利用者に対して職員はどのような支援を行ったのか（職員の支援がきっかけとなって利用者が不穏状況に至る場合が散見される）を，24時間シート等を活用して1，2週間程度記録を作成する。さらに，利用者から聴取した希望や不安，生活歴等から，利用者が希望していることやこれまで行っていたことを把握するとともに，これらのうち施設でできていないこと（又は制限していること）がないか（例：毎朝，ポットの湯でコーヒーをいれて飲むのが日課であったのに禁止している。），又は，職員が利用者にとって苦手な場面を作っていないか（例：静かなところが好きな利用者をわざわざテレビの前に誘導する。）等を検討すべきである。利用者の希望，不安，生活歴等を踏まえて，その人らしい生活が送れるように適切に支援しているのかを検討すべきである。施設が適切に支援することにより，認知症のある利用者の精神的安定を図ることができれば，不穏状態によって惹き起こされる多動による転倒・転落の防止につなげることができよう。そう

すれば，他は，上記のとおり，利用者の生活リズムに合わせて，職員が，訪室，声掛け等を行うことになろう。

　なお，福祉的対応によっても，利用者の不穏状態が軽減できない場合には，精神科医に相談する必要もあると思われる。この場合には，向精神薬を過剰に服用させることがないようにする必要がある（第1編第3章第2の3（48頁）参照）。

カ　生活リズムの把握の重要性を示す裁判例

　利用者の生活リズムの把握により事故防止に努めたことを理由に事業者の責任を否定した裁判例ではないが，利用者の生活リズムに即した支援の重要性を示すものとして，福島地裁白河支部平成15年6月3日判決判時1838号116頁が参考になる。

　「本件施設ではポータブルトイレの清掃は，朝5時と夕方4時の定時に1日2回行うこと」になっていたところ，事故日当時「夕刻，利用者は，食堂で夕食を済ませ，自室……に戻ったところ，自室のポータブルトイレの排泄物が清掃されていなかったので，夜間もこれをそのまま使用することを不快に感じ，これを自分で本件処理場に運んで処理しようと考え」，「同日午後6時ころ，ポータブルトイレ排泄物容器を……トイレに排泄物を捨てた後，その容器を洗おうとして隣の本件処理場に入ろうとしたところ，出入口の本件仕切りに足を引っかけて，本件処理場内に転倒した」事故について，「居室内に置かれたポータブルトイレの中身が廃棄・清掃されないままであれば，不自由な体であれ，老人がこれをトイレまで運んで処理・清掃したいと考えるのは当然であるから，ポータブルトイレの清掃を定時に行うべき義務と本件事故との間に相当因果関係が認められる。」と判示した。

　これは，施設が決められた時間にポータブルトイレの清掃を怠ったために，転倒事故を誘発した事案であるが，裏を返せば，施設が決められた時間にポータブルトイレの清掃を実施しておれば，転倒事故を防止できたといえる。このことから，利用者の生活リズムを把握して，そのリズムに応じた支援を実施できれば事故を防止できることを示すものとい

える。

他に，神戸地裁伊丹支部平成 21 年 12 月 17 日判決判タ 1326 号 239 頁
参照。

キ　事故検討会

事故検討会で，支援中の事故以外の事故について検討する場合，今回
の転倒事故の時間，場所，場面を，当該利用者の生活リズム等から，あ
る程度特定することが可能であったのかを検討すべきである。

特定できない場合には，少なくとも，次回から，今回の事故の具体的
態様に着目して，当該利用者が転倒した時間帯，場所，場面について，
普段よりも注意して見守りを実施したり，他の環境面の整備等を実施す
る必要がある。

特定できる場合には，なぜ，事故前に転倒事故の危険性を示す事実に
着目できなかったのかを分析し，その原因を分析し，対策を立てるとと
もに，今後の転倒事故の危険性予測の判断の際に考慮していくべきであ
る。

ク　事例検討～【事例３】について

生活リズムについて検討すべき事案としては，冒頭の事例でいうと，
【事例３】が検討事例に当たる。

○年７月７日午前７時頃に居室内での転倒事故があったことを踏まえ
て，Ａ３がおおむね午前７時頃に起床し，その後トイレに行くことが多
いという生活リズムを把握して，起床時間の午前７時に訪室してモーニ
ングケアを実施するとの再発防止策を立てて実施していたのは，よい取
組みである。

Ｓは，今回の事故は，○年８月 10 日午前６時頃に発生しており，こ
の時間頃にＡ３が起きて歩き出すことを予見できたのかを検討すること
を提案した。

Ｐによると，事故当日まで，基本的には，Ａ３は，夜間熟睡していた
が，念のために２時間に１回の見守り（訪室してＡ３の様子を観察する。）を
行っていたとのことであった。

普段の生活リズムからは，午前6時ごろの転倒事故を予見するのは困難であったと結論付けた。

もっとも，事故前の直近の見守りを実施した午前5時ごろのA3の様子によっては，事故を予見できた可能性があるので，この点は，後で検討する（238頁）。

(3) 環境面

ア　自分1人で歩きたいという気持ちは最大限尊重されるべき

歩行が不安定となり転倒・転落リスクが高まっても，自分1人で歩きたいという意欲のある利用者に対して，4点柵をベッドに設置する等により移動を制限するのではなく，適切に福祉用具を選定したり，家具等の設置場所を変更する等により，現在よりもより確実に利用者が安全に移動できるように支援することが，権利保護施設の職員としては，絶対に忘れてはならない視点である。

私が，訪問介護の相談員をしていたときに，左下肢を膝関節の上から切断したある利用者（90歳女性）が，医師から自分の力で立つことも移乗することもできないと言われて退院し，数か月経ったころ，自宅でベッドからポータブルトイレへの移乗を1人でできるようになった場面に出会ったとき，利用者は涙ながらに本当に心から喜んでいたのを覚えている。自分の力で立つ，移乗する，歩く等は利用者にとってはかけがえのないことだと今でも肝に銘じている。

イ　環境面の整備の重要性

また，転倒・転落事故の多くは，利用者が1人だけのときに（職員による支援がないときに）発生している。利用者に対して24時間365日常時見守り等の何らかの支援を実施することは極めて困難であることから，転倒・転落事故の防止のためには，環境面の整備が重要となってくる。

ウ　環境面の整備は事業者の義務

㋐　工作物責任的要素

特に，転倒・転落事故の場合には，事業者の法的責任を根拠づける要素として，「加えて工作物責任的な要素が，事業者側の法的責任を

認めるいわば補強的な論拠として持ち出されることが多い。すなわち施設の設備等がより安全に保ってあれば，事故は防げたとの趣旨である。」（長沼健一郎『介護事故の法政策と保険政策』（法律文化社，2011）219頁）という点を踏まえて，工作物責任的な要素の観点から，転倒・転落事故のリスクを低減するための環境整備について，検討しておく必要がある。

(イ)　工作物責任を認めた裁判例

　工作物責任を認めた裁判例として，福島地裁白河支部平成15年6月3日判決判時1838号116頁がある。95歳の要介護度3である女性が，老人保健施設内にある汚物処理場において，その出入口に存在していた高さ87ミリメートル，幅95ミリメートルのコンクリート製凸状仕切り（以下「本件仕切り」という。）に足を引っかけ転倒した事案に対して，同判決は，「本件施設は，身体機能の劣った状態にある要介護老人の入所施設であるから，その特質上，入所者の移動ないし施設利用等に際して，身体上の危険が生じないような建物構造・設備構造が特に求められているというべきである。……しかるに，現に入所者が出入りすることがある本件処理場の出入口に本件仕切りが存在するところ，その構造は，下肢の機能の低下している要介護老人の出入りに際して転倒等の危険を生じさせる形状の設備であるといわなければならない。……これは民法717条の『土地の工作物の設置又は保存の瑕疵』に該当するから，被告には，同条による損害賠償責任がある。」と判示している。

(ウ)　工作物の瑕疵とは

　「工作物の瑕疵」とは，工作物（福祉施設）として通常備えるべき安全な性状を欠いていることをいう。建物自体には瑕疵がなくても，段差のある場所に手すり等がなく転倒・転落の危険が内在しているような施設につき，それらを回避するための適切な設備が設置されていなかったというような場合には，被害の蓋然性・重大性，危険の明白さの程度，危険回避の技術的可能性とコストなどの総合的な事情を考慮

して，瑕疵といえるか否かが判断される。例えば，歩行能力，認知力等が低下した要介護状態にある利用者が，施設の玄関に40cmほどの段差があるときに，スロープや手すり等がない場合に，転倒・転落により生命・身体という重大な法益の侵害の危険性が相当程度認められるのに対し，スロープや手すりの設置は容易で，コストもそれほどかからないといえる場合には，事業者が責任を負う事情の1つになるといえる。

㈘　転倒・転落時の衝撃の最小限化の視点も必要

　例えば，ベッドからの転落に備えて，超低床ベッドや衝撃緩和マット等の利用も検討すべきである。

㈙　事故検討会でのチェックポイント

　よって，事業者としては，利用者の行動パターンを把握し，動線に歩行の妨げとなる物品（じゅうたん，マット，電気コード等）がないかを確認し整理する，段差がないか，移動先に椅子等があるか，移乗する先の椅子等が簡単に動かないようになっているか，足元の明るさ等を確認する。

　車いすについては，移乗の際，ブレーキがかかっているか，フットレストが上にあがっているか，シートがきちんと広がっているか等を確認する。

　事故検討会では，上記の情報収集及び情報共有等が十分であったのかを検討する必要がある。

エ　誘発事例

■裁判例〜施設内

　基本的には，各場所での環境整備については，ⅱ結果発生回避のための対策をとっていたか（247頁）で，詳しく述べるが，予見可能性の判断に当たって参考となる点を少し触れておく。事故報告書を読んでいると，職員が利用者を転倒・転落事故の可能性が高まる場所へと誘導している事案が散見される。利用者を危険性の高い環境下においた場合には，転倒・転落事故の可能性が高まるので，職員が利用者に付き添う

第2編　事故防止

か，転倒・転落事故が起きそうになったときにすぐに転倒・転落事故を
防止のために支援できるように見守る等の安全配慮義務が認められるこ
とになる。それにもかかわらず，転倒・転落事故の可能性が高まってい
ることを予見できていないために，付き添い・見守り等の支援を怠り，
転倒・転落事故を招いてしまっているのである。

　職員が支援したことによって，支援前よりも却って転倒事故等の危険
性を高めたにもかかわらず，その危険性を低めるための支援をしなかっ
たために，発生した事故を，ここでは誘発事例という。誘発事例には，
結果として利用者にとって危険性の高い場所へわざわざ誘導したパター
ンと，結果として利用者が苦手な環境に身を置かせることによって利用
者の普段とは異なる行動を惹き起こさせるパターンがある。後者につい
ては，上記(2)オ認知症高齢者に対して，220頁を参照。

　施設内の環境面の危険性を指摘した裁判例として以下のようなものが
ある。

(ア)　トイレへの誘導

　転倒・転落事故の発生場所の11.3%をトイレが占めているように，
トイレ内の事故も比較的多い。事故報告書を読んでいると，複数トイ
レがあるにもかかわらず，わざわざ危険性が高くなるトイレを選択し
て誘導している事故が散見される。利用者が我慢できないところに，
危険性の低いトイレが使用中のために，やむを得ず危険性の高くなる
トイレを利用せざるを得ないこともあると思われるが，そうでない限
り，より危険性の低いトイレを選択して誘導するという視点ももつべ
きである。

　この点で参考になるのが次の裁判例である。通所介護施設の「2階
には，複数のトイレがあるが，……本件トイレの内部は，車椅子を使
用して利用しやすいように，本件施設の通常の女性用トイレと比べ広
く」，「本件トイレは入口から便器まで1.8メートルの距離があり，横
幅も1.6メートルと広く，しかも，入口から便器までの壁には手すり
がないのであるから，原告が本件トイレの入口から便器まで杖を使っ

て歩行する場合，転倒する危険があることは十分予想し得る」（横浜地裁平成 17 年 3 月 22 日判決判タ 1217 号 263 頁）と指摘しているとおり，職員が，杖歩行の利用者に対して，車いす用の広いトイレに誘導したために，転倒事故を誘発してしまっている事案が散見される。

　他には，裁判例ではないが，転倒事故を誘発してしまった事案として次のような事故報告例がある

- 普段，手すりが横に設置されているトイレを利用している利用者に対して，そのトイレが空いていたにもかかわらず，手すりが縦に設置されているトイレに誘導したために，手すりを持っていた手が滑って転倒した事案
- 便座の高さが高いトイレと低いトイレがあるところ，利用者の身長が低いにもかかわらず，便座の高いトイレへ誘導した後に，職員が他の利用者の支援のためにトイレ内から離れた間に，トイレ内で転倒した事案

　事業者としては，とりあえずどこでもよいからトイレに誘導するというのではなく，利用者の心身の状況や利用者が普段使用しているトイレ等を把握して，より危険の低いトイレを選択して誘導すべきである。

(イ)　その他危険性の高いところへの誘導

　見守り不足の事案であるが，「原告が，静養室での昼寝の最中に尿意を催すなどして，起きあがり，移動することは予見可能であった」ことから，静養室入口の段差（静養室は，畳敷きであり，床との段差が約四〇センチメートルあった。）から転落するおそれもあったといわざるを得ない点を指摘している（福岡地裁平成 15 年 8 月 27 日判決判時 1843 号 133 頁）。このように段差などで危険性の高いところに誘導した場合には，見守りを強化する必要がある。

(ウ)　危険性の高い環境に対する安全対策をすべき

　施設内を普段から定期的にチェックし，危険な設備や箇所があれば，そのまま放置せずに，安全対策を速やかに実施すべきである。こ

第2編　事故防止

の点で参考になる裁判例として次のようなものがある。

「被告の経営する老人保健施設に入所していた利用者Aが，同施設内の浴室に入り込み，自ら給湯栓を調整して湯を満たした浴槽内で死亡した事故につき」，「本件施設の入居者の多くは認知症に罹患していて，かつ，徘徊傾向を有しており，Aも同様であった」ことを前提に，「浴室は，認知症に陥っている入居者が勝手に利用すれば，濡れた床面で転倒し骨折することもあるし……，急激な温度の変化により血圧が急変したりして心臓に大きな負担がかかるのみならず……，湯の温度調整を誤ればやけどの危険性もあり，さらには利用者が浴槽内で眠ってしまうことにより溺死するなどの事故が発生するおそれも認められるのであるから，具体的な危険性を有する設備に該当するというべきである」にもかかわらず，「本件浴室と隣接する浴室との間の扉……は施錠されておらず……，脱衣室から本件浴室へ入る扉……も施錠されていなかった」ことから，「たとえ本件事故発生前において，Aが勝手に浴室に入ろうとしたことがなく，これまで同種の事故がなかったことを前提としても，徘徊傾向を有する入居者が，浴室内に進入することは予見可能であったというべきである」と判示している（岡山地裁平成 22 年 10 月 25 日判決判タ 1362 号 162 頁）。

(エ)　結果的に危険性の高い状況を作り出してしまった事案

　他には，裁判例ではないが，結果的に危険性の高い状況を作り出してしまい，転倒事故を誘発してしまった事案として次のような事故報告例がある。

- 口腔ケアのときに，洗面所に洗面台が2つあるうち，利用者は，普段，右側を使用していたのに，左側に誘導し，「椅子をここに置いておきます」と言って，椅子を置いて職員が離れたところ，利用者は椅子の置いていない右側に移動して，座ろうとしてそのまま転倒した事案
- ベッドやポータブルトイレの位置が決められていたにもかかわらず，居室内の清掃をしたときに，ベッドやポータブルトイレの位

228

第3章 転倒事故

置がズレて距離が離れていたため，ポータブルトイレの手前で座りきれずに転倒した事案

オ　裁判例〜施設外の注意点

施設外に散歩等で外出する場合には，施設内とは異なり，段差，溝，砂利道・でこぼこ道・坂道や障害物等，転倒の危険性が高いところが多くなる。また，施設外で利用者を支援する場合には，施設内よりも職員人数が少なく他の職員によるフォローの機会が少ないので，職員1人ひとりが施設内に比してより一層転倒事故の危険予知に努めなければならない。

(ア)　足場がよいとはいえない場所ではより慎重に

例えば，デイケアで，利用者Aを自宅まで車で送ったときに，Aが車から下車したので，職員甲が，踏み台を片づけるなどの作業をしている間に，Aが，路上において転倒した事案について，「本件事故当時，亡Aは，自立歩行が可能であって（筆者注：本件事故当時，Aは，何かに掴まりながらでないと歩けないとか，付添人が手を貸さなければ歩けないなどということはなく，自立歩行が可能であった。），簡単な話であれば理解し，判断する能力が保たれていた……（筆者注：簡単な話であれば理解し，判断することができ，例えば，その場に起立しているように指示した場合，その指示を理解し，そのとおりにすることは可能であった。）」にもかかわらず，「貧血状態にあって，体重も減少傾向にあったのであるから，ささいなきっかけで転倒しやすく，また，転倒した場合には骨折を生じやすい身体状況にあった」こと，「本件事故の現場は，一部未舗装の歩道であって，必ずしも足場のよい場所ではなかったのであるから，Aが転倒する可能性があることは事業者において十分想定することができたと考えられる。」と判示した（東京地裁平成15年3月20日判決判時1840号20頁）。このように，施設職員としては，施設内とは異なる施設外での危険箇所を十分に把握して，転倒事故の危険予知力を高めていくべきである。

229

第2編　事故防止

(イ)　平坦な場所でも事情によっては慎重に

　平坦な場所であるからということで，安心できない。平坦であったとしても他の事情によっては危険性が高まるので，職員は，常に危険予知に努める必要がある。例えば，訪問介護の通院介助中に，利用者が転倒した場所が病院玄関前の平坦な場所であったとしても，「<u>本件事故当時，外は土砂降りの雨であり，本件事故現場は屋内であるとはいえ建物の出入り口であって雨によりタイル張りの床面が滑りやすくなっていたと推測されるのであるから</u>，このような場合，事業者の担当者である甲としては，内科の玄関からAを誘導する際，荷物をタクシー内に置くなどして自らの身体の動きを確保したうえ，Aの左の腕を組み，腰に回すかあるいは体を密着して転倒しないように病院外に出るべき義務があったというべきである。」と判示した裁判例がある（東京地裁平成17年6月7日判決ウエストロー・ジャパン）。このように，平坦な場所であったとしても，滑りやすくなっていないか，マット等の躓きやすい物がないか等も観察して，転倒事故の危険予知力を高めていくべきである。

(4)　予見可能性について否定した裁判例

　適切に事故対応をしていくには，早期に今回発生した転倒・転落事故について，事業者の責任が認められるか否かについて，見立てを立てた上で，謝罪や補償を行う必要がある。見立てを立てる参考として，予見可能性について否定した裁判例についてみておく。

　ア　職員の知らない間に居室で転倒していた事案

　Aが入居していた介護老人保健施設で，午後3時10分から午後4時までの50分にわたり利用者Aに対する見守りを実施していない時間帯に，<u>Aが職員の知らない間に1人でデイルームから居室内へとシルバーカーを押して移動し，シルバーカーを持ったままベッド横足元側で転倒していた事故</u>について，事業者の転倒事故の予見可能性を否定した事案がある（福岡高裁平成24年12月18日判決賃金と社会保障1591・1592号121頁）。1審の地裁判決では「50分間という時間間隔は，認知症に罹患してい

230

る入所者に，何らかの事故の危険が具体的に生じ，又は，現に事故が起こった時に，速やかに駆けつけ，対処ないし救助できることができる時間とは到底言えないところであり，50分にわたり原告を放置してしまった被告には，この点で，動静確認を怠った過失があるというべきである」と事業者の過失責任を認めていた（福岡地裁大牟田支部平成24年4月24日判決賃金と社会保障1591・1592号101頁）が，高裁判決では，「転倒はその性質上突発的に発生するものであり，転倒のおそれのある者に常時付き添う以外にこれを防ぐことはできない」という点を考慮して，Aがレビー小体型認知症に罹患しており，入居時に事業者に対して，「Aの転倒防止に留意するようにとの要望がなされたことを踏まえ，Aに対し，その歩行時にはシルバーカーを用いて歩行するよう注意し，<u>シルバーカーにおもりを入れてその安定性を確保するなどしていたところ……，</u>Aには，<u>本件事故以外に，シルバーカー使用時の転倒事故が生じた事実はなかった</u>ことからすれば，<u>事業者において本件事故に対する予見可能性があったものと認めることはできない。</u>」と判示している。

　このように，事業者としては，常時の見守り義務は課せられていないことから，今回発生した転倒事故の具体的態様に着目した上で，同様の転倒事故の有無（例：上記判決はシルバーカー使用時の転倒事故というように事故の態様を限定して，同様の事故の有無について検討していることに注意。）・頻度や今回発生した転倒事故が発生した場面・場所・時間帯でのふらつき等の事実に着目して，転倒事故の危険性を予測して，危険度に応じてできる限りの対策を講じるべきである。全ての事故を防止するのは，不可能である。上記判決の施設は，「シルバーカーにおもりを入れてその安定性を確保するなどしていた」のであるから，シルバーカー使用時の転倒事故を想定していなかったのである。予見の対象は，単に転倒事故というような抽象的なものではなく，上記判決のように，シルバーカー使用時の転倒事故のようにある程度具体的な事実をいう。上記判決もシルバーカー使用時の転倒事故を予見できなかったと判示しているのである。できる限りのことを実施して，事故の危険性を低めていたならば，

事故が発生したとしても事故の予見は困難であるので，施設としては不可抗力の事故として評価してよい。

　事故報告書を読んでいると，予見困難な事故についても，原因分析を行って，職員の人的ミスや適切な環境を整備できなかった施設のミスとして検討しているものがあるが，全ての事故を予見するのは極めて困難であるので，今回発発生した事故はやむを得ない事故として評価した上で，再発防止策の検討に重きを置くべきである。

イ　職員が傍にいたときの事案

　職員が利用者の傍にいたときは，職員は利用者の転倒時に目を離さなければよかったといえるので，事業者の過失責任が認められやすいといえる。しかし，このような場合でも転倒事故の予見可能性を否定した裁判例がある。

　利用者A及びBがデイケアの施設内1階の階段の下へ案内された後，職員甲が，Aに階段を上るように促し，Bを介助して階段を上らせようとAに背を向けている間に，Aが階段を上ろうとして転倒した事案で，事業者の転倒事故（事故日は平成21年6月30日）の予見可能性を否定した事案がある（前掲東京地裁平成15年3月20日判決）。

　まず，転倒事故歴や事故発生日前日までの利用者の心身の状態について。「入院時の転倒転落アセスメント・スコアシートの記載」が，危険度Ⅰ（転倒・転落の可能性がある）から危険度Ⅲ（転倒・転落をよく起こす）までのうち「同年6月4日入院時」，「分類A「年齢」の2点のほか，分類D「精神的機能障害」の「判断力・理解力・注意力の低下」の4点に該当，合計6点，危険度Ⅰと評価されて」おり，「分類B「既往歴」の「転倒したことがある」，「転落したことがある」，分類C「身体的障害」の「ふらつき」，分類E「活動状況」の「移動時介助」については非該当となってい」たこと，「同年6月4日は「入院方法・独歩」，同月6日は「一人独歩で自宅に退院される。」と記載されてい」たこと，「同年6月6日作成の「褥瘡対策に関する診療計画書」には，日常生活自立度について，「ほぼ自立，隣近所へは独力で外出できる」ことを意味する

「Ｊ２」と記載されてい」たこと，「①原告（Ａの子）方は，エレベーターのない公営住宅である本件住宅の４階にあり，外出の際は，手すりこそ付いているものの階段を昇降する必要があること，②亡Ａは，……入退院以外にも，原告方から一人で外出して，散歩をしたり本件住宅に隣接する……「△△施設」を利用し，時には原告と衝突して長時間外出していることがあったこと，③平成21年６月18日に被告職員が原告方を訪問した際，亡Ａは一人で外出しており，在宅していた原告は「徘徊している。」などと応答し，格別心配する様子を見せなかったこと，④原告は，一時休職をしていたが，同月15日から仕事を再開して出勤し，その間亡Ｃが一人で過ごしていたこと」，「被告アセスメント表……には，「Ⅱ．ADL（日常生活動作）」の「歩行」は「自立」，「転倒（６カ月内）」は「ない」，「歩行，立位，座位でのバランス」は「安定」と記載されてい」たこと等から，「亡Ａは，本件事故当時，歩行は自立し，支えなく一人で移動しており，階段も日常的に一人で上り，杖や介助を必要としていなかったこと，そして，転倒歴もなかったことを認めることができる」と判示した。

　このように，東京地裁平成15年３月20日判決は，６か月以内に転倒事故歴がなかったこと，Ａが階段を上ろうとして転倒したという具体的な事故態様の点に着目して，階段の昇降が自立であったことを重視していることが分かる。よって，事業者としては，転倒事故歴の有無，今回発生した転倒事故の具体的態様の場面における歩行の不安定さの有無・内容についてチェックすることになる。

　また，事故発生日当日の利用者の心身の状況について，「体調不良等の訴えがあれば本件施設においてメニューを変更する対応が取られており，本件階段横に設置されている昇降リフトの使用も可能であったところ，本件事故当日，そのような訴えがあったことはうかがえないこと」と，事故発生日当日の利用者の心身の状況に変化がなかったことを確認している。事業者としても，事故発生日当日の利用者の心身の状況の変化の有無はチェックすべきである。

233

第2編　事故防止

　次に，環境面について。「①本件階段の左側壁面には手すりが設置されており，本件住宅の階段と比べても，特に段差が急であったり，手すりの位置や形状にも問題はないことが認められ，他に床が特に滑りやすいなどの事情もうかがわれず，本件階段下には1段段差があるが，上り口左手前の壁面にも手すりが設置され，右側には手すり同様の昇降リフトのバーもあるなど，事故の危険がことさら高い場所であったとは認められない」と判示している。このように，事業者は事故が発生した場所の危険性についてもチェックしておくべきである。

　以上のように，事業者としては，今回発生した転倒事故の具体的態様に着目した上で，前記1の(1)（214頁）及び(3)（223頁）を参考にチェックして，事業者の責任が認められるか否かについて，見立てを立てればよい。また，権利保護施設としては，前記1の(2)（219頁）をもチェックして，利用者の生活リズムに合わせて見守りをしていたところ，事故が発生した時間帯は見守りが不要だと判断していたことも確認するとよい。さらに，常時の見守りが無理であることの代わりとして，本件事故のリスクを低減するための対策も講じていた否かもチェックすべきである。

　また，仮に，今回の転倒事故を具体的に予見できた場合でも，事業者として，転倒事故の危険性を低めるために，できる限りの事故予防対策を実施していたか否かを検討して，見立てを立てればよい。この点は，3(2)（248頁）を参照されたい。

(5)　事例検討〜予見可能性の検討

　Oとしては，前記「i 事業者に事故の予見可能性があったか」（214〜230頁），後出3(3)（251頁）を参考に，客観的事実を確認する。

ア 【事例1】について

チェック項目 ＊上記(1)乃至(3)参照		客観的事実	甲の認識	予見可能性の判断	
				甲	標準的な職員
本人の心身の状態	事故歴等	①〇〇年4月20日に，A1が歩行器使用中に歩行器が前に進んでいってしまい転倒した事故あり。	①×（不知）	甲は，①の事実を知らなかったために，甲が歩行器を右向きに方向転換したときにA1が転倒することを予見していなかった。	①から⑥の事実を前提にすると，予見できた。 ＊②から⑥の事実を前提にしたとしても予見できたといえる。
	事故前日まで	②歩行は何かにつかまればできる。 ③移動時には歩行器使用。 ④加齢とともに徐々に痩せてきており，体力や下肢筋力が低下してきている。	②〜④〇（知っていた）		
	事故当日	⑤午後1時30分から午後2時25分まで，風船バレーに参加していた。	⑤〇（知っていた）		
生活リズム		支援中の事故であるので特に検討不要。			
環境面		⑥10メートル程度離れたトイレに行くまでに，右側に曲がる必要があった。 他には，歩行器がA3に適していたのかの問題はあり得るかもしれないが，今回の事故としては適していたとする。履物等も問題なし。	⑥〇（知っていた）		

　司会Pが，転倒事故につながる危険性のある客観的事実として，上記表のとおり整理した。このような整理を行う際に大切な観点は，事故の

第2編　事故防止

具体的態様や結果から，今回の事故につながる事実を拾い出すことである。今回の事故の態様及び結果は，甲が歩行器を右向きに方向転換したとき，Ａ１は，歩行器の動きについていけずに，左膝が折れて，そのまま左膝を床に着く形で転倒したという事実である。特に，上記①・④・⑤・⑥が重要である。

司会Ｐが，甲に対して，これらの事実を事故当時知っていたかについて確認したところ，上記表のとおり回答した。

さらに，Ｐが，甲が歩行器を右向きに方向転換したときにＡ１が転倒することを予見できていたかについて質問したところ，甲は，「上記①の事実を知らなかったので，まさかＡ３が転倒するとは思わなかった。」と回答をした。

Ｏは，職員の危険予知能力を高める必要があると思い，仮に上記①の事実を知らなかったとして，上記②から⑥までの事実を知っていたとした場合に，他の職員は，今回の転倒事故を予見できたか否かについて質問した。

丙は，「Ａ１は，④加齢とともに徐々に痩せてきており，体力や下肢筋力が低下してきていたので，膝折れなどしやすくなっていた。施設内でも運動系のアクティビティは月に数回程度であるところ，Ａ１は，⑤午後１時30分から午後２時25分まで，風船バレーに参加していたためあるから，普段よりも，疲れていたのであるから，施設の中では比較的長い距離である，⑥10メートル程度離れたトイレに行くまでや右側に曲がる際に，膝折れ等により転倒する危険性が高くなっていたと考えることもできる。」と述べた。

あくまで結果論ではあるものの，このように，職員の危険予知能力を高め合うために，職員同士で意見を出し合い，どのような事実に着目して，事故の危険性を判断していくのかについて，考え方を身に着けていく必要がある。

次に，Ｏは，甲の回答を聴いて，上記①の事実を知っていたら，今回の転倒事故を予見できたかを，甲に質問をした。甲は，「上記①の事実

を知っていたら，方向転換したときに，Ａ３が歩行器についてこられず
に転倒したかもしれないと思ったと思う。」と回答をした。

　この点は，チームとしての課題ともつながるので，後で検討すること
になった。

イ　【事例２】について

　Ｐは，事例２及び３についても，事例１と同じように整理した。整理
した結果は，次の表の通りであった。

チェック項目 *上記(1)乃至(3)参照		客観的事実	乙の認識	予見可能性の判断	
				乙	標準的な職員
本人の心身の状態	事故歴等	①○○年１月25日に，職員がトイレへ誘導した後，Ａ２がトイレ１内で，転倒したという事故があった。	①○	乙が離れているときに，Ａ２が一人で車いすへ移乗しようとしてＡ２が転倒することを予見していた。	乙が離れているときに，Ａ２が一人で車いすへ移乗しようとしてＡ２が転倒することを予見できた。
	事故前日まで	②移動手段は車いす。③立位保持は困難。手すりを持ちながら腰を上げて移乗できるときもある。④職員の指示を忘れてしまい動き出すことあり。	②～④○		
	事故当日	特に普段と異なる事情なし。			
生活リズム		支援途中（離脱）の事故であるので特に検討不要。			
環境面		⑤便器に対して車いすを45度程度の角度にとめブレーキをかけた。	⑤○		

　乙は適切に予見できていたので，司会Ｐは予見可能性の検討を不要

第 2 編　事故防止

とした。

ウ　【事例 3】について

チェック項目 ＊上記(1)乃至(3)参照		客観的事実	丙の認識	予見可能性の判断	
				丙	標準的な職員
本人の心身の状態	事故歴等	①〇〇年 7 月 7 日午前 7 時頃に居室内での転倒事故があった。	①〇	A 3 が午前 6 時頃に，A 3 がナースコールを押さずに一人で動き出し，居室内で転倒することを予見していなかった。	A 3 が午前 6 時頃に，A 3 がナースコールを押さずに一人で動き出し，居室内で転倒することを予見できなかった。
	事故前日まで	②歩行は居室内での 2，3 メートルであれば何かにつかまらないでできる。 ③居室外での移動は，杖歩行でふらつきはあるもののおおむね自立している。 ④ナースコールを押して職員を呼び，職員がポータブルトイレへの支援をしていた。	②〜④〇		
	事故当日	特に普段と異なる事情なし。			
生活リズム		⑤おおむね午前 7 時頃に起床し，その後トイレに行くことが多い。	⑤〇		
環境面		⑥ベッド柵・ポータブルトイレを設置。	⑥〇		

　　居室内での転倒事故のように，職員の目が届かない場所・時間帯での事故の場合には，見守り体制（3(5)283 〜 291 頁）及び環境整備（3(3)251 〜 268 頁）が問題となる。

　　そこで，Ｏは，上記①から⑥までの事実を前提にしたとき，午前 6 時ごろに転倒することを予見できたか，又は，A 3 がナースコールを押さ

第3章　転倒事故

ずに自ら動き出して転倒することを予見できたかを検討するよう助言した。

　丙や他の職員の意見をまとめると，上記表のとおりであった。

　Oも，A3は，おおむね午前7時頃に起床し，その後トイレに行くことが多いことから，1時間程度前の午前6時頃に起きてトイレに行くことを予見するのが困難であったと考えた。Y施設が，A3の起床時間の生活リズムを把握していたため，施設としては，午前6時頃の事故を予見するのは難しかったといえる。このように生活リズムの把握は，リズムと異なったA3の行為の予見を否定する方向での根拠となるので，限りある人員を効果的に事故防止のために活用する点からも重要である。

　また，Oは，○年7月7日の居室内での転倒事故以後，A3に対して繰り返しナースコールを押すことを説明して，現に事故前までは，ナースコールを押して職員を呼び，職員がポータブルトイレへの支援をしていたという事実から，A3がナースコールを押さずに自ら動き出して転倒するという具体的な事故の予見は困難であったと考えた。

　以上のように，転倒事故が発生したからといって，転倒事故を全て予見するのが極めて困難な場合もあるので，このような場合には，事故直前に普段と異なったことがあったのか，今後の事故の再発防止策として，見守り体制（3⑸283 ～ 291頁）及び環境整備（3⑶251 ～ 268頁）をどうすべきかをチーム内で議論することになる。

2　事故報告書の作成

⑴　転倒事故の事故内容及び経緯で書くべき事実

　本人の心身の状態に関する事実として，1⑴（214 ～ 218頁）記載の事実を記載する。

　転倒事故の原因分析を適切に行うには，事故に至る経緯を具体的に特定することが必須である。事故に至る経緯をリアルに再現できるかが最重要である。

　事故に至る経緯に関する事実として，利用者から聴取した事故に至る経緯に関する事実，及び職員や他の利用者等が見たり聞いたりした事故に至

第2編　事故防止

る経緯に関する事実を記載する。特に，利用者から転倒に至った経緯など
を質問して聴取することが重要である。利用者に対して，転倒に至った経
緯などを聴く際には，何をしようとしたのか，どうして今のような状態に
なったのか，ナースコールを押さなかった理由など，職員を呼ばなかった
のはなぜか，などについて，できる限り詳しく聴取すべきである。聴取し
た内容は，職員の言葉でまとめるのではなく，利用者の言葉をそのまま書
くべきである。聴取しても利用者からの回答が得られなかった場合には，
返事がなかったことを書くとともに，事故当時の利用者の心身の状況を観
察して，それらの事実を書くようにすべきである。また，職員自らが見た
内容については，主語を職員にして，何を見たのかを具体的に書く。「職
員は，転倒した利用者が，○時○分頃，○○で，○○をしようとして，○
○のように転倒したのを見た。」，などと書くようにする。他の利用者が見
たことを聴き取った場合には，職員が，他の利用者から，聞いた内容を，
職員は，他の利用者から，「転倒した利用者が，○時○頃，○○で，○○
をしようとして，○○のように転倒した。」と聴いた，などと書くように
する。

　利用者や職員等の説明から，事故に至る経緯を具体的に特定できればよ
いが，現実には，これらから特定するのは難しい。事故の多くは事故に至
る経緯を推測していく必要がある。そのための情報として，以下の事実を
書く必要がある。また，再発防止策のうち，特に環境面の整備を適切に検
討するためにも，事故後の対応の適切性を証明するためにも，以下の事実
の記載は重要である。

　事故発見時の状況については，利用者の心身の状況や周辺の環境につい
て，具体的に書く。

　まずは，全体像を分かりやすくする必要がある。そのために，利用者の
姿勢，周辺の状況，利用者と家具・福祉用具等との位置関係等をイラスト
や写真を用いてわかりやすく記録すべきである。

　次に，転倒時や転倒発見時の利用者の心身の状況として，身体の姿勢
（頭部や四肢の位置も含む。），向き（仰臥位，伏臥位など），他に，衣類の状況，

240

履物や靴下なども具体的に書く。失禁をしていた場合は，ズボンや靴下などの濡れ状況も書く。トイレに行こうとして転倒する事故が多いので，排泄の状況として，オムツや尿とりパットの状態とその汚染状況，トイレ内の汚染，便器の蓋の開閉状態についても書く。

転倒事故後，職員が観察した利用者の健康状態として，バイタルサイン，外傷や痛みの部位・有無・程度，出血の状況（流れている，固まっているなど），皮膚の変化（傷の状況や色）などを書く。他には，ベッド，他の家具や福祉用具などに付着している血液の有無やその状況などを書く。

さらに，環境状況として，転倒した場所付近にある，家具や福祉用具等の状況（事故前と比較して動いていたならばその位置や状況）なども書く。

適切な原因分析及び再発防止策を検討するには，以上のように，多面的に具体的に転倒事故の事故内容及び経緯を書くことが不可欠の前提と言っても過言ではない。

(2) 事例検討

事故報告書の例として，事例1〜3を挙げた。この程度書いてあれば十分であろう。

ア【事例1】（支援中の事故事例）について

ここでは，私が，事故報告書を読んでいて，書き方がよくないと思う悪い例を挙げてから，悪い点を指摘する形で説明する。

㈠ 悪い例

• 事故内容

○年5月3日午後2時30分頃，甲が，Ａ１をトイレ誘導するために，歩行器による移動に付き添っていたときに，Ａ１が転倒した。

• 対応

Ａ１に痛みなし。看護師に看てもらう。

第2編　事故防止

(イ)　悪い事故報告書をよくするために

	悪い例	事例1の報告書
α 事故前の利用者の様子	記載なし。	A1は，午後1時30分から午後2時25分まで，フロアの比較的広いスペースで風船バレーに参加していた。
β 事故直前の支援内容	甲が，A1をトイレへ誘導するために，歩行器による移動に付き添っていた	職員甲は，A1の右側のやや後方に位置して，左手で，A1の腰を軽く支えながら，付き添っていた。右に曲がらないといけない場所で，A1が一旦足を止め後，職員甲は，歩行器を右側に進むように誘導するため，甲は「右側に曲がりましょうね」と声掛けし，左手をA1の腰から離して歩行器を持って，歩行器を右向きに方向転換した。
γ 事故態様	そのときに，A1が転倒した。	そのとき，A1は，歩行器の動きについていけずに，左膝が折れて，そのまま左膝を床に着く形で転倒した。
δ 事故後の対応	A1に痛みなし。看護師に看てもらう。	職員甲は，他の職員（看護師）を呼ぶとともに，A1に痛みの確認をすると，「痛いことあらへん。大丈夫。」と言った。車いすを持って駆けつけてきた看護師と一緒に支援して車いすに座ってもらう。看護師が，A1の左下肢を屈伸させて痛みの確認をしても「痛いことない。」と言った。体温36.2度。血圧120/80。

　支援中の事故の場合には，支援内容の適切性の検討が重要である。

　α まず，事故当時の事実しか書いていない事故報告書が散見されるが，事故直前に利用者がどのように過ごしていたのかを書くべきである。事故検討会で，転倒事故の予見可能性の検討や事故当時なすべき支援の内容等の検討に当たって，事故当日の利用者の状況に関する事実も重要だからである。

　β 事故直前の支援内容を書くに当たって簡単に書くべきところと具体的に書くべきところの強弱を意識すべきである。【事例1】では，右側に曲がろうとしたときに事故が発生したので，そのときの支援内容を具体的に書くべきである。支援中の事故の場合には，支援内容の問題点を検討することが重要だからである。右側に曲がるときまでは特に問題がなさそうであれば，そのときまでの経緯は簡単に書いてもよい。悪い例

242

のようにすべてを簡単に書かれてしまうと，甲の支援の何が問題であったのかについて検討さえできなくなってしまう。これでは，職員の資質向上のための対策を実施することができない。【事例１】程度に具体的に書くべきである。

γ　事故態様については，悪い例のように，単に「転倒」だけ書いてしまうと，その後，Ａ１の心身の状況が悪化した場合に，どのような転倒なのかが分からないので，悪化原因がＡ１の疾病によるものであったとしても，今回の事故に起因していると家族等に疑いを抱かれてしまう等の弊害が考えられるので，支援中の事故では事故態様を職員が見ている場合が多いのだから，【事例１】のように具体的に書くべきである。

δ　対応についても，悪い例では，「Ａ１の痛みなし」では，そのように書いた根拠が不明である。このように書いたことを裏付ける具体的な事実を，事例１のように具体的に書くべきである。

イ　【事例２】（離脱事例）について

　㋐　悪い例

　・事故内容

　　○年２月14日午後２時05分頃，乙が，Ａ２をトイレⅠへ誘導した後，尿がなかなか出ないので，他の利用者の支援のために，乙は，トイレⅠから出て，他の利用者の支援をしていたところ，トイレⅠからＡ２の声が聞こえるので，駆け付けると，Ａ２が転倒していた。Ａ２に外傷なし。

第2編　事故防止

(イ)　悪い事故報告書をよくするために

	悪い例	事例2の報告書
α 離脱する際の利用者の様子	記載なし	・A2はじっと便座に座っており，動く気配がなかった。 ・A2は，乙に対して，「出るのにまだ時間がかかる。」と言った。
β 離脱する際のフォロー	記載なし	・乙は，A2に対して，ケアコールを指さして，「終わったらA2さんの左横にあるこのケアコールを必ず押して職員を呼んでください。」と伝えた。 ・便座に座った状態から見て右側に45度程度の角度でとめブレーキをかけて置いていた。
γ 発見時の利用者の状況	転倒していた	・A2の頭がトイレ1の手すり（便座に座った状態から見て左側）の方向に下がった状況で向いており，壁（便座に座った状態から見て左側）と車いす（便座に座った状態から見て右側）の間に三角座りのような姿勢で座り込んでいた。 ・A2はズボンを臀部付近まで上げていた。
δ 発見時の環境状況	記載なし	車いすは，乙が置いた位置よりも後ろに15から20センチメートル程度ずれていた。
ε 事故後の利用者の心身の状況	外傷なし	乙がA2に対して，「どこか打ちましたか。」と尋ねたところ，A2は「おでこが壁に当たった。」と言ったので，乙がトイレ1内でA2の外傷確認を行ったときには確認できなかった。

　離脱中の事故の場合には，離脱した際の状況確認及び支援内容の適切性の検討が重要である。

　α まず，離脱事例であるのに，離脱時の利用者の心身の状況や言動が何も書いていない事故報告書が散見されるが，【事例2】のように，離脱時の利用者の心身の状況や言動を具体的に書くべきである。離脱すべきか否かの判断が問題となるので，職員が離脱してもよいと判断した根拠となる事実を具体的に書くべきである。

　β 離脱事例であるのに，離脱時の支援内容を何も書いていない事故報告書が散見されるが，【事例2】のように，離脱時の支援内容を具体的に書くべきである。離脱する場合には，離脱により利用者の転倒事故の

第3章　転倒事故

危険性が高まるのが通常であるので，その危険性を低くするために，行った支援内容が適切であったか否かの検討も重要だからである。

　αやβについて，悪い例のように何も書いていないと，乙の離脱の判断や支援の何が問題であったのかについて検討さえできなくなってしまう。これでは，職員の資質向上のための対策を実施することができない。

　γ【事例2】のように，職員が事故態様を見ておらず，発見型の場合には，事故態様について，客観的事実や利用者の説明から，具体的な事故態様を推測していく必要がある。それにもかかわらず，悪い例のように，単に「転倒」だけ書いてしまうと，具体的な事故態様を推測したうえで，環境面の整備（ここでは車いすを置く場所の適切性など）を検討することができない。具体的な事故態様を推測するための手掛かりとなる客観的事実を，【事例2】のように具体的に書くべきである。

　δ利用者の状況だけを書いて，事故発見時の環境面について何も書いていない事故報告書が散見されるが，γと同様の検討の必要性があるので，具体的な事故態様を推測するための手掛かりとなる客観的事実を，【事例2】のように具体的に書くべきである。

　ε事故後の利用者の心身の状況について，悪い例のように外傷の有無だけを簡単に書いているものが散見される。「外傷なし」だけでは，そのように書いた根拠が不明である。このように書いたことを裏付ける具体的な事実を，【事例2】のように具体的に書くべきである。

　なお，【事例2】の報告書では利用者の説明が書いていないのは残念である。【事例3】のように具体的に書くべきである。また，車いすと便座との距離が書いていない点も残念である（303頁参照）。

ウ【事例3】（単独事例）について

　㋐　悪い例

　・事故内容

　　○年8月10日午前6時頃，A3の居室から，物音がしたので，丙が，A3の居室を訪室したところ，A3が転倒していた。後頭部を打ったら

245

第2編　事故防止

しい。

㈡　悪い事故報告書をよくするために

	悪い例	事例3の報告書
α 事故直近の利用者の様子	記載なし	記載なし
β 発見時の利用者の状況	転倒していた	• A3は，身体はポータブルトイレの方を向き，ベッド柵の方に顔を向け，右手でベッド柵の下のほうを持ち，長坐位のような姿勢であった。
γ 発見時の環境状況	記載なし	• パジャマは畳まれた掛布団の上に綺麗に広げた状態で置いてあり，下着のみの状態であった。 • 靴はしっかりと履いていた。
δ 利用者の説明	記載なし	「ここ（ベッド柵）を持って立った後，ここ（ポータブルトイレのアームレスト）を持ちながら移動してこの（ポータブルトイレ）前に立ったんや。それで（右手でポータブルトイレのアームレストを持ち，左手で蓋を開けるジェスチャーをする。）蓋開けたら後ろにドスーンとこけてお尻打って頭（後頭部を押さえる仕草をする。）もドカンって打ったんや。それで右手でこれ（ベッド柵）を持って立とうとしたんや。」
ε 事故後の利用者の心身の状況	後頭部を打ったらしい	• 頭部，背部には発赤や腫れなど見られず，臀部の尾てい骨のある隆起した部分に2×2cm程の発赤が確認できた。 • 体温=36.4℃　血圧=150/80　脈拍=61回/分　SPO2=99%。 • 口調は普段通りで呂律が回らない様子などはない。顔色も良く，しっかりと職員を見ながら説明する。呼吸も穏やかで取り乱した様子はない。吐き気や痙攣などもない。 ＊その後は略

　　職員による支援のない状況で，利用者が1人で動き出して転倒に至ったような事故の場合には，見守りの及び環境整備の適切性の検討が重要である。

　　まず，離脱事例の場合と同様，発見型の場合には，事故態様について，客観的事実や利用者の説明から，具体的な事故態様を推測していく必要がある。よって，【事例3】のβ，γように，具体的な事故態様を推測するための手掛かりとなる客観的事実を具体的に書くべきである。

246

第3章　転倒事故

δ具体的な事故態様を特定又は推測するには，利用者の説明が最重要である。【事例3】のように，利用者が説明した内容をそのまま具体的に書くべきである。利用者が指示語を使用した場合には，【事例3】のように，利用者が指示した内容を括弧書きでよいので書くべきである。

ε頭部を打った場合には，事故後重傷化する可能性もあるので，事故後の利用者の心身の状況について，「後頭部を打ったらしい」と他人事のように書くのではなく，職員が利用者のことを心配して真摯に観察・対応していることが分かるように，【事例3】のように具体的に書くべきである。εの記載は，仮に事故後重傷化した場合であっても，いかに，施設が適切に対応していたのかを証明することにつながるので，多角的に書くべきである。

なお，【事例3】の報告書では事故直近の利用者の様子が書いていないのは残念である。【事例1】のように具体的に書くべきである。

3　ii 結果発生回避のための対策をとっていたか

(1)　転倒・転落事故の防止のための対策（安全配慮義務）をできる限り尽くすべき

転倒・転落事故に対する具体的な予見可能性が認められた場合，事業者は何らかの転倒・転落事故の防止のための対策（安全配慮義務）を講じる必要がある。「事業者が何らかの防止措置を講じていれば，結果的に転倒・転落を防止できなかったとしても安全配慮義務違反は否定されやすくなるが……，防止措置を講じていても，それが不十分であれば安全配慮義務違反が肯定されることがある……。さらに，安全配慮義務の内容は現実的に履行可能なものでなければならないことから，医療機関等の人員や設備をめぐる実情が考慮されて安全配慮義務違反が否定されることもある。」（判タ1425号70頁）。

もっとも，事業者としては，転倒・転落事故の防止のための対策（安全配慮義務）をできる限り尽くす必要がある。その対策としては次のような対策が考えられる。すなわち，直接介護以外の場面では，環境整備（251〜268頁）として，利用者ができる限り安全に移動するための環境整備

247

第2編　事故防止

（ベッド・家具・車いす・ポータブルトイレ等の配置，ベッド柵・手すり等の設置，移動手段・履き物の検討，滑り止めマット等の設置，障害物の除去，照明など），利用者の行動をできる限り早く把握して移動支援をするための環境整備（ナースコール・離床センサーの設置など），転倒の危険性の高い場所へ行けないようにするための環境整備（階段へつながる扉の施錠，利用していない浴室の扉の施錠など），転倒・転落しても骨折等の結果が発生しないための環境整備（ベッドの高さ調節，衝撃吸収マット，弾力のある床材等の使用など）を実施するとともに，時間・場所・場面に応じた見守り（283 ～ 291 頁）の実施を行う必要がある。なお，直接介護の場面では 268 ～ 270 頁を参照。

　では，事業者としては，転倒・転落事故の防止のための対策をどの程度実施すべであろうか。事故当時に，事業者は，想定できる転倒・転落事故の防止のための対策を全て実施し，転倒・転落事故が発生する危険性をゼロに近い状況を作り出すことまでは義務づけられていない。限りある予算及び人員体制の中で，法は事業者に不可能なことは要求していないとともに，利用者の行動の自由を最大限に保障するという考え方からすれば，行動の自由に伴って転倒・転落事故が生じるのは不可避的な側面を有するからである。

　事業者としては，上記の転倒・転落事故防止対策のうち，全てとは言わないまでもできる限り実施することにより，対策を何もしなかったときよりも，転倒・転落事故が発生する危険性を相当程度低めることができれば，よいと思われる。

(2)　予見可能性を肯定しながら結果回避義務違反について否定した裁判例

　ア　事故概要

　　この点で，参考になるのが，東京地裁平成 26 年 12 月 26 日判決ウエストロー・ジャパンである。いわゆるお泊まりデイサービスを利用していたAが，平成 18 年 12 月 11 日午前 3 時に，自室のベッドから歩いて，デイルームにおいて自室のベッドから 7 ～ 8 歩辺りのところに自室の出入口に頭を向ける形で仰向けに倒れていたという転倒事故である。なお，亡Aが宿泊していた部屋にはトイレが無く，同部屋を出たところに

248

デイルームと呼ばれる広間があり，最も近いトイレに行くためには，デイルームを通過しなければならなかった。

イ　予見可能性を肯定

　まず，予見可能性について。「亡Aは，本件事故当時，満74歳と高齢で，ヘルペス脳炎の後遺症により頻繁に昼夜を問わず徘徊を行い，注意力等も減退していた上，もともと歩行が不安定でふらつきがあったところ，平成18年9月26日から10月2日まで肺炎のため入院しており，退院後は，歩行時に前のめりになり，やや右に傾くことがあり，不安定であり，日中も傾眠が多めであり，居眠りばかりしているなどとされていたのであり，事業者は，本件施設におけるデイサービス及びショートステイを通じて，亡Aの上記状況を把握し，Aの子からも，本件連絡日誌等を通じて，歩行の不安定さや自宅での転倒についても連絡を受けていたことからすれば，亡Aが夜間に起きて徘徊すること，徘徊した場合には転倒のおそれがあることを予見することができたものというべきである」と予見可能性について肯定した。

ウ　常時の見守りを否定

　Aが夜間に起きて歩き出し歩行中に転倒することについて具体的に予見できていたのであるから，事業者としては，転倒事故が発生する危険性を相当程度低めるべく転倒事故防止対策を講じていたのかが問題となる。転倒事故防止対策としては，見守りと環境面の整備が挙げられる。

　見守りについて。同裁判例は，「そこで，事業者が本件事故を回避するために適切かつ相当な措置を行ったといえるかについてみると，上記のとおり，亡Aは，平成18年10月に退院した後，機能的には低下した様子が見受けられるものの，なお自力歩行が可能であり，Aの子から本件連絡日誌によって伝えられた転倒したとの情報も平成17年12月と同18年1月のことであって上記退院後のことではなく，過去に本件施設内で転倒したことを認めるに足りる証拠はなく，実際にAの子も自宅においては隣室で寝ているのみで常時監視していたものではなかったことも認められるから，亡Aの上記転倒のおそれは，夜間に常時の見守りを

249

第2編　事故防止

必要とするほど切迫したものではなかったといえる。」として，まず，常時の見守りを否定している。もっとも，見守りが一切不要ということにはならないので，同判決も，次のように一定の見守り体制をとっていたことを積極的に評価している。

エ　結果回避義務の履行～環境の整備＋見守り

「事業者は，本件事故当時，デイルームとプレイルームの間にテーブルによるバリケードを設置して，亡Aを含む利用者がプレイルームに移動できないようにし，ショートステイの利用者5名に対し，ホームヘルパー2級の資格を有する介護職員1名を亡Aが宿泊していた部屋の隣室にドアを開放した状態で待機させる措置をとり，フロアは異なるものの，職員甲も本件施設で待機していた……亡Aの歩行可能な場所を区切った上で介護職員が亡Aの部屋の隣室にドアを開放した状態で待機していたことは，亡Aの転倒防止のため適切かつ相当な措置を行っていたものと評価することができる。

この点，Aの子は，センサーやブザーの設置，……夜間でも足下や周囲が見える程度の明るさを保つこと等の方法をとるべきであった旨を主張する。

しかしながら，本件事故当時の本件居宅サービス基準及び平成23年に定められた本件宿泊サービス基準において，Aの子主張の措置をとるべき旨は定められておらず，本件事故当時，宿泊サービスを提供する通所介護事業所において，利用者がベッドや部屋から出る等した場合に反応するセンサーやブザーを設置することが一般的であったとは認められず，……Aの子が主張する，亡Aのベッドを転倒する危険性が高い場所から離して配置したり，夜間でも足下や周囲が見える程度の明るさを保ったりする等の措置についても，亡Aのベッドがことさら転倒する危険性が高い場所に設置されていたとは認められず，亡Aが転倒したデイルームには夜間パイロットランプが付けられていた……とは前示のとおりであるから，事業者の措置が不十分であったとまではいえない。」と判示している。この被告となった事業者はセンサーの設置はしていな

250

第3章　転倒事故

かったものの，環境面について上記のとおり他の対策を実施していたことから，同判決は，結果回避義務違反を否定している。

(3)　環境整備（福祉用具・備品等の設置，照明等）

　繰り返しになるが，利用者に対して24時間365日常時見守り等の何らかの支援を実施することは極めて困難であることから，転倒・転落事故の防止のための対策としては，まず，環境面の整備が極めて重要となる。

　ア　居室

　　(ア)　居室での事故が最も多い

　　転倒の多くは，夜間から明け方にかけて（比較的発生が多いのは，4時から7時台まで（4時台：4.8％，5時台：6.0％，6時台：6.9％，7時台：5.2％＊単純に100％を24で除すると1時間当たり約4.17％であるところ，5％以上の時間帯が5時台，6時台，7時台，14時台，19時台の5つあるが，うち3つの時間帯を占めている。）の間に発生している（H21三菱92頁・図表107）。「夜間から明け方にかけて排泄のための移動中に発生し，報告される件数が多い」とされている（H21三菱94頁）。私が，事故報告書を見ている経験でも，ベッドに臥床中の状態から，起き上がり，立ち上がる際，立ち上がってからポータブルトイレや車いす等への移乗の際，トイレへ行く等のために移動する際に生じていることが多い。

　　この時間帯は，職員の人数も少なくなるので，居室への訪室回数も少なくなり，密室で職員の目が行き届かない時間が長くなるために，利用者の生活リズムに合わせて訪室するにしても，転倒・転落事故は瞬時に起こることから，見守りにより，転倒・転落事故を防止するのは難しい。このことは，転倒・転落事故の発生場所を居室・静養室が48.3％（居室・静養室のうちベッド周辺が33.4％，ベッド周辺以外が14.9％）占めている（H21三菱92頁・図表108）ことが物語っている。

　　(イ)　ベッドか布団か

　　ここで，唐突かもしれないが，ベッドか布団のいずれを選択すべきかについて見ておく。

　　転落事故再発防止のための具体的な有効策として，ベッドから布団

への変更が挙げられている（大阪地裁平成19年11月7日判決判時2055号96頁）ことから，布団への変更を再発防止策に挙げる事故報告書が散見される。事業者としては，利用者の行動・移動の自由を最大限に守るべきであるところ，ベッドであれば転倒・転落事故のリスクはあるもののベッドから立ち上がり歩いて移動できるのに，布団へ変更したために立ち上がりさえできずに移動できないのであれば，利用者の移動の自由を奪っていることになってしまう。よって，当然のように，転落事故再発防止のための具体的な有効策として，ベッドから布団へ変更することは慎重に検討すべきである。

私が副施設長のときに，歩行できないが，いざったり，仰臥位で膝を立てて足で床を蹴るなどして移動できる利用者に対しては，布団を使用していた。このような場合であれば，布団を使用すべきで，ベッドを利用するのは，移動の自由を制限することになる。このような例は極端かもしれないが，利用者にとってベッド・布団のいずれがよいかについて意思確認したり，利用者がこれまでは布団を利用して寝ていたこと，布団へ変更することにより夜間利用者の移動の自由を特に制限するものではないこと等を確認して，判断すべきであろう。

東京地裁平成24年5月30日判決自保ジャーナル1879号186頁も，原告Aが「Aをベッドから下してマット又は布団に寝かせるという措置をとるべきであったとも主張する。……本件施設の構造（略）に照らし，利用者は基本的に夜間ベッドで就寝することが想定されており，A側もこれを理解していたことが窺われる」ことを理由に，ベッドから布団等に変更しなかったことが結果回避義務違反に当たらないと判示している。利用者A側も理解していたという表現であるので，積極的に利用者がベッドを希望していたとまではいえないかもしれないが，ベッドからの転落防止という点のみを重視するのではなく，どのように寝るかというのは，快適な睡眠という重要性からすれば，利用者の意思を尊重して，ベッドから布団へ変更しなかったというのは，適切であると思われる。

第3章　転倒事故

㈦　寝返り等で転倒しないために

　寝返り等で転倒しないために，前述の布団の使用（布団を使用する理由が必要）の他に，幅の広いベッドを選択する，ベッドを2台並べる等ベッドの幅を実質的に広げる等の工夫が必要となる。

㈢　利用者の行動パターンに合わせた居室内の環境整備が重要

　事業者としては，利用者がベッドに臥床している状態から，起き上がりベッドに腰掛ける姿勢（端座位）をとる動作，端座位の状態から立ち上がる動作，その後，どこを持って，姿勢を安定させながら，どのように移動するか，又は車いすやポータブルトイレ等へ移乗する動作をつぶさに観察をして，その動作に応じて，できる限り安全にかつ確実に利用者が動作を行うことができるように，ベッドの高さ，柵・手すりの設置，ベッドと車いすやポータブルトイレの位置，家具類の位置等を決めていく必要がある。

　以下，利用者がベッドから居室外へ出るまでの行動の順にみていく。

㈠　ベッド上で端座位になるまで～ベッド柵・介助バーの設置の検討

　まず，利用者がベッドに臥床している状態から，起き上がり及び端座位の姿勢になりやすいように，利用者の動作に合わせたベッド柵・介助バーの設置を検討する。

㈡　ベッド傍で立ち上がるまで～ベッド柵・介助バーの設置の検討

　利用者が端座位の状態から安全に立ち上がることができるように，介助バーを活用することが考えられる。

㈣　ベッド傍で立ち上がるまで～ベッド等の検討

　転落を防止し，また，安定して端座位をとるためには，ベッドの高さが利用者の足底がしっかりと床につく程度まで低いものであることが望ましい。転落時の衝撃を和らげるためにもベッドの高さは低い方がよい。ただ，職員の介護負担の軽減のためには，ベッドの高さがある程度あった方が望ましいので，職員が用途に応じて適切に高さの調整が可能なベッドの導入をすることが考えられる。また，転落時の衝

253

第2編　事故防止

撃緩和のため，ベッドの下にマットを敷くことも考えられる。

(ク)　利用者が歩き出すまでに支援するために〜離床センサー，ナース
コール等の設置の検討

立ち上がりが困難であったり，車いすやポータブルトイレへの移
乗，居室内の移動の際，転倒・転落事故の危険性が高い利用者に対し
ては，離床センサー，ナースコール等も設置すべきである。

離床センサーの種類について言及した裁判例として，東京地裁平成
23年6月14日判決ウエストロー・ジャパンがある。同判決は，「本
件事故の発生当時は本件ベッドにはベッド柵が3本設置されていたと
は認められるものの，Aは，本件ベッド上で動いた際に，ベッド横辺
のベッド柵のない箇所から床に転落し，あるいはベッド柵につかまっ
て上体を乗り出すなどの動きをしてベッド柵を越えて転落し，骨折等
の重大な傷害を負う危険性が高かったというべきであり，そのこと
は，事業者も認識していたものと認められる。したがって，事業者
は，Aの転倒，転落の危険を防止するための措置をとるべき義務を
負っていたものと認められ，その一手段として，体動センサーを設置
して未然に転落を防ぐ方策をとるべき義務があったというべきであ
る。

……これに対し，事業者は，事業者施設には体動センサーが8個程
度しかないのであるから，転倒，転落の可能性が高い利用者に優先し
て使用すべきであるところ，Aは，転倒，転落の可能性が事業者施設
の上位8名に入るほどではなく，体動センサーを使用する状況にはな
かった旨主張する。

しかしながら，Aの転倒，転落の危険性が高かったこと，事業者も
そのことを認識していたことは前記認定のとおりであるから，事業者
は，Aの転倒，転落の危険を防止するため，他の十分な対策を行って
いたのであればともかく，このような対策をとっていない以上は，体
動センサーを設置して未然に転落する方策をとる義務を負っていたも
のというべきである。事業者施設が現に有する体動センサーの数が少

なかったとしても，そのことは，必要な数の体動センサーを調達することが困難であるなどの特段の事情がない限り，事業者が責任を免れる理由となるものではないというべきである。

また，事業者は，フットセンサーを設置していた旨を主張するが，フットセンサーを設置していたとしても，患者がベッドから転落する危険を防止するという観点において十分でないことは明らかである。」と判示した。

このように，フットセンサー（マットセンサー）タイプでは，コールがあって駆けつけても間に合わない可能性があるので，事業者としては，転落事故の危険性が高い場合には，体動センサーを設置することにより，起き上がりなどの初期行動をより早く把握して，利用者のところへ駆けつけられるようにすべきであろう。なお，転落事故の危険性が高いとまでいえない場合には，フットセンサー（マットセンサー）タイプの設置でも結果回避義務違反とはいえないと判断され得る。

フットセンサー（マットセンサー）タイプでも転落防止措置として不適切とはいえないと判示したものに，前掲東京地裁平成24年5月30日判決がある。なお，裁判所は，Aら原告から，フットセンサー（マットセンサー）タイプでは不適切で体動センサーを設置すべきであるという主張をしていない場合に，Aら原告が主張していなかった体動センサーを設置すべきとの判断はしないので，権利保護施設としては，転落事故の危険性の高さに応じて，危険度が高く，フットセンサー（マットセンサー）タイプでは間に合わない場合であっても，フットセンサー（マットセンサー）タイプで十分であると思わないようにして欲しい。

同判決は，「事業者はAが夜間徘徊して転倒する危険性があることを認識していたから，Aが夜間に転倒して負傷しないよう配慮すべきであった……事業者は，Aの個室に離床センサーを取り付けてAがベッドから動いた場合に対応することができる体制を作り，事業者の職員が夜間そのセンサーが反応する都度，部屋を訪問し，Aを臥床さ

第2編　事故防止

せるなどの対応をしている。また，事業者の職員は，夜間，少なくと
も2時間おきに定期的に巡回してAの動静を把握している。……加え
て，……Aの居室のベッドには，転落を防止するための柵が設置され
ていたし，……事業者の職員2名は，本件事故直前のセンサー反応
後，事務所にて対応していた別の利用者を座らせた上でAの居室に向
かっている。このように事業者は，本件施設の職員体制及び設備を前
提として，他の利用者への対応も必要な中で，Aの転倒の可能性を踏
まえて負傷を防ぐために配慮し，これを防ぐための措置を取ったとい
える。」と判示した。判決中の「離床センサー」はフットセンサー
（マットセンサー）タイプである。

(ケ)　安全に移乗するために～車いすやポータブルトイレの設置場所の
　　検討

　立ち上がってから，すぐに車いすやポータブルトイレへ移乗する場
合には，安全に移乗しやすいように，ベッドに対する車いすやポータ
ブルトイレの位置関係，角度，高さ等を検討する。

(コ)　安全に移動・移乗するために～家具類やポータブルトイレ等の位
　　置の決定

　まず，利用者がベッド（始点）からポータブルトイレ等の終点まで
の移動パターンに合わせて，家具類やポータブルトイレ等の位置を決
める必要がある。

　端座位の状態から移動する場合には，どこを持って，どのように足
を運びながら，どこを移動するのかをつぶさに観察をして，その動作
に応じて，できる限り安全にかつ確実に，利用者が動作を行うことが
できるように，家具類を置いたり，家具類に手でつかみやすい箇所を
作ったり，利用者の動線の足元に物を置かないようにする，杖，歩行
器等の置く位置等を決めていく必要がある。

(サ)　安全に移動するために～履き物の検討

　靴は滑りにくい靴底のもので，履きやすい物を選んだり，滑り止め
ゴム付きの靴下を選ぶことも必要である。

256

㈷ 安全に移動するために～杖・歩行器等の利用及び置き場所の検討

　利用者が安全に移動するために，杖・歩行器等の利用を検討すべきである。また，利用者が移動する際に，安全に杖・歩行器等の利用できるように，杖・歩行器等の置き場所についても検討する必要がある。

　この点で参考になるのが，神戸地裁伊丹支部平成 21 年 12 月 17 日判決判タ 1326 号 239 頁である。

　利用者（要介護状態区分は，要介護 1 ）が，認知症対応型共同生活介護サービスを利用中である，7 月 20 日午前 6 時 30 分頃，施設の居室内で，起床直後に，居室の窓のカーテンを開ける際にふらつき，転倒した（第 1 事故）後，利用者は，同年 11 月 7 日午後 7 時頃就寝し，同 10 分頃から同 30 分頃までの間に，居室の窓のカーテンの開閉の際に転倒した（本件事故）事案である。これについて，「第 1 事故後も，被告は，利用者の就寝後に，被告職員によるこまめな巡視を実施したり，利用者居室内のタンスの配置換えにより利用者の転倒を防止する配慮をしていたなどある程度の対策をとっていたものの，それ以上の対策，例えば，被告職員が把握していたカーテンの開閉などの利用者の習慣的な行動は，被告職員の巡視や見守りの際にさせたり，利用者が1 人で歩く際には杖などの補助器具を与えるなどの対策をとったり，そうした対策を検討していた形跡はな」かった点等を指摘して，「被告が，第 1，第 2 各事故について，無過失であるとは到底いえない」と判示した。これは，事業者として，24 時間 365 日の常時の見守り等の人的支援が困難であるのであれば，環境面の整備等，転倒・転落事故の防止のための対策（安全配慮義務）を尽くす必要があることを示す裁判例として参考になる。

㈸ 照明の検討

　靴を履いたり，杖を持ったり，車いすやポータブルトイレの位置を確認したり，伝い歩きをしたり等の動作がしやすいように，常夜灯等の照明にも注意する必要がある。

第2編　事故防止

㈦　障害物の除去

　利用者の動線上に障害物がある場合には，障害物を除去する必要がある。

　この点で参考になるのが，東京地裁平成26年11月27日判決ウエストロー・ジャパンである。この事案は訪問介護サービス利用中に，利用者が「入浴するため浴室にある湯張りのスイッチを押し，浴室を出てリビングへ戻る途中，脱衣所において，浴室入口付近の洗濯かご内に立てかけてあった掃除機のＴ字ヘッド及びこれに接続している柄の部分（以下「本件Ｔ字ヘッド部分」という。）に右足を引っかけて後方に転倒し，臀部を強打した」事案について，「ヘルパーは，利用者の視力が低下しており，歩く際も伝い歩きができる程度であることを認識していたことに加え，利用者からも，目が悪く，転倒の危険があることから家具や小物類は現状維持とし，障害となる物は置かないように，置いてある物を勝手に撤去しないよう言われていたなどの事情からすれば，利用者の指示により洗濯用かごの中に入れる場合であっても，利用者の歩行の障害とならないように本件Ｔ字ヘッド部分を置く義務があったといえる」にもかかわらず，「そのように配慮しなかった義務違反があるから，被告には債務不履行が認められる」と判示した。事業者としては，利用者の行動パターンを把握して，利用者の行動パターンの障害となるような物があるか否かをチェックして，障害物があれば除去するように取り組むべきである。

㈧　ベッドから転落しても骨折やけがをしないような環境を整える

　この例として，ベッドの高さを調節し低くする，ベッド脇に床マット（衝撃吸収マット）を敷く，弾力（クッション性）のある床材やカーペットを使用することが挙げられる（ゼロ17頁）。なお，いわゆる身体拘束ゼロへの手引きでは，「ベッドの高さや幅を認識できない場合清潔さに配慮したうえで床に直接マットレスを敷きその上で休んでもらう」ことも挙げられているが，この点は，㈵（251頁）を参照されたい。

これら全てを実施すべきことまでは要求されていない。ベッドから転落しても骨折やけがをしないような環境を整えることが目的であるので、この目的に反する事情がある場合には、その対策を取る必要はない。

この点、前掲東京地裁平成24年5月30日判決は、原告「Aは、床に柔らかい物を敷く、……という措置をとるべきであったとも主張する。確かに、……ベッドの高さは40センチメートル程度で落下防止の柵が設けられているところ、Aの本件事故前の行動に照らして上記のようなベッドにAを就寝させることは落下の危険性があり、事業者もこれを認識し得たことは否定できないけれども、……床にマット等を敷くことによってAの転倒の危険性が増加するという事業者の判断が不合理であったとまではいえないから、事業者にかかる措置を取るべき義務があったとすることはできない。」と判示した。

これに対して、京都地裁平成24年7月11日判決ウエストロー・ジャパンは、離床センサーに加えて、利用者が躓くなど歩行の障害にならない程度の薄い衝撃吸収マットの設置義務を認めた。

「事業者は、前回事故後、Aに対し、移動等をする際にはナースコールをするよう念入りに指示したほか、……、本件事故直前には、夜間勤務の職員が、午後10時及び午後11時にAの様子を見たことが認められるが、これらの方策のみでは転倒事故を回避できないことは、本件事故の発生が如実に示すところである（ナースコールの指示は、……、その指示に従わないことがあるというAの性向（認知症の影響とも考えられる。）からして不十分であり、1時間毎の看視で転倒の危険のあるAの行動を阻止できるか否かは偶然に左右される。）。本件施設の……職員は、本件事故のような転倒事故を防止するため、遅くとも前回事故直後には、上記各方策のほかに、Aがベッドから離れようとしたときにそれを感知して通報する離床センサー（略）を設置し、夜間は、転倒の際の衝撃を緩和する介護用の衝撃吸収マット（略）をベッドから一定範囲に敷き詰めるべきであったものと認められる。証人Bは、Aがベッドを支え

第2編　事故防止

に立位を取れたことからすると，上記マットのためかえって不安定な状態となり転倒の危険が高まる旨証言するが，そうであれば，不安定さの少ない薄型のマットを使用することが考えられる（原告が結果回避義務の内容として主張する方策のうち，ベッド脇にポータブルトイレや車椅子を配置することは前回事故の態様を考えると一長一短があり，薬物による排泄コントロールは効果的ではあっても妥当性に疑問が残る。）。

　事業者が実際に行ったナースコールの指示及び看視の頻繁化を含む上記各方策は，単独では本件事故のような転倒事故（転倒による負傷を含む。）の防止策として不完全であるが，これらを併用することによって上記事故の防止が可能となると考えられる（それでも，事故防止が不可能であるとすると，Aのような高齢者が転倒した場合の生命身体の危険に照らし，事業者は，本件契約4条(2)②の「利用者の病状，心身状態が著しく悪化し，当施設で適切な短期入所生活介護サービスの提供を超えると判断された場合」……に該当するものとして，契約解約の手段を採るほかなくなる。）。……以上のとおりであるから，事業者の従業員である本件施設の管理者又はその補助職員は，Aに対し，移動したいときにはナースコールをするように指示を徹底し，Aに対する看視を頻繁化するほか，離床センサー及び衝撃吸収マットをベッド周囲に敷き詰めるべきであったのにこれを怠った過失により，本件事故を発生させたものというべきである」と判示した。この事業者は，上記裁判で問題となった事故の約2週間前に，同じ施設でAはベッド脇で右側臥位で横になっていたという転落事故により，「Aの左こめかみに出血と頭出腫を認めら」れたという比較的重大な事故があったにもかかわらず，認知症のあるAに対して，離床センサーを設置せずに，移動等をする際にはナースコールをするよう念入りに指示するとともに，1時間に1回の訪室しかしていなかった（訪室の回数としては適切であったと思われるが，できる限り転倒事故を防ぐという観点からは，離床センサー等の設置をすべきであった。）のであるから，結果回避義務違反が認められるのはやむを得ない。

第3章　転倒事故

⒡　受入時の留意点

　なお，同判決が，「事故防止が不可能であるとすると，Ａのような高齢者が転倒した場合の生命身体の危険に照らし，事業者は，本件契約４条⑵②の「利用者の病状，心身状態が著しく悪化し，当施設で適切な短期入所生活介護サービスの提供を超えると判断された場合」……に該当するものとして，契約解約の手段を採るほかなくなる」と判示した点は，注目すべきである。事業者としては，転倒・転落事故にかかわらず，事故の危険性の高い利用者を受入れる場合には，事業者としてできる範囲の事故防止対策を利用者及びその家族に懇切丁寧に説明をした上で同意を得るようにすべきである。苦情でも述べるが，事業者として提供できるサービスの範囲を説明し，それを超える要望があった場合には，契約の解除を検討することも考えていく必要がある。

㈫　離床センサーの設置は身体拘束・行動制限？

　私が，副施設長をしていたときに，市の実地指導で，離床センサーを使用することは，身体拘束・行動制限に該当すると指導されたことがある。今でも顧問先の施設で，同じような指導がされていると聞く。

　私は，これに対して，市の職員には次のように説明していた。「身体拘束・行動制限とは，利用者本人の意思に反して利用者の行動や移動の自由を制限することをいうはず。確かに，センサーが鳴ったのを聞いた職員が，利用者の傍に駆けつけて，利用者がこれから何をしたいのかを確認もせずに，そのまま，寝かせた場合には，身体拘束・行動制限に当たるといえる。しかし，利用者の傍に駆けつけた職員が，利用者にこれから行きたいところ，したいことを聴いて，利用者が望む目的が確実かつ安全に達成できるように支援する場合には，利用者の行動や移動の自由を保障することになるので，身体拘束・行動制限には当たらない」などと説明していた。この説明を聞いた市の職員はそれでも身体拘束・行動制限に当たると言われたことはない。

261

第2編　事故防止

　被保佐人の高齢者に面会に行ったときに，誤ってフットセンサー（マットセンサー）を踏んだところ，ブザーの大きな音が，職員が駆けつけてくるまで鳴っていたことがあった。これが何度も繰り返されれば，心理的虐待かと思った。通常は，センサーの音は職員しか聞けないのであるから，音で利用者を驚かすことはない。また，センサー反応の都度，職員が利用者の傍に駆けつけると，利用者が気兼ねして萎縮してしまうというのであれば，駆けつけた職員は，利用者の様子を利用者に気付かれないように観察し，転倒しそうであれば支援すればよいと思われる。裁判例を見ていると，離床センサーの設置を重視していると思われるので，転倒・転落事故の防止のためには，離床センサーを設置するのは，やむを得ないと思う。

　これに対して，「センサーマットを設置する場合は，夜間等の利用者の状況に関するアセスメント情報を収集することを目的として，期間を限定して使用すべきであり，転倒・転落の防止策として使用するべきではありません」（H 25 三菱 8 頁）と指摘されている。確かに，職員が，離床センサーに頼り切って，利用者のアセスメントを疎かにして，利用者の課題を分析するとともに，その課題に応じた支援を具体的に検討しないのは，問題である。アセスメントを十分に行うことは当然であるので，アセスメント→課題の設定→支援計画及びその実施までの間に，離床センサーの使用期間を限定するのは一理ある。しかし，離床センサーは，「転倒・転落の防止策として使用」するというよりも，「利用者の行動や移動の自由を保障すること」ことに目的があるという点が強調されるべきであろう。

㈜　事故検討会

　事故検討会では，特に居室での転倒・転落事故再発防止対策を検討するに際しては，見守りを強めるという対策だけでは，24 時間 1 対 1 での見守りが不可能である以上，対策としては弱いと言わざるを得ない。上記の環境面を整備するという対策を具体的に検討するとともに，24 時間シートなどを活用して，利用者の生活リズムを把握した

第3章 転倒事故

上で，例えば排泄リズムに合わせた訪室等をも検討する必要がある。

イ　食堂・リビング

㋐　食堂・リビングでの事故は２番目に多い

　転倒事故のうち，食堂・リビングで発生しているのは 15.5％である（H 21 三菱 92 頁・図表 108）。

　食事の時間帯であると思われる８時台，12 時台，17 時台は，3.9％，2.3％，2.9％（H 21 三菱 92 頁・図表 107）と単純に 100％を 24 で除した１時間当たりの平均約 4.17％より低いことが分かる。これは，食事の時間帯は，配膳や食事介助等により，食堂・リビングに配置される職員数が多いことと，利用者も食事を摂っているので移動することが少ないからであろう。ただ，食後は，９時台：4.7％，10 時台：4.8％，13 時台：3.7％，14 時台：5.0％，18 時台：4.7％，19 時台：5.2％（H 21 三菱 92 頁・図表 107）と，13 時台以外は，１時間当たりの平均約 4.17％より高くなっている。食後は，職員は，浴室，トイレ，居室等の密室で，入浴介助，トイレ介助，更衣介助等の個別対応をしているため，食堂・リビングにいる職員の人数が減ること，食堂・リビングに集まっていた利用者がトイレや居室等に行くために移動することから，転倒事故が多くなっていると思われる。「日中，食堂やリビングにおける休息・娯楽場面でも報告件数が多い」（H 21 三菱 94 頁）とされているのは上記のことを指していると思われる。

㋑　見守りの強化

　上記のように，食堂・リビングでの転倒・転落事故は，利用者が，トイレや居室に行く等の目的で移動しようとした際に，転倒・転落事故に至ることが多い。食事のために利用者のほぼ全員が食堂・リビングに集まり，多くの利用者が，食後に，トイレや居室に行くことが多いこと，認知症の利用者が他の利用者の移動に誘発されて移動することもあるので，食後の時間帯は要注意である。食後の時間帯は，食堂・リビングに職員が１人はいる状態をつくるように職員等の配置を工夫する必要がある。見守りについては，後述する。

第2編　事故防止

(ウ)　環境整備

　もっとも，食堂・リビングに職員等が常に誰かいる状態を作るのは，困難であるので，上記の「居室」で記載したことを考慮して，特に環境面での対策を講じる必要がある。

　他には，食堂・リビングの床が水で濡れたり，食材が落ちたりしていた場合には，滑ったり，落ちたものを拾おうとして転倒・転落することがあるので，速やかに，拭いたり，拾ったりすることも必要である。

　また，食事配膳用のワゴン，職員が食事介助のために持ち込んだ椅子を片付ける等，障害物の除去はもちろんであるが，利用者が杖，歩行器等の福祉用具を使用している場合には，これらに足を引っかけて転倒するという事故が発生しているので，他の利用者の障害にならないように，福祉用具を置く位置や置き方を決めておく必要がある。

　利用者が普段とは異なる位置に座っている椅子を動かしたことで，椅子の脚に足を引っかけて転倒するという事故も発生しているので，利用者の椅子の位置にも目配せをしておく必要がある。

(エ)　適切な座位姿勢の確認

　椅子や車いすからずり落ちて転落等の事故もあるので，食事時はもちろん（誤嚥事故防止のため）食後も利用者が適切に座位姿勢を保持しているかについて確認又は支援すべきである。

ウ　車いす

(ア)　車いすの取扱上の注意点

　事業者としては，利用者に対して，車いすのブレーキをかけてから立ち上がること，及び，転倒・転落事故の危険性のある利用者に対しては，職員を呼ぶこと等を説明する。利用者の能力に応じて，操作を理解できない又は職員の説明を理解できない利用者については，1人で移乗・移動したりしているのを見かけたら，直ちに声をかける，支援することも必要である。

　しかし，このような対応だけでは，車いす利用者に対して，常時見

守りをすることは極めて困難であるので，環境面の整備が必要となる。

また，長時間車いすに座ることは，利用者にとって身体的苦痛を伴うものであるので，本来望ましいとは言えず，適宜，椅子に移って過ごしてもらうことが望ましい。

移動中以外は，職員は，停止している車いすにブレーキがかかっているかを確認する。

(イ) 用具の工夫による転落防止

車いすからの転倒・転落の一因として，座りにくい折りたたみ式車いすの利用により，利用者が「すべり座り」や「斜め座り」などのずり落ちしやすい体勢で座りがちであることが考えられる。

そこで，やむを得ず車いすを長時間使用する場合は，部品の組み替えができ，車輪やシートの位置を調節できるフレームをベースとするモジュール型車いすを使用し，利用者の身体状況等に合わせて調節し，転落を防止する。また，「座位保持クッション」などを利用することも考えられる。

エ　事例検討～【事例3】について：環境面の整備

(ア)　事故に至った経緯及び事故態様を特定する

司会の課長Sは，まず，事故に至った経緯及び事故態様について整理した。丙の説明が真実であることを前提にすると，事故に至った経緯及び事故態様は，①端坐位の状況からベッド柵を持って立った。→②その後，ポータブルトイレのアームレストを持ちながらポータブルトイレの前まで移動して立った。このときは，ポータブルトイレの両側のアームレストを両手で持っていた。→③右手でポータブルトイレのアームレストを持ちながら，ポータブルトイレのアームレストから左手を離して，左手で蓋を開けようとした。→④そのとき，丙は後ろ向きに転倒して尻もちをつきその勢いのまま後頭部を床に打ちつけた，ことになる。

今回は，利用者の詳しい説明があったので，事故に至った経緯及び

第2編　事故防止

事故態様を特定することができたが，利用者等の説明だけでは，特定できない場合には，事故に至った経緯及び事故態様を客観的事実から推測することになる。

(イ)　問題点を絞る

次に，上記の事故に至った経緯である①から③のうち，環境面で問題があったと考えられる点を絞る必要がある。【事例3】のように単独事故の場合には，職員の直接的なミスが介在しない場合が多いので，職員としては意見を出しやすい。事故検討に不慣れな施設は，まずは，【事例3】のような単独事故から検討していくのも職員の議論の質を高めていくには効果的であると思われる。

問題点を絞るためのツボは，④丙は後ろ向きに転倒して尻もちをつきその勢いのまま後頭部を床に打ちつけたという事故態様から，検討していくことである。ポータブルトイレの蓋を開ける際には，通常であれば頭がやや前方で身体は前かがみになるはずであるところ，後ろ向きに転倒しているので，後ろへと重心が移動する何かがあったことになる。

これが何かを参加者で意見を出し合えばよい。介護主任Pから，「ポータブルトイレと身体が平行になり，両足が横に並んだ状況で，右手でポータブルトイレのアームレストを持ちながら，ポータブルトイレのアームレストから左手を離して，左手で蓋を開けようとしたときに，右手だけで身体を支えていたので，バランスが崩れやすくなっていたことが考えられる。そのようなときに，左で蓋を上げたのだから，上から後ろ向きへの力が加わり，後ろへ重心が移動して転倒したと思う。」との意見が出た。

これを前提に，司会者Sは，なぜ，A3は，バランスを崩しやすい姿勢になったのかについて，意見を求めた。甲が，「ベッド，ベッド柵，及びポータブルトイレの配置状況に問題があったと思う。事故当時は，ベッドの足側にポータブルトイレをベッドに直角になるように，ベッドから30センチメートル程度離して置いて，上半身側に通

266

常のベッド柵をしていた。このような配置状況であったため，Ａ３は，上記の①から③のような行動に至ったと思う。」との意見を出した。

　乙からは，「他に，いつもより１時間も早く起きたため，覚醒状況が悪かったこと，ポータブルトイレの前に滑り止めマットを敷いていなかったこと，足元が暗かったことも考えられる。」との意見が出た。

㋒　検討手順ステップ①

　Ｓは，問題点が絞れたので，６つのステップの順に検討するように進行した。

　【事例３】の場合，事故当時，ベッドの足側にポータブルトイレをベッドに直角になるよう，ベッドから30センチメートル程度離して設置していたこと，上半身側に通常のベッド柵を設置していたことが問題であったと考えられるので，本来あるべき環境面の検討が必要である。これが再発防止策にもつながる。

　Ａ３が，ポータブルトイレの蓋を上げるときに，バランスを崩しにくい環境の整備を検討する。

　Ｓが，この点について意見を求めたところ，丙が「上半身の右側のベッド柵に，介助バーを追加する。ポータブルトイレをベッドと併行にベッドに接着して置いて，Ａ３が，端座位の状態で左手で介助バーを持ち，右手で蓋を上げられるように，ベッド，ベッド柵，介助バー及びポータブルトイレを配置する。」ことを提案した。

　これを本来あるべき支援内容にすることに決めた（検討手順ステップ①）。

㋓　検討手順ステップ②・③

　事故当時のベッド，ベッド柵，及びポータブルトイレの配置状況は，ベッドの足側にポータブルトイレをベッドに直角になるように，ベッドから11センチメートル程度離して設置するとともに，上半身の左側に通常のベッド柵を設置していた（検討手順ステップ②）。

　よって，上半身の左側に介助バーを設置すべきところ，介助バーを

第2編　事故防止

設置していなかったことと，ポータブルトイレをベッドと併行に接着して置くべきところ，直角に30センチメートル程度離して置いていたこと（検討手順ステップ③）。

(オ)　検討手順ステップ④

Sは，なぜ，これらのことができなかったのかについて，参加者に質問した。

甲が，「検討手順ステップ②のような配置状況になったのは，利用者のベッドからポータブルトイレまでの動き方を観察して，その動きに合わせて，利用者と相談しながら決めた。」と説明した。

乙は，「検討手順ステップ①のような配置状況の方がよいと思ったが，A3は，自分の動き方に固執しているので，自分の動き方を変更して，端座位の状態で蓋を持ち上げたり，介助バーを利用することが難しいし，その動作を覚えるのも難しい方である。」と説明した。

(カ)　検討手順ステップ⑤・⑥

Sは，検討手順ステップ④のような考え方は，合理的であると判断した。

よって，検討手順ステップ⑥は不要である。

(4)　移動・移乗介助（直接介護）

ア　総論

次に，転倒・転落事故の危険性が相当程度高い利用者については，できる限り移動・移乗介助すべきであるので，生活リズムの把握等により，移動・移乗の時間帯が特定できるときには，移動・移乗介助（直接介護）を選択すべきである。

(ア)　移乗介助の方法

移乗介助の方法は，例えば，ベッドから車いすへの移乗介助は，おおむね次のような流れになる。車いすの準備→声かけ・説明→ブレーキ・タイヤ等の確認→ベッドサイドで端座位の保持→立位→車いすに座らせる→座位の確保（後ろに引く，ずれを防ぐためあて物をするなど）→フットレストを下げて片方ずつ足を乗せる→気分の確認（「訪問介護に

268

おけるサービス行為ごとの区分等について」より）。

　移乗介助の際には，ブレーキを掛け忘れていたため，車いすが動いて利用者が転倒・転落する，押し始める前に利用者に声掛けをしなかったり，利用者が車いすに浅座りになっていたり，姿勢が崩れているのに車いすを押したために，利用者が車いすから転落する，フットレストを下げて足を乗せずに押したために，足が床に引っ掛かったまま車いすから転落したり，通常２人で行うところ無理して１人で実施して転落に至ったり等の事故が発生しているので，決められている介助方法を確実に実施すべきである。

(イ)　移動介助の方法

　移動介助の方法は，おおむね次のような流れになる。安全移動のための通路の確保（廊下・居室内等）→声かけ・説明→移動（車いすを押す，歩行器に手をかける，手を引くなど）→気分の確認（「訪問介護におけるサービス行為ごとの区分等について」より）。

　移動については，移動先での椅子がないために，利用者を立たせたまま，椅子を用意する間に転倒したり，利用者に付き添う際に健側に立ったため患側（麻痺側）から，利用者が転倒したり，歩行器に職員が手をかけて移動していたところ，職員が不意に手を離したためバランスを崩して転倒したり等の事故が発生している。

　事業者としては，これらの移動・移乗介助の方法が適切に行えるように，職員に安全や介護技術等について，研修・指導等を徹底するとともに，職員も油断せず落ち着いて，事故を予測しつつ，決められた手順を確認ながら，現に適切かつ実施すべきである。

イ　裁判例

前出の裁判例であるが，「本件事故当時，外は土砂降りの雨であり，本件事故現場は屋内であるとはいえ建物の出入り口であって雨によりタイル張りの床面が滑りやすくなっていたと推測されるのであるから，このような場合，事業者の担当者である甲としては，……内科の玄関から原告Ａを誘導する際，荷物をタクシー内に置くなどして自らの身体の動

269

第2編 事故防止

きを確保したうえ，原告Aの左の腕を組み，腰に回すかあるいは体を密着して転倒しないように病院外に出るべき義務があったというべきである。ところが，甲は，左手で雨傘を持ったまま，原告Aにつかまってもらうべく単に右手を差し伸べただけで，原告Aの身体に自己の身体を密着させて歩行を介助するという義務を怠」ったと判示している（東京地裁平成17年6月7日判決ウエストロー・ジャパン）。

　上記判決のように，裁判所が指摘した本来あるべき支援方法は，テキストに掲載されているような基本的な方法であるので，事業者としては，今後，決められている介助方法を確実に実施していくために，対策を立てていくべきである。

ウ　事例検討～【事例1】について

　まず，基本的には支援中の事故はなくすべきであるので，支援方法の過程を詳細にチェックする必要がある。その際，支援方法はもちろん，職員の思考過程をもチェックする必要がある。支援中の事故の検討に当たっての留意点は，第2編第1章第3の6(2)(3)（131，137頁）を参照。

　㋐　事故当日の事故の経緯

　Oとしては，まず，原因分析に入る前に，事故当日の事故の経緯を見て，情報に不足があれば確認すべきである。チェックポイントは，本章第3の1（214頁）を参照。

　㋑　検討手順ステップ①

　事故検討会で，支援中の事故であるのに，職員がいきなり支援計画（又はマニュアル）について確認することなく，今回の原因は何かを話し出すので，Oは，まずは，支援計画の確認を促した。そこで，Sが，事故当時の支援計画は，上記I～Ⅳであったと整理した。

　特に，支援計画に問題はないので，本来実施すべき実施手順は，【事例1】の「事故当時の移動時の支援計画」のとおりとする（検討手順ステップ①）。

　㋒　検討手順ステップ②・③

　職員甲は，歩行器を右側に方向転換するために，左手をA1の腰か

270

ら離して歩行器を持って，歩行器を右向きに方向転換していた（検討
手順ステップ②）。

よって，Ａ１が歩行器による移動ができると，職員が判断していた
場合には，膝折れ等による転倒事故を防止するため，職員は，Ａ１の
腰を支えたり，場合によっては歩行器を押さえる等，すぐにＡ１を支
えることができるように，Ａ１のやや後方に付き添って，Ａ１の腰を
軽く支えることになっていたのに，左手をＡ１の腰から離してしまっ
たことが分かる（検討手順ステップ③）。

さらに，職員が歩行器を持って歩行器を進めたりしないことになっ
ていたのに，職員甲は「右側に曲がりましょうね」と声掛けし，左手
をＡ１の腰から離して歩行器を持って，歩行器を右向きに方向転換し
ていた（検討手順ステップ③）。

㈤　検討手順ステップ④

Ｓは，甲が，なぜ，これらのことができなかったのかについて，甲
からさらに聴取することが必要である（検討手順ステップ④）。

特に，【事例１】の場合，甲は，右側に歩行器を方向転換するとき
までは，本来実施すべき実施手順どおりに適切に支援していたのであ
る。ところが，右に曲がらないといけない場所で，Ａ１が一旦足を止
めた後から，甲は，本来実施すべき実施手順どおりに支援していない
のである。今回のように，職員甲が事故当時上記検討手順ステップ①
とは異なる支援をあえて行ったような場合には，上記検討手順ステッ
プ②の支援を行う際の判断根拠，つまり，上記検討手順ステップ①と
は異なる支援を行った根拠を職員甲から聴取することが重要である。

事故検討会で，Ｓらが，甲に対して判断根拠を聴かずに，次回から
は，必ずＡ１の腰を支えている手を離さないようにしてください，な
どと，検討を終了しようとしていたならば，Ｏとしては，プロセスレ
コードを活用して甲の判断根拠を検討しようと提案すべきであろう。

第2編　事故防止

時間	α 利用者の言動・状況	β 職員が認識していた事実	γ 職員が感じたり,考えたりしたこと(評価)	δ 職員が実施した内容
午後2時25分	風船バレー終了後,トイレに行きたいと職員甲に言った。	• A1は風船バレーに参加していたこと,A1の体調が悪いことを示す事実はなかったこと。 • A1に対する移動の支援計画は知っていた。 • A1の〇年4月20日の転倒事故は知らなかった。	A1の体調は良さそうなので,A1に対する移動の支援計画どおりに移動支援をしよう。	A1に対する移動の支援計画どおりに移動支援をした。
午後2時30分	右に曲がらないといけない場所で,A1は,一旦,足を止めた。	同左	A1はトイレに行きたいと言っていたので,早くトイレに行きたいはずなのに,止まったので,一人では右側に方向転換できないのだろうと思った。私が,歩行器を右側へ方向転換をすればA1が自分の力でトイレ方向に進むだろう。	職員甲はA1に対して,「右側に曲がりましょうね」と声がけし,左手をA1の腰から離して歩行器を持って,歩行器を右向きに方向転換した。
方向転換した直後	A1は,歩行器の動きについていけずに,左膝が折れて,そのまま左膝を床に着く形で転倒した。	同左	A1の左膝が折れてバランスを崩したので,A1が左膝から崩れて転倒して,骨折等をするかもしれないと思った。	職員甲はすぐに両手でA1の腰を支えた。

　Oの提案を受けて,Sは,事故検討会で甲から経過を聴取してプロセスレコードを上記のように作成した。

㈠　検討手順ステップ⑤

　職員甲が上記プロセスレコードのように判断した場合,果たして,事故当時,甲の判断理由には正当性があるのかについて,Sは,事故検討会に参加した職員間で議論することを提案した。職員間で,事故事案の検討を通じて,お互いの考え方を出し合い,議論していくことが組織として重要である。

乙が、「甲は、Ａ１が、右に曲がらないといけない場所で、一旦足を止めたことに対して、Ａ１になぜ止まったのかについて理由も聴かずに、『Ａ１はトイレに行きたいと言っていたので、早くトイレに行きたいはずなのに、止まったので、一人では右側に方向転換できないのだろうと思った』というのは、そのような考え方もありうるかもしれないが、Ａ１は体重が徐々に減り体力が低下していたうえに、事故前に既に１時間程度風船バレーに参加していたので、疲れただけかもしれない。」との考え方を表明した。

　また、職員丙は、「Ａ１が止まったのは、歩行器で右側に曲がるのが苦手なので、一旦止まった後に、落ち着いて力を入れて、自分で右側に歩行器を向けるために止まったのかもしれない。」と述べた。主任Ｐは、「Ａ１が止まった理由が分からない以上、Ａ１に止まった理由を聴くべきであったし、Ａ１としては自分のペースを大切にしていたのであるから、Ａ１の意思確認なしに、職員甲が歩行器を持って進めてしまっては、Ａ１のペースが乱れて転倒する危険があったと思う。」など、いろいろな意見を出し合った。

　Ｏは、甲に対して、率直に、「事故当時、転倒リスクを検討するに当たって、重要な事実である〇年４月20日にＡ１が転倒した事故を知っていたら、今回と同じように、甲は歩行器を持って進路変更をしたか。」と、質問したところ、甲は、「２週間前に、転倒事故があったことを知っていたら、Ａ１のペースを大事にしないと転倒リスクが高まるので、今回のような支援をしなかった。」と説明した。

　確かに、甲が、検討手順ステップ①のとおりに、移動支援を実施しなかった理由には、一見合理性があるように思える。しかし、乙及び丙が言うように異なる考え方もあり得る。よって、Ａ１が止まった理由には多義的な解釈があり得る以上、Ｐが指摘するように、少なくともＡ１に止まった理由を聴くべきであったのに、聴かずに歩行器の向きを変更したのは、不適切な支援だと言わざるを得ない。

　このような議論を通して、職員の資質向上及びサービスの質の向上

第2編　事故防止

へとつなげていく必要がある。

㈹　検討手順ステップ⑥

　甲が，Ａ1に理由を聴かずに自分の勝手な解釈で判断したことに問題がある。

　しかし，事故検討会では，単に個人の問題に矮小化するのではなく，組織的な問題もチェックすべきである。検討手順ステップ①で決めていた，「Ⅰ車いすは使用せず，移動時は歩行器を使用するとともに，職員が歩行器を持って歩行器を進めたりしない」というルールは，Ａ1が常に自分のペースを大事にしていることから，絶対に，職員が歩行器を触ってＡ1のペースを乱してはいけないことや○年4月20日にＡ1が転倒した事故について，周知徹底できていなかったとすれば，組織的にも課題があることから，サービス担当者会議等で，個別支援計画の内容を関係職員がいかに理解できるようにするか，事故情報の共有の在り方などを組織として検討すべきことが重要である。

　そこで，Ｓは，チームで検討するように促した。乙から，「事故当時の支援計画のうち，Ⅰは，サービス担当者会議で決めたのであるが，そのときに，Ａ1が常に自分のペースを大事にしていることについて，チーム全体で強調して確認をしていなかったと思う。サービス担当者会議で話し合うときに，Ⅰを確認するだけで，Ⅰのように決めている根拠を明確にしてチーム全体で根拠を共有できていなかったと思う。」と述べた。

　また，丙は，「4月20日の事故報告書を作成したのは，自分であるが，特に外傷がなかったことと，パソコン入力が苦手なので手書きであったことから，すぐに作成せずに，4月27日に作成した。その日に，主任に渡して，ゴールデンウィークに入った関係もあり，5月3日当時は，まだ，事故報告書がユニットに戻ってきていなかったので，ユニット内で4月20日の事故の共有ができていなかったと思う。」と説明した。これを聴いて，甲は，「私は，支援計画Ⅰに加えて

ⅡからⅣが追加されたことは知らされていたが，なぜ，そのように
なったのかについては，知らされていなかった。私もなぜ追加された
のかなと思ったが，誰にもその理由を聴かなった。」と述べた。

　このように，チーム内でチームでの課題を検討することが重要であ
る。

㈭　その他の課題

　利用者要因の⑦事故前に１時間程度風船バレーに参加していたこと
については，風船バレーを施設内で行うことや，Ａ１が望んでいるこ
とを実施してもらえばよいことから，この点についての，介護者及び
環境要因，施設運営上の課題はない。

　しかし，⑦加齢とともに徐々に痩せてきており，体力や下肢筋力が
低下してきていたことについては，体力増強のための栄養摂取の方法
や下肢筋力増強のための体操などの方法を検討できていなかったこと
の介護者要因やその背景にある施設運営上の課題の検討も必要であろ
う。

第2編　事故防止

	利用者要因	介護者要因	環境要因
①事故のまさに原因となった理由・事情の分析	⑦加齢とともに徐々に痩せてきており，体力や下肢筋力が低下してきていたこと。 ⑦事故前に1時間程度風船バレーに参加していたこと	⑦甲が，○年4月20日にA1が転倒した事故を知らなかったこと。 ⑪A1が止まった理由が分からない以上，A1に止まった理由を聴くべきであったし，A1としては自分のペースを大切にしていたのであるから，A1の意思確認なしに，甲が歩行器を持って進めてしまったこと。 ⑦体力増強のための栄養摂取の方法や下肢筋力増強のための体操などの方法を検討していなかったこと	なし
②施設運営上の課題の分析		⑦事故報告書の作成締切日，事故報告書の共有手順。 ⑪サービス担当者会議で支援上の根拠を確認する。 ⑦サービス担当者会議などでA3に対する総合的な支援について，栄養士や機能金連指導員等の意見をも踏まえて検討する。	
再発防止策		職員個人：疑問点は他の職員に必ず聴く。栄養士や機能訓練指導員もチームの一員であるので積極的かつ主体的に意見を出す。ケアマネは総合的な支援を意識して計画を立てる。	特定の利用者：なし
		組織：チーム全体では，サービス担当者会議で支援上の根拠を確認する。法人全体では，下記の再発防止策のとおり，事故の共有方法を変更する。	利用者全体：なし

(ク)　再発防止策

　　事故検討会に参加すると，今回のように事故当時の支援計画（本来実施すべき実施手順）について変更の必要がないとき，次回からは確実に本来実施すべき実施手順どおりにやるように気をつけましょうで終わって，再発防止策が「確実に支援計画（本来実施すべき実施手順）どおりに実施する」という報告書が散見される。

　　たしかに，注意喚起は重要であるが，注意喚起だけでは再発防止策としては弱い。組織として，確実に，あるべき支援を実施するにはどのように職員をフォローすべきかという視点も重要である。その意味

では，検討手順ステップ⑥で検討してみえてきた課題，すなわち，⑰事故報告書の作成締切日，事故報告書の共有手順，㊀サービス担当者会議で支援上の根拠を確認すること，㋐サービス担当者会議などでA3に対する総合的な支援について，栄養士や機能金連指導員等の意見をも踏まえて検討することについて，さらにチームで具体的な検討が必要である。

　たとえば，⑰事故報告書の作成締切日を特別の事情がない限り事故当日に作成すること，事故報告書の作成は，共有手順は，事故報告書は介護ソフトに入力するとともに，申し送り事項にも自動的に反映させるようにして，チーム全員が閲覧した場合には必ず確認ボタンを押し，主任は全員が確認したか否かをチェックするなどの改善が必要となる。Oは，介護ソフトの導入や改善にも踏み込んで改善していくべきである。

エ　利用者が支援を拒絶した場合

㋐　トイレ内での支援を利用者が拒絶した結果，転倒事故に至った事案

　利用者が職員による支援を拒絶した後に，利用者が単独で事故に至った場合に，通所介護サービス等を運営する事業者の責任を認めたものとして，前掲横浜地裁平成17年3月22日判決がある。

　同判決は，平成14年7月1日の転倒事故につき，「Aは従前より足腰の具合が悪く，70歳のころに転倒して左大腿骨頚部を骨折したことがあり，本件施設内においても平成13年2月12日に転倒したことがあること，同年12月ないし平成14年1月ころにおけるAの下肢の状態は，両下肢の筋力低下，両下肢の麻痺，両膝痛，両膝の屈曲制限，左股関節，両膝関節及び足関節の拘縮，下腿部の強度の浮腫，足部のしびれ感，両足につき内反転気味の変形傾向などがあり，歩行時も膝がつっぱった姿勢で足を引きずるような歩き方で不安定であり，何かにつかまらなければ歩行はできなかったこと，Aの主治医においてもAの介護にあたっては歩行時の転倒に注意すべきことを強く警告

第2編　事故防止

していることからすると，本件事故当時において，Aは，杖をついての歩行が可能であったとはいえ，歩行時に転倒する危険性が極めて高い状態であり，また，Aのそのような状態について本件施設の職員は認識しており又は認識し得べきであったといえるから，事業者は，通所介護契約上の安全配慮義務として，送迎時やAが本件施設内にいる間，Aが転倒することを防止するため，Aの歩行時において，安全の確保がされている場合等特段の事情のない限り常に歩行介護をする義務を負っていたものというべきである。

　そこで，本件事故について歩行介護義務違反があったか検討するに，本件施設の介護担当職員である甲は，Aがソファーから立ち上がり本件トイレに向かう際，これに付き添って歩行介護をしたものの，Aが本件トイレ内に入った際，Aから本件トイレ内に同行することを拒絶されたことから，本件トイレの便器まで同行することを止め，Aを1人で便器まで歩かせたというのである。しかし，前記認定のとおり，本件トイレは入口から便器まで1.8メートルの距離があり，横幅も1.6メートルと広く，しかも，入口から便器までの壁には手すりがないのであるから，Aが本件トイレの入口から便器まで杖を使って歩行する場合，転倒する危険があることは十分予想し得るところであり，また，転倒した場合にはAの年齢や健康状態から大きな結果が生じることも予想し得る。そうであれば，甲としては，Aが拒絶したからといって直ちにAを1人で歩かせるのではなく，Aを説得して，Aが便器まで歩くのを介護する義務があったというべきであり，これをすることなくAを1人で歩かせたことについては，安全配慮義務違反があったといわざるを得ない。

　この点，事業者は，Aが本件トイレ入口において本件施設の職員に対し同トイレ内における介護を拒否したのであるから義務違反はないと主張する。

　確かに，要介護者に対して介護義務を負う者であっても，意思能力に問題のない要介護者が介護拒絶の意思を示した場合，介護義務を免

れる事態が考えられないではない。しかし，そのような介護拒絶の意
思が示された場合であっても，介護の専門知識を有すべき介護義務者
においては，要介護者に対し，介護を受けない場合の危険性とその危
険を回避するための介護の必要性とを専門的見地から意を尽くして説
明し，介護を受けるよう説得すべきであり，それでもなお要介護者が
真摯な介護拒絶の態度を示したというような場合でなければ，介護義
務を免れることにはならないというべきである。

　本件施設は介護サービスを業として専門的に提供する施設であっ
て，その職員は介護の専門知識を有すべきであるが，本件事故当時，
Aが本件トイレに単独で入ろうとする際に，本件施設の職員はAに対
し，介護を受けない場合の危険性とその危険を回避するための介護の
必要性を説明しておらず，介護を受けるように説得もしていないので
あるから，事業者が上記の歩行介護義務を免れる理由はないというべ
きであり，事業者の主張は採用できない。」と判示した。

(イ)　説得義務

　上記判決は，職員甲としては，利用者Aの転倒リスクが高いことを
考慮して，トイレ内でAが便器のところまで付き添いをしようとした
ところ，Aに明確に拒絶されたので，やむなくトイレの手前まで付き
添ってAから離れたのであるが，離れる際には，付き添いを断り1人
でトイレ内で移動したときには転倒のリスクが高いことを説明して，
便器までの付き添いを実施させてもらうように説得すべきと職員に説
得義務を認めた珍しい判決である。

(ウ)　転倒事故前の職員と利用者のやりとり

　甲とAのやりとりを詳しく見ておく。トイレ内での転倒事故に至っ
た経緯は次のとおりである。「平成14年7月1日，Aは，本件施設に
おいて，午後3時ころまで通所介護サービスを受けた後，同施設2階
にあるソファーに座って，送迎車が来るのを待っていたところ，特に
尿意等はなかったが，いつもどおりトイレに行っておこうと思い，杖
をついて同ソファーから立ち上がろうとした。

第2編　事故防止

　　その動作を見た甲は，Aが前かがみになりそうになったことから転
倒の危険を感じ，転倒防止のためAの介助をしようと考え，Aの側に
来て，「ご一緒しましょう。」と声をかけた。Aは，「1人で大丈夫。」
と言ったが，甲は，「トイレまでとりあえずご一緒しましょう。」と言
い，上記ソファーから本件トイレの入口までの数メートルの間，右手
で杖をつくAの左腕側の直近に付き添って歩き，Aの左腕を持って歩
行の介助をしたりAを見守ったりして，歩行の介護をした。このとき
のAの歩行に不安定さはなかった。

　　甲が本件トイレに入ろうとしたので，甲は本件トイレのスライド式
の戸を半分まで開けたところ，Aは本件トイレの中に入っていった。

　　Aは，本件トイレの中に入った段階で，甲に対し，「自分1人で大
丈夫だから。」と言って，内側から本件トイレの戸を自分で完全に閉
めた。ただしAは戸の内鍵をかけなかった。

　　このとき，甲は，「あ，どうしようかな。」と思い，「戸を開けるべ
きか，どうするか。」と迷ったが，結局戸を開けることはせず，Aが
トイレから出る際にまた歩行の介護を行おうと考え，同所から数メー
トル離れたところにある洗濯室に行き，乾燥機からタオルを取り出そ
うとした。

　　一方，戸を閉めたAは，本件トイレ内を便器に向かって，右手で杖
をつきながら歩き始めたが，2，3歩，歩いたところで，突然杖が右
方にすべったため，Aは横様に転倒して右足の付け根付近を強く床に
打ち付けた。こうして，同日午後3時30分ころ，本件事故が発生し
た。」

(エ)　意思決定支援とは

　　職員甲としては，利用者Aの転倒リスクが高いことを考慮して，ト
イレ内でAが便器のところまで付き添いをしようとしたのであるか
ら，Aに「ご一緒しましょう。」と声をかけたことに対して，Aが，
「一人で大丈夫。」と言ったとき，又は，Aが本件トイレの中に入った
段階で，甲に対し，「自分一人で大丈夫だから。」と言ったときに，A

280

に対して，トイレが広いのでAが便器のところに行くまで甲が付き添わないと，骨折により寝たきり等になる危険性が高いことを説明して，甲の介護を受けるように説得することになる。これが判決の考え方であろうが，説得は，利用者の意思の尊重とは異なり，利用者本人の意思を変更させて事業者のやり方を利用者に押しつけることになりかねないので，説得という言葉を強調するのは危険である。

支援の場で，重要となってくるのは，意思決定支援である。平成30年6月に，「認知症の人の日常生活・社会生活における意思決定支援ガイドライン」が，厚生労働省から発出された。意思決定支援とは，「認知症の人であっても，その能力を最大限活かして，日常生活や社会生活に関して自らの意思に基づいた生活を送ることができるようにするために行う，意思決定支援者による本人支援をいう。」。同「ガイドラインでいう意思決定支援とは，認知症の人の意思決定をプロセスとして支援するもので，通常，そのプロセスは，本人が意思を形成することの支援と，本人が意思を表明することの支援を中心とし，本人が意思を実現するための支援を含む。」（同ガイドライン2頁）。

(ヰ) **本件事故を例に検討**

本件の転倒事故では，「自分一人で大丈夫だから。」と甲の支援を拒絶するとの意思を表明している。一旦本人が表明した意思に対して，甲はそのとおり意思を実現して，利用者Aは，同ガイドラインの考え方を踏まえると，「甲は，「あ，どうしようかな。」と思い，「戸を開けるべきか，どうするか。」と迷ったが，結局戸を開けることはせず，Aがトイレから出る際にまた歩行の介護を行おうと考え」てAから離れている。一旦表明された本人の意思を実現することにより，転倒事故等による骨折等の危険性が高い場合のように本人の将来の生活に重大影響を及ぼす場合や他の利用者の人権を侵害するような場合には，甲は，Aに対して，トイレが広いのでAが便器のところに行くまで甲が付き添わないと，骨折により寝たきり等になる危険性が高いことを説明することになろう（同ガイドライン9頁参照）。甲としては，表明さ

第2編　事故防止

れた利用者の意思を実現することによって得られるメリットと被るデメリットを説明することが重要である。裏を返すと，職員の立場からは，職員が利用者に対してある支援を行うことによって利用者が得られるメリットと被るデメリットを考え，適宜判断していくことにつながる。職員としては，支援する際には，常に上記メリットとデメリットを検討しているのであるから，利用者に対しても職員が検討した内容を説明して，利用者に判断してもらうという姿勢が重要であろう。このように考えると，甲は，「あ，どうしようかな。」と思い，「戸を開けるべきか，どうするか。」と迷ったが，Aに対して，甲が支援することによって利用者が得られるメリットと被るデメリットを説明して，再度Aの意思を確認することなく，甲は結局戸を開けることはせずAの傍から離れてしまったことはやや配慮が足りなかったと思われる。また，甲としては，トイレの戸を開けたときに，Aにトイレの中を見てもらって，トイレ内が広く便器のところしか手すりがないことを確認してもらい，念のため便器のところまで付き添うが，Aの性的羞恥心に配慮して便器まで付き添った後はA1人で用を足してもらう旨の提案をすることも考えられる。

　ただ，トイレ内ではプライバシーが重視される空間であり，特にトイレ内に他人が入ってくることは利用者の性的羞恥心を害することであること，意思決定支援に当たっては「時期についても急がせないようにする，集中できる時間帯を選ぶ，疲れている時を避けるなどに注意すべきである」（同ガイドライン6頁）ことからすると，トイレに行きたい利用者に対して，トイレ前で上記メリットとデメリットを説明して再度Aに判断してもらう時間的余裕はないことから，現実的には事業者にとって厳しいと思われる。

(カ)　普段からの話合いが重要

　転倒等の事故を防止するには，職員は，瞬時に上記のような説明を利用者に対して行うことが重要となるので，普段から，会議等で，ある支援をすることによって利用者が得られるメリットと被るデメリッ

第3章　転倒事故

トについて話し合い，意思決定支援を踏まえた支援の在り方について
検討したり，利用者に対する支援について，利用者やその家族に対し
て，本件事故では，移動支援の在り方について，上記のようなメリッ
トとデメリットを説明した上で，利用者から表明された意思を反映さ
せた個別サービス計画書等を作成する等しておく必要がある。

⑸　見守り

ア　見守りとは

　㋐　転倒・転落事故を防止するための見守りのパターン

　転倒・転落事故を防止するための見守りには，①時間・場所・場面
が特定された限定的な範囲（イメージでは2，3分から10，20分程度。例：
利用者の歩行時の見守り。）で，直接介助はしないものの，事故が起こり
そうになったときに直ちに介助できるように，職員が1人の利用者の
傍に付き添うというパターン，②時間・場所・場面が一定程度特定さ
れた幅のある範囲（イメージでは20，30分程度から1，2時間程度。例：リ
ビングや静養室等で過ごしているときの見守り。）で，直接介助はしないも
のの，事故が起こりそうになったときに直ちに介助できる距離から，
職員が複数の利用者の様子を観察するというパターン，③利用者があ
る場所（例：居室）に滞在する時間が長時間に及ぶ場合に，事故が起
こりそうになったときにできる限り介助できるように，1，2時間置
き（間隔を置いて）に居室等に行って1人又は複数の利用者の様子を観
察するというパターン，④利用者がある場所に滞在する時間が長時間
に及ぶ場合でも，事故が起こりそうになったときに直ちに介助できる
距離から，職員が四六時中，1人又は複数の利用者の様子を観察する
というパターンが考えられる。

　㋑　常時の見守り義務は限定的な範囲で肯定される

　上記①のパターンについては，「事業者は，……亡Ａの生命及び身
体の安全を確保すべき義務を果たすため，被告医院へ通院するために
亡Ａを送迎するにあたっては，同人の移動の際に常時介護士が目を離
さずにいることが可能となるような態勢をとるべき契約上の義務を

283

負っていたものと解される」（東京地裁平成15年3月20日判決判時1840号20頁）と判示しているように，デイケアの送り時の場面など，時間・場所・場面が特定された限定的な範囲では，常時の見守り義務が肯定されている。この事案は前述のとおり，「貧血状態にあって，体重も減少傾向にあったのであるから，ささいなきっかけで転倒しやすく，また，転倒した場合には骨折を生じやすい身体状況にあった」こと，「本件事故の現場は，一部未舗装の歩道であって，必ずしも足場のよい場所ではなかったのであるから，Aが転倒する可能性があ」ったことが前提となっている。

　次に，上記②のパターンについては，通所介護サービスを利用していた「原告が，静養室での昼寝の最中に尿意を催すなどして，起きあがり，移動」した際に，静養室入口の段差（静養室は，畳敷きであり，床との段差が約四〇センチメートルあった。）から転落した事案につき，「本件事故時，被告従業員は，原告に背を向けてソファーに座っており，原告の細かな動静を十分に把握できる状態にはなく，さらに，原告の状態を確認することなく，他の被告従業員に静養室近くでの「見守り」を引継ぐこともなく，席を外して，玄関に移動してしまい，他の被告従業員は，本件事故が発生した静養室が死角となる位置で「見守り」をしていたのであるから，原告が目を覚まし移動を開始したことについても，気付く状況になく，当然，原告の寝起きの際に必要な介護もしなかった。」として，上記②のパターンの見守り義務を肯定している（福岡地裁平成15年8月27日判決判時1843号133頁）。この事案の利用者は，視力障害や認知症もあり，「本件当時九五歳で，両膝関節に変形性関節症を有しており，独立歩行は困難であったが，ものに掴まるなどしての歩行が可能であり，被告施設においても尿意を催すと自らトイレを探して歩行することがあった」にもかかわらず，静養室入口に段差（床との段差が約四〇センチメートルあった）のある静養室に寝かせていたこと等を考慮すれば，転倒事故が起きる危険性は相当程度高いといえる。それゆえ，上記②のパターンの見守り義務を肯定している

第 3 章　転倒事故

のは妥当であろう。

(ウ)　四六時中常時の見守り義務まではない

　上記④のパターンの常時の見守りについて。病院に入院中の裁判例であるが、「当直看護師は夜間、各自おおむね 5 回ほど巡回していたところ、その回数が明らかに少ないが故に不合理であるとは言い難い上、先に説示したとおり、四六時中 A を観察し続けることは不可能であるから、さらに巡回を強化したところで本件事故を防止し得るとは限らないことは明らかである。」(広島地裁三次支部平成 26 年 3 月 26 日判決判時 2230 号 55 頁) と上記④のパターンの常時の見守り義務は否定している。

(エ)　悩ましい事案

　なお、介護老人保健施設に入居後約 1 年 1 か月余りで 15 回転倒していた A に対して巡回し、事業者は事故発生日の午前 1 時、午前 2 時、午前 2 時 30 分、午前 3 時、午前 4 時、午前 5 時頃、A が就寝していたことを確認していたが、午前 5 時 30 分頃巡回したときに、A がベッドから下りて転倒していた (本件転倒事故) ことが判明した事案について、「事業者は、A が本件介護施設入所後多数回転倒しており、転倒の危険性が高いことをよく知っていたのであるから、入所利用契約上の安全配慮義務の一内容として、A がベッドから立ち上がる際などに転倒することのないように見守り、A が転倒する危険のある行動に出た場合には、その転倒を回避する措置を講ずる義務を負っていた。しかるに、事業者は、平成 21 年 7 月 17 日未明、A がベッドから立ち上がり転倒する危険のある何らかの行動 (例えば、ベッドから出て歩行する等) に出たのに、A の動静への見守りが不足したため (仮に職員による見守りの空白時間に起きたとすれば、空白時間帯に対応する措置の不足のため) これに気づかず、転倒回避のための適切な措置を講ずることを怠ったために、本件転倒事故が発生したというべきである。そうすると、事業者は転倒回避義務に違反しており、債務不履行責任を負う。」と判示した裁判例 (東京地裁平成 24 年 3 月 28 日判決判時 2153 号 40 頁) が

第2編　事故防止

ある。この事案は，見守り（巡回）を少なくとも1時間に1回実施しており，巡回の回数としては少なくないにもかかわらず，見守りが不足していると判断しているので，常時の見守りを要求したかのように思われるかもしれないが，「仮に職員による見守りの空白時間に起きたとすれば，空白時間帯に対応する措置の不足のため」と指摘しているように，転倒回避措置をとっていた場合には，結果回避義務違反を否定するように読めるので，常時の見守りを肯定したものではないと思われる。ただ，本件事業者は，上記の巡回の他に，「サービスステーションに近い部屋に変更したり，コールマットを敷いたり，ベッドに支援バーを設置したが，転倒を防止することはできなかった」とのことであるので，事業者として実施すべきことは実施したと評価することも可能だったと思われる。判例タイムズ1425号73頁では「事業者Yとしては利用者Xの転倒を回避するために相応の措置を尽くしており，Xの動静を四六時中見守り続けるのは現実的に困難であるとして，転倒回避義務違反を否定するという結論もあり得ると考えられる」と指摘している。同事案では，「事故の8日前から前日までの間に5回にわたりエプロン型又はY字帯を用いてXの下半身を拘束し，Xが落ち着くなどした後に拘束を解いていたことについて……身体拘束の違法性を否定し」ていた（判タ1425号73頁）ことから，転倒回避措置として身体拘束を念頭に置いていた可能性もあるようであるが，権利保護施設としては，身体拘束を実施することには慎重に対応すべきである。

　事業者としては，基本的には，転倒・転落事故の危険性の程度に応じて，見守りの方法を上記①乃至③のパターンから選択することになろう。

イ　食堂・リビング

　食事の場面では，窒息死等の死亡事故に至る危険性があるので，見守りを徹底すべきであるので，転倒・転落事故等の防止も兼ねて，食事及び食後しばらくの間，上記①及び②のパターンの見守りを実施すること

となる。

問題は，食事時（及び食後しばらくの間）以外の場面である。確かに，利用者が転倒・転落しそうになったときに，職員が近くにいて，利用者を支える等の対応をとれば転倒・転落事故を防ぐことは可能である。しかし，食堂・リビングでは，いつ利用者が動き出し転倒するかを具体的に予見することは困難である。裁判例も，④のパターンである24時間常時の職員の利用者に対する見守り・監視義務までは要求していない。

そこで，事業者としては，上記②のパターンの見守り義務を実施すべきか否かの検討が必要となる。肯定例は，前述の福岡地裁平成15年8月27日判決参照。職員が1人の利用者の傍に付き添うというパターン①以外の，上記②又は③のパターンの見守りのように，見守り時間が長くなる場合には，環境面の整備が重要となる。251頁参照。

ウ　居室

日常的に決まって，職員が居室に訪室して利用者に対する支援を行う場合には，その支援を確実に行う必要がある。この点の参考になるのは，福島地裁白河支部平成15年6月3日判決判時1838号116頁である。

このような場合以外には，事業者は，できる限り，利用者の生活リズムを把握して，限りのある職員体制の中で，より効果的に転倒・転落事故を防ぐべく，タイムリーに訪室等の見守り等を行う必要がある。

しかし，利用者の生活リズムに合わせてタイムリーに訪室できない場合には，頻度を決めて訪室すべきであろう。

この点で参考になるのが，東京地裁平成8年4月15日判決判時1588号117頁である。同判決は，病院に入院していたAがベッドから落ちて側頭部を床に強打し，くも膜下出血で死亡した事案について，「巡回義務の履行について……事業者は，利用者Aの平成二年七月二九日の転倒以後は，看護婦らによる巡回を更に高い頻度で行うこととし，かつ右転倒があったことを念頭に利用者Aの動きにより一層注意を払っていたと主張し，《証拠略》には，右主張にそう部分がある。しかし，右証拠によっても，どのように巡回の頻度を増やし，かつ利用者Aの動静に注意

第2編　事故防止

を払っていたかについては，曖昧で，具体性を欠き，その内容は明らか
でないと言わざるを得ない。……夜間の巡回の記録の頻度は七月二九日
の利用者Aの転落の前後で一時間ないし二時間に一度程度と変わらない
こと，特に深夜は三時間に一度程度しか巡回の記録がない日があるこ
と，……利用者Aの一度目の転落があった七月二九日以降も特に頻繁に
巡回がなされたことや，動静を注意して，転落の防止に努めた様子は窺
われず，八月七日においても，午前二時から午前四時まで利用者Aの動
静を観察したことは窺えない。以上によれば，看護婦らは，前記看護方
針に従い，頻繁に巡回し，利用者Aの転落による危険発生の防止に務め
る義務を履行していなかったと認めるのが相当であり，担当医師には右
義務履行のための具体的な看護態勢をとる指示監督義務を怠った過失が
認められる。」と判示している。9日前に転倒事故があったにもかかわ
らず，巡回の頻度を増やしていなかったり，2時間巡回を実施していな
い（3時間に1回のときもあった）ことから，巡回の回数としては少ないと
思われる。巡回の頻度に決まりはないが，転倒リスクの高い利用者に対
しては少なくも1時間に1回（事業者の結果回避義務違反は否定された前述の
東京地裁平成24年5月30日判決は，環境面の整備に加えて2時間に1回巡回をし
ていた事案である。256頁参照）の巡回をすることが望ましい。巡回だけで
はなく，環境面の整備も併せて行うべきである。

エ　トイレ

　トイレの場面でも，転倒・転落事故の危険性が相当程度ある利用者を
一旦トイレまで誘導したのであれば，その職員は，利用者がズボンやパ
ンツ等を下げて，用を済ませて，ズボンやパンツ等を上げて，居室，リ
ビング，食堂等に移動するまで，見守りを実施することになろう。

　しかしながら，転倒・転落事故として，比較的多いのは，利用者を一
旦トイレまで誘導しておきながら，職員が，トイレ内又はトイレのドア
の前から見守りをせずに，トイレから離れてしまった事案である。本書
では，このように，支援の途中で一旦利用者から離れてしまったために
発生した事故事案を離脱として，後で扱う。

288

第3章　転倒事故

オ　浴室・脱衣室

　入浴の場面では，食事の場面と同様，溺死等の死亡事故に至る危険性があるので，見守りを徹底すべきであるので，これらの場面では，転倒・転落事故等の防止も兼ねて見守りを実施することとなる。特に，トイレの場面と同様，離脱による転倒・転倒事故が発生している。

カ　まとめ

　環境の整備とともに，適切に見守りを実施していたにもかかわらず，転倒・転落事故が発生した場合には，不可避的な事故であり，事業者としては，転倒・転落事故の回避措置を尽くしたので，結果回避義務違反は認められない旨，説明するしかないように思われる。

キ　事例検討～【事例3】について：見守り

　㋐　利用者の生活リズムに合わせた見守りと2時間に1回の見守りで基本的には十分

　　基本的には，Ａ3は，歩行につき，居室内では2，3メートルであれば何かにつかまらないでもできること，入居して1年が経過しているが，転倒事故は，○年7月7日午前7時頃，居室内に設置しているポータブルトイレに行こうとして，転倒したという事故の1回のみであったこと，その転倒事故以降は，おおむね午前7時頃に起床し，その後トイレに行くことが多かったことを考慮して，Ａ3の起床時間の午前7時に訪室してモーニングケアを実施していたこと，居室で移動する場合にはナースコールを押すように繰り返しＡ3に説明していたこともあり，Ａ3は，ポータブルトイレ等へ移動する場合には，ナースコールを押して職員を呼び，職員が支援していたことから，午前6時に起床して，ナースコールを押さずにＡ3が移動して転倒したことはなかったので，2時間に1回の見守りの頻度を増やして1時間に1回の見守りを実施することまでは義務付けられていないといえる。

　　しかし，Ｏとして気になったのは，事例3の報告書には事故直近の利用者の様子，すなわち，午前5時に訪室したときのＡ3の様子が書いていないことであった。

289

第2編　事故防止

(イ)　普段とは異なる事実に着目する

　そこで，Oは，午前5時頃に訪室したときのA3の様子について確認するようにSにアドバイスした。事故当日の夜勤担当であったのは丙であったので，Sが丙に確認した。

　丙は，「午前5時頃に訪室したとき，A3は起きて端座位になっていた。いつもよりも2時間も早く起きていたので，『まだ午前5時ですから，寝ますか。』とA3に伝えたら，A3は『寝ます。』と言って，布団に入った。」との説明をした。

　普段は，午前5時頃に訪室したときに，A3は寝ていたにもかかわらず，事故当日は既に起きていたのであるから，午前7時前に，再度起きて動き出す可能性が高まっていたことが分かった。

　そこで，Sは，6つのステップに沿って，検討した。

(ウ)　検討手順ステップ①

　事故当時の計画では，就寝後の午後9時頃から起床時の午前7時頃まで，2時間に1回，たとえば，午前5時，7時頃等に訪室して見守りを実施することになっていた。

　午前5時頃のA3の様子を踏まえて，何時に転倒することは予見できないにしても，転倒の危険性が高まっているのであれば，その危険度に応じて見守りの頻度を多くすることは検討すべきである。

　この点について，率直にチームで意見を出し合うことが必要である。

　甲から，「A3は，ポータブルトイレ等へ移動する場合には，ナースコールを押して職員を呼び，職員が支援できていたことから，午前5時頃にA3が起床していたとしても，次の訪室の午前7時頃までに，A3が，布団から出てポータブルトイレに行こうとする場合には，ナースコールで呼び出してもらえるので，2時間に1回の頻度を多くする必要はなかったと思う。」と述べた。

　Oは，丙に，2時間に1回の頻度をより増やさなかった理由を聴いた。丙は，「午前5時頃，A3が既に起きていたので，午前7時頃ま

290

でにポータブルトイレに行く可能性は高まっていると思ったので，頻度を増やした方がよいかなと思った。しかし，午前6時頃は，他の利用者に対するモーニングケアがあること，Ａ3は，居室内で移動する場合には，ナースコールで呼んでくれるので，例えば午前6時頃にＡ3の居室を訪室する必要はないと思った。」と説明した。

　甲や丙のような考え方は十分に成り立つし，丙が，午前5時頃のＡ3の普段と異なる様子を踏まえて，頻度を多くするか否かを検討し，総合的に考えて判断していたので，Ｏは，2時間に1回の見守りで問題はないと皆に説明した。事例3では，見守りにつき，やるべきことを実施していたと言えるので，これ以上の検討は不要であるとした。Ｏとしては，現場の職員に対して無理なことを要求するのは禁物である。本部職員は現場のことを理解してくれない，自分達の労働環境に配慮して自分達を守ってくれていない等，現場職員が疲弊し，退職に繋がっていくからである。仮に，Ｏが転倒事故防止のために，見守り強化を主張するのであれば，夜勤帯は通常介護職員しかいないのであるから，他の職種に役割を振り分けたり，人員を増やすのも難しいことから，排泄予測機器や見守り支援システム等を採り入れて，夜勤帯の介護職員の業務負担の軽減を検討すべきである。

　なお，環境面については251頁参照。

　ただ，Ｏは，結果論であるが，前置きした上で，「丙が，午前5時頃に訪室して，Ａ3が起きて端座位になっていたのを見たときに，寝ることを促すのではなく，ポータブルトイレに行きたいかどうかについて確認した方がよかったと思う。」とコメントした。その時々で支援の方法のバリエーションを増やしていくのは大切なことなので，気になったことはアドバイスしておく方がよい。

(6)　離脱・目を離す

ア　浴室

　(ア)　浴室・脱衣室での転倒・転落事故の危険性

　　入浴の支援の場面では，浴室・脱衣室内で，職員が，転倒・転落事

第2編　事故防止

故のリスクのある利用者に対して見守りを実施することに決めていたのに，利用者を浴室・脱衣室に誘導後，職員が，着替え・滑り止めマット・下タオル・替えおむつ・パッド等を準備するために，利用者から離れている間に利用者が転倒・転落するという事故が発生しているので，職員が途中で離れることがないようにする必要がある。よって，事業者としては，上記パターン①の常時の見守りを実施すべきである。

　入浴の場面では，湯水や石けんで床が濡れる等して利用者が移動中に滑りやすくなること，湯水や石けんが利用者や職員の身体に付着して滑りやすかったり，利用者が裸であるので，利用者の身体を支えるのが難しい等の理由により転倒・転落防止のための支援が困難であること，ズボンやパンツ・おむつがはきにくいために利用者がバランスを崩しやすいこと，入浴後体調が変化することがあること，利用者が全裸である場合には，転倒により重大な事故に至る危険性が高まること等を考慮すると，転倒・転落の危険性が高まるため，浴室・脱衣室では，できる限り職員は支援の途中で利用者から離れたり目を離したりすることがないようにする必要がある。

(イ)　裁判例～洗身介助の途中での離脱（目を離す）

　上記パターン①の常時の見守り実施について，参考になるのは，青森地裁弘前支部平成24年12月5日判決ウエストロー・ジャパンである。

　i　浴室は危険な場所

　同判決は，浴室内での見守りで「介護事業者の担当者としては，<u>浴室という湯水や洗剤等により滑りやすい危険な場所</u>において，一般的に身体能力が低下し刺激に対する反応性も鈍化している高齢者に対して入浴介助を行う際には，対象者の見守りを十全に行うなどして対象者の転倒を防止する義務があるところ，上記のように，日常的な自立歩行は困難であるものの，ある程度の挙動傾向のみられる対象者については，より転倒の危険が高いといえるのであるから，自立歩行可能

な対象者に比べて更に高度の注意を払う必要があり，具体的には，対象者から目を離さないようにするとか，一時的に目を離す場合には，代わりの者に見守りを依頼したり，ひとまず対象者を転倒のおそれのない状態にすることを最優先とするなどの措置を取る義務があったというべきである。」と，浴室で特殊性を踏まえて基本的には目を離さない旨指摘している。

ⅱ　基本的には利用者から目を離さない

　「しかしながら，Aの入浴介助を担当していた甲は，Aを自らの側に移動させてその様子をうかがってはいたものの，Aを不安定なパートナー椅子に座らせたままの状態で，他の担当者に見守りを依頼することもせず（人数的に困難であったと認められるが，そのことをもって事業者の注意義務が軽減されることにはならない。），一時的にAから目を離して別の利用者の洗身を手伝っていたというのであるから，結局，事業者が上記義務に違反したことは明らかというほかはない。」と判示した。なお，同判決によれば「パートナー椅子とは，キャスター付き（ストッパーあり）のパイプ椅子であり，座部及び背部にネットが張られていて，座ったまま浴場内を移動したり，シャワーを浴びることができるものである。また，脚部と座椅子部分とが分離可能になっており，利用者を座らせたまま座椅子部分のみを4本のベルトで吊り下げて浴槽に入れることができる。パートナー椅子にはこのほかにベルトが2本着いているが，これは浴槽に入った際の身体の浮き上がり防止のためのものであり，利用者を椅子に固定するだけの拘束性はない。また，浴槽外では，座椅子部分を脚部の上に乗せて使用するが，両者を接合・固定させる器具はないので，座っている利用者は必ずしも安定した状態ではない。」とのことである。

ⅲ　Aから1メートルも離れていない場所でAに目を配りつつは不適切

　これに対して，事業者は「Aから1メートルも離れていない場所でAに目を配りつつ上記利用者の洗身介助を行っていたところ，にわか

にAが立ち上がろうとして立ち上がれず，甲が手をさしのべたが及ばず，座った体勢のまま前のめりに転倒したものである。」ことを理由に，結果回避義務を否定する旨の反論をしている。

Aから1メートルも離れていない場所でAに目を配りつつ上記利用者の洗身介助を行っていたとの反論は妥当であろうか。ここで，事故に至った経緯を見ておく。同判決によれば，Aが「浴場に入場後，甲はAの洗身を介助し，Aも手の届くところは自ら洗身した。甲はAのほかに利用者1名を担当しており，他方，もう1名の介護担当者は，残り3名の利用者を浴槽に入らせて，湯温調整などを行っていた。

そのころ，甲の担当するもう1名の利用者が，背中の洗身介助を依頼したことから，甲は，Aに対し，先に同利用者の洗身介助をするので待っているようにAに告げた。これに対しAが頷いたことから，甲はパートナー椅子を同利用者のすぐ側に移動させ，Aの様子をうかがいながら同利用者の洗身を介助していたが，やにわにAが前屈みになってパートナー椅子ごと体勢を崩した。甲は気が付いて手を伸ばしたが間に合わず，Aは右半身を下にして床面に転倒した。」とのことであった。

まず，甲は，洗身介助を2人の利用者に実施している。この時点で既に不適切であろう。私も入浴介助を行っていたが，「浴室・脱衣室での転倒・転落事故の危険性」の項で述べたとおり入浴の場面での転倒事故の危険性を十分に理解していたならば，必ず1対1の介助を実施すべきである。事業者の職員に対する入浴の場面での転倒事故の危険性に関する研修が不十分だと思われる。

また，この事案では，Aは既に一部洗身を終えてしまっており，残りの部分は甲に洗身介助をしてもらうだけであったのだから，Aとしては，早く湯船に浸かりたいとの思い（利用者の多くは早く湯船に浸かりたいと強く望んでいる）から甲の洗身介助を待てずに湯船の方に移動する，又は全身の洗身が終わったと勘違いして湯船の方に移動する可能性が高いことが予見できる。移動する可能性が高いのに，甲は，「A

第3章　転倒事故

から1メートルも離れていない場所でAに目を配りつつ」というの
も，不適切である。というのは，「浴室・脱衣室での転倒・転落事故
の危険性」の項で述べたとおり，全裸の利用者が転倒するのを防ぐた
めに手を伸ばす等で身体を支えるのは困難だからである。

(ウ)　裁判例～準備のために離脱

ⅰ　離脱するときの確認義務

　次に，いわゆるグループホームで，入浴介助のために，利用者A1
人を1階の食堂から2階のリビングへと誘導した後，入浴のための衣
類の着脱は，脱衣所の椅子に腰を掛けて行うが，甲は，このときは最
初に湯温の確認等をするため，その前にAを本件リビングの椅子に座
らせ，「ここで待っていてくださいね。」と言っただけで十分な声掛け
をせずに離れ，浴室で湯温の確認，脱衣所のマットの整えをしていた
ところ，Aはその間にトイレに行こうとして歩き出し，トイレの出入
り口付近で転倒した事案について見ておく。

　このような事案に対して「本件事故は，常々指摘されていた，Aの
常と異なる不安定歩行の危険性が現実化して転倒に結びついたもので
あるが，本件事故当時のAは，……認知症の中核症状ばかりか周辺症
状も出現していたことからすれば，多数の入居者とともに静穏に過ご
していた1階食堂からひとり離れて本件リビングに誘導されるという
場面転回による症状動揺の可能性があったこと，頻繁にトイレに行き
来する行動傾向があったこと，待機指示を理解できず，あるいはいっ
たんは理解しても忘却し，急に不穏行動や次の行動に移ることは容易
に推測が可能な状況にあり，また，ふらつき等の不安定な歩行による
転倒の危険性は常々指摘されていたところであるから，職員として
は，Aの許を離れるについて，せめて，Aが本件リビングに着座した
まま落ち着いて待機指示を守れるか否か，仮に歩行を開始したとして
もそれが常と変わらぬ歩行態様を維持し，独歩に委ねても差し支えな
いか否か等の見通しだけは事前確認すべき注意義務があったというべ
きであり，それ自体は，通常の本件施設における見守り（安全確認）

第2編　事故防止

と異なる高度な注意義務を設定するものとはいえない（もとより回避可能性を否定すべき事情もない。）。よって，本件施設職員には，Aの上記のような特変の有無を確認すべき注意義務があったのに，これを怠ったという安全配慮義務違反があったというのが相当であ」ると判示した（大阪高裁平成19年3月6日判決賃金と社会保障1447号54頁）。基本的には誘導した以上，支援の途中で離れるべきではない。湯温の確認，脱衣所のマットの準備は，誘導前に終わらせるのは当然であり，職員研修が不徹底であると思われる。

ⅱ　認知症高齢者に対する支援の在り方として参考

次に，この事案は認知症高齢者に対する支援の在り方として参考になる。「多数の入居者とともに静穏に過ごしていた1階食堂から」，「ひとり」だけ，「離れて本件リビングに誘導され」た上に，職員までも離れてしまったのだから，利用者は場面転回を理解できずに不安を抱いたはずで，誰もいない寂しいリビングから一刻も早く逃げ出したかったであろう。

また，Aは極めて頻繁に居室とトイレを行き来する傾向があることが主治医意見書で指摘されており，一般的にも「認知症高齢者の場合，トイレ動作には多くの遂行課題（姿勢制御，衣類の着脱，方向転換等）が含まれるために，尿意等の感じ方が通常よりも遅いと，「間に合わない」との思いから，本人の能力を超えた歩行等を行いやすく，そのために転倒する可能性が高くなると指摘されている」ところ，甲は，わざわざリビングに行く途中で「Aに対しトイレに行くかどうかを尋ねたが，Aは行くとは答えなかった。」のであるから，Aにはトイレに行かねればならないとの思いだけが残った（認知症があるとのことで全ての短期記憶が保持できないのではなく，本人の興味関心事は強く記憶に残ることがある。）ために，トイレへ行こうとした可能性もある。

甲は，これらのことを理解しておれば，Aから離れなかったであろう。

ⅲ　どうしても離脱せざるを得ないとき

第3章　転倒事故

　甲が，他の職員に応援を求めて，Aに付き添ってもらうか，湯温の確認，脱衣所のマットの準備をしてもらうことができないとき，又は，再度，Aを食堂等の他の職員がいる場所まで誘導した後に，湯温の確認，脱衣所のマットの準備をしてから，今度は脱衣所まで誘導できないような場合で，どうしてもAの許から離脱せざるを得ないときは，どうすればよかったのだろうか。「職員としては，Aの許を離れるについて，」リビングから数メートル離れた位置（できればAから見えない位置）から，Aを10秒程度でも観察して「せめて，Aが本件リビングに着座したまま落ち着いて待機指示を守れるか否か」（Aが座ったまま動きそうにない），「仮に歩行を開始したとしてもそれが常と変わらぬ歩行態様を維持し，独歩に委ねても差し支えないか否か等」を確認して，転倒・転落の危険性が低いと職員が判断すべきであった。

　離脱による転倒・転落の事故報告書を読んでいると，職員が利用者のもとを離れるときに，しばらく利用者の様子を観察して，そのときの利用者の姿勢，仕草や行動等，及びそのときの利用者の周りの環境等，転倒・転落の危険性が低いと職員が判断した根拠となる具体的事実が何も書いていない報告書が散見される。転倒・転落の危険性が高い利用者のもとを離れる場合には，職員としては，転倒・転落の危険性が高いまま離脱することは，利用者の転倒・転落事故を誘発することになるので，転倒・転落の危険性が低くなっていたことを示す具体的事実の記載が重要となる。

イ　トイレ

　㋐　トイレ内での転倒・転落事故の危険性

　排泄の支援の場面でも，職員が，転倒・転落事故のリスクのある利用者に対して，トイレ内で見守りを実施すると決めていたのに，利用者をトイレ内に誘導後，職員が，着替え・替えおむつ・パッド等を準備するため，尿や便で服が汚れたので着替えを準備するため，他の利用者の支援をするため，などの理由で，利用者から離れている間に利用者が転倒・転落するという事故が発生している。

297

第2編　事故防止

　トイレは，食堂・リビング・居室等とは異なり，長く滞在している場所ではないため，利用者としては用が終わればすぐに移動することが多いこと，車いすや歩行器等の福祉用具が適切な位置に置かれていないためや車いすのブレーキがかかっていないために，それらに移動・移乗するまでに転倒・転落することがあること，尿で床が濡れて滑りやすくなること，パンツやズボン等の上げ下ろしの際にバランスを崩しやすいこと，ズボン等を適切に履けていないために通常どおり歩行できないこともあること，排便・排尿の後体調が変化することがあること等を考慮すると，トイレに行く前よりも転倒・転落の危険性が高まるため，できる限り職員が途中で利用者から遠く離れることがないようにする必要がある。

　よって，事業者としては，職員が，利用者がトイレに留まっている間は常に1対1で見守りを継続して実施することができるように，上記のような準備物を事前に確実に用意しておく，又は，着替え等を取りに行ってもらうために他の職員に応援を依頼するなどの対策をとる必要がある。もっとも，忘れた準備物を取りに行くためにその場を離れざるを得ない場合には，離れる際に，準備物をとりに行くので，その間，便座等に座って待っていてほしい旨伝えるとともに，数メートル程度離れたところから，利用者の状態を目視し，利用者が立ち上がろうとする動作がないことを確認した上で，利用者の傍から離れる等，職員が利用者から離れる際に，転倒・転落リスクが低い事実を確認したので，リスクが低いと判断したことを説明できるようにしておく必要がある。

　より悩ましいのは，トイレに行く時間が集中することもあるので，他のトイレからもコールが鳴り他の利用者の対応をするために，離れざるを得ない場合もある。人材確保が困難な状況では，職員のマンパワーだけでは限界がある。その限界を補うのは，環境整備である。利用者が立ち上がったり，移動したり，などのことを想定して，離れるときに，車いす等の移動手段となる福祉用具の位置・角度等，トイ

に設置又は用意されている前傾姿勢支持テーブルや手すり等を適切に
セットする等の環境整備も必要となる。

ウ　事例検討～【事例2】について

司会Sが，次のとおり，検討手順ステップ①乃至③を整理した。

(ア)　検討手順ステップ①

　事故当時のあるべき手順は，便器での座位が長くなるときであって
も，トイレに誘導した職員は傍を離れず見守りを継続することになっ
ていた（検討手順ステップ①）。

(イ)　検討手順ステップ②・③

　午後2時頃に，Ａ2をトイレⅠへ車いすを押して誘導したが，午後
2時5分頃，その場を離れた（検討手順ステップ②）。

　よって，便器での座位が長くなるときであっても，トイレに誘導し
た職員は傍を離れず見守りを継続することになっていたのに，トイレ
から離れたことになる（検討手順ステップ③）。

(ウ)　検討手順ステップ④～「認識が甘かった。焦っていた。」

　Sは，乙に対して，「午後2時頃に，Ａ2をトイレⅠへ車いすを押
して誘導した後，午後2時5分頃まではトイレ内で付き添っていたの
に，その場を離れた理由を，教えてください。」と質問した。

(エ)　「認識が甘かった。焦っていた。」などの簡単な原因分析で終わら
せない

　当初，乙は，「認識が甘かった。焦っていた。」と説明した。事故報
告書を読んでいると，原因分析に，「認識が甘かった。焦っていた。」
とだけ書いてあるものが散見される。このような原因分析では，意味
がない。「認識が甘かった。」のであれば，なぜ，認識が甘かったと言
えるのか，その具体的な内実を明らかにしていく必要がある。甘かっ
たとは，どのような事実に基づいてどのような判断をしたことが甘
かったのかを検討すべきである。「焦っていた。」というのは，具体的
に何について焦っていたのか，また，なぜその焦りが生じたのかを明
らかにしていく必要がある。

299

第2編　事故防止

　【事例2】から離れて，事故原因について，よく「焦っていた。」ことを理由にしている報告書があるが，焦っていると自覚した職員は，焦っているときは，ミスが生じやすいので，ミスをしてはいけないと思い，より慎重に注意をして，ミスを防ごうと行動する職員もいる。焦ってミスをするのは，慎重に欠ける他の理由があるはずである。この理由を分析する必要がある。慎重さに欠けた理由には，自分はミスをするはずがないのでそもそもミスによる事故をまったく想定していない場合が多い。

　そこで，Oは，Sに対して，「認識が甘かった。焦っていた。」のそれぞれについて，さらに内容を具体的に検討するように助言した。検討手順ステップ④では，なぜ・なぜ……を続けていき原因を掘り下げ，真の原因にたどり着くことが重要である。

㈡　判断根拠を検討する

　まず，「認識が甘かった。」という点については，乙の判断根拠が問題となるので，Sは，上記検討手順ステップ①とは異なる支援を行った根拠を職員乙から聴取することが重要である。プロセスレコードを活用して乙の判断根拠を検討したところ，次の表の通りであった。

300

時間	α 利用者の言動・状況	β 職員が認識していた事実	γ 職員が感じたり，考えたりしたこと（評価）	δ 職員が実施した内容
午後2時頃	A2はリビングで過ごしていた。	・左の事実。 ・A2は，おおむね午後2時頃にトイレに行くことが多いこと。 ・〇年1月25日に，職員がトイレへ誘導した後，A2がトイレ内で，転倒したという事故があったこと。 ・試験計画では，便器での座位が長くなるときであっても，トイレに誘導した職員は傍を離れず見守りを継続することになっていたこと。	午後2時頃になったので，A2をトイレに誘導して，A2に対する支援計画どおりに移動支援をしよう。	A2に対して，トイレまで誘導して，トイレ内で付き添っていた。
午後2時5分頃	A2は，午後2時5分頃，「出るのにまだ時間がかかる。」と言った。	・左の事実。 ・A2は，立位保持が困難。 ・手すりを持ちながら腰を上げて移乗できるときもある。 ・職員の指示を忘れてしまい動き出すことあり。 ・車いすを，ブレーキをかけて便器に対して45度程度の角度でとめた。 ・離れた直後トイレのドア付近でA2の様子をみたとき，じっと便座に座っており，動く気配がなかったこと。	A2は，〇年1月25日にトイレ内で転倒事故があったこと，職員の指示を忘れて，手すりを持ちながら腰を上げて移乗することも考えられるので，自分が離れると，転倒の危険性は十分にある。しかし，同時間帯は，他にもトイレ誘導や排泄支援が必要な利用者がいること，「出るのにまだ時間がかかる。」と言っているので，他の利用者に対する支援の必要からこれ以上の付き添いは厳しい。他方，離れた直後トイレのドア付近でA2の様子をみたとき，じっと便座に座っており，動く気配がなかったので，すぐに動き出して転倒する危険性は低いと思い，他の利用者に対する支援を優先した。	職員乙はA2に対して「終わったらA2さんの左横にあるこのケアコールを必ず押して職員を呼んでください。」と伝えて，A2の様子を確認して，トイレから離れた。
午後2時10分頃	A2が，トイレから「誰か。助けて〜」と大きな声で叫んだ。	同左	A2が，トイレ内で転倒したのかもしれないと思った。	乙は，急いでトイレ内に駆け付けた。

　(カ)　焦りの理由を明らかにする

　　　次に，Sは，乙に対して，「焦っていた。」ことについては，その理

第2編　事故防止

由について質問した。乙は、「午後2時頃に排泄支援をしなければならない他の利用者がリビングにいたこと、その利用者は乙などの利用者をトイレに誘導すると、自分もトイレに行きたいと思って、歩き出すので、転倒防止のために、歩行介助をする必要があったこと、リビングには乙一人しかいなかったので、一旦戻って他の数人の利用者の様子を観察しておきたかったので、早くリビングに戻らなければならないと思った。」から、焦っていたということであった。

(キ)　検討手順ステップ⑤

　リビングに乙1人しかいない状況で、リビングには他に数人の利用者がいたこと、そのうち、1人にも転倒事故の危険性があったことから、Oが、乙の表の判断はやむを得ないと思った。

　ただ、Oは、リビングに職員1人しかいない状況を作り出したことが問題であるので、他職種との役割分担により介護職に対する業務の偏りを改善する、掃除、洗濯などの間接業務の負担軽減、転倒事故が発生しやすい時間帯のパートタイマーの職員配置など、業務改善をしていくことを宣言した。これらの点については、検討手順ステップ⑥として、業務改善に向けて職員から様々な意見を出し合ってもらえばよい。

(ク)　車いすの位置

　Pは、乙の説明を聴いていて、ある疑問が生じていた。乙は、A2を便座に座ってもらうときに、乙は、A2を前から抱きかかえて、車いすから便座に移乗したはずである。だから、乙は、車いすを、A2が便座に座った状態から見て右側に45度程度の角度でとめたはずである。また、乙が、A2を前から抱きかかえるには、手すりと車いすとの間にA2以外に乙が入るだけの距離が必要であったので、少なくとも50センチメートル程度は離していたはずである。乙はトイレから離れるときに、車いすの位置を動かしていないのだから、A2が、自分の左側に設置されている手すりを手で持ちながら腰を上げて、車いすへ移乗したとしたら、A2は腰を下げて、車いすの座面に座るこ

302

とができないと思った。Ｐは，乙がトイレから離れるのであれば，Ａ
２が，手すりを持ちながら腰を上げて立った後，車いすへ移乗できる
位置に，車いすを手すりに近づけるとともに，便器にほぼ直角になる
ように，設置することが必要であったと考えた。

　Ｐは，上記のことを説明した。

　そこで，司会Ｓが，上記の点を踏まえて，次のとおり，検討手順ス
テップ①乃至③を整理した。

㈮　検討手順ステップ①

　Ａ２が，手すりを持ちながら腰を上げて，車いすへ移乗できるよう
に，車いすを便器に近づけるとともに，便器にほぼ直角になるよう
に，設置すること（検討手順ステップ①）。

㈯　検討手順ステップ②・③

　車いすを，Ａ２が便座に座った状態から見て右側に４５度程度の角
度で，手すりから少なくとも５０センチメートル程度は離して設置し
た（検討手順ステップ②）。

　よって，要約すると，便座と車いすの角度，及び手すりと車いすの
距離の点であるべき手順を守れていなかったことになる（検討手順ス
テップ③）。

㈱　検討手順ステップ④

　事故当時も支援計画は，便器での座位が長くなるときであっても，
トイレに誘導した職員は傍を離れず見守りを継続することだったの
で，職員から，トイレ内から離れることを想定していなかったため，
検討手順ステップ①のようなことを決めていなかった。それゆえ，乙
は，検討手順ステップ①どおりに車いすを設置できなかったとしても
やむを得ない。

　そこで，Ｓは，なぜ，前回の転倒事故の検討の際に，○年１月２５
日に，職員がトイレＩへ誘導した後，職員がトイレから離れている間
に，Ａ２がトイレＩ内で，転倒したという事故があったことを踏まえ
て，便器での座位が長くなるときであっても，トイレに誘導した職員

第2編　事故防止

は傍を離れず見守りを継続することになっていたという支援計画だけ
で，トイレから職員が離脱することを想定していなかったのかについ
て検討した。

　よくありがちなのは，事故を踏まえた再発防止策が，無理な内容に
なっている場合である。確かに，前回の転倒事故を防ぐためには，便
器での座位が長くなるときであっても，トイレに誘導した職員は傍を
離れず見守りを継続するのは確実であろう。しかし，現実的に実現可
能かどうかは別の問題である。乙が今回判断したように，限りある人
員体制の中で，同じ時間帯にトイレに行く利用者が重なることはよく
あることである。また，トイレでもリビングでも転倒事故は発生す
る。このように，非常に厳しい現実の中で，多くの利用者に対して公
平にサービスを提供していくためには，マンパワーだけでは限界があ
る。その限界を補うのが環境整備である。

　現場の職員が，マンパワーだけでは限界があると感じながら，自ら
マンパワーに頼ってしまうのは，権利侵害施設が，介護事故は，介護
職の問題に矮小化して，介護職だけに検討させて，業務改善等の組織
的な課題にはまったく目を向けようとしないからであろう。それゆえ
にこそ，検討手順ステップ⑥は重要である。

　そこで，Ｏは，なぜ，車いすの置き方にまで配慮できなかったの
か，又は，車いすの置き方などの環境面をも考慮して再発防止策を検
討するには，何が必要であるのか等について，皆で意見を出し合って
欲しいと説明した。

(シ)　検討手順ステップ⑥

　乙が，「Ｐが説明してくれたように車いすの置き方にまで頭が及ば
なかったのは，トイレ内での車いすから便座へも移乗介助のマニュア
ルは，写真付きで解説しているマニュアルもあり，研修も受けている
が，利用者が支援を受けられないときに，１人で安全に便座から車い
すへ移乗できるためのマニュアルもなければ研修を受けたことがな
かったからだ。」との意見が出た。

304

Pは，「自分は，利用者が支援を受けられないときに，1人で安全に便座から車いすへ移乗できるための車いすの置き方等について，勉強していたので，知っていたが，他の職員に助言をしていなかった。前回の事故のときに，環境面も含めて，意見を出すべきであった。」と説明した。

Oは，「トイレ内での利用者の身体の状況に合わせた車いすの置き方などは，法人全体に共通することであるので，写真付きで解説したマニュアルの作成，研修をしていきたい。」と説明した。

⒮　再発防止策

基本的には，トイレに誘導した職員は傍を離れず見守りをする。ただ，数分経過しても，いまだ排泄が完了しないと認められる場合には，A2が，手すりを持ちながら腰を上げて，車いすへ移乗できるように，車いすを便器に近づけるとともに，便器にほぼ直角になるように，設置するとともに，職員がトイレから離れる際に，A2が便座から動きそうにないことを確認した上で離れること，この方法がA2に適しているかどうかをトイレ内でA2に実施してもらい確認すること，業務マニュアルの改善，研修の実施，などを立てた。他に，業務改善を法人内にプロジェクトチームを作って組織的に検討することも計画の中に入れた。

判例索引

最高裁平成22年1月26日第三小法廷判決民集64巻1号219頁 ……………………… 13, 16, 46

東京高裁昭和52年7月15日判決判タ360号160頁………………………………………… 120
大阪高裁平成19年3月6日判決賃金と社会保障1447号54頁………………… 205, 218, 296
福岡高裁平成24年12月18日判決賃金と社会保障1591・1592号121頁 ……………… 230
大阪高裁平成25年5月22日判決判タ1395号160頁 ……………………………………… 184

東京地裁平成8年4月15日判決判時1588号117頁 ……………………………………… 287
横浜地裁川崎支部平成12年2月23日判決賃金と社会保障1284号43頁………………… 157
横浜地裁平成12年6月13日判決賃金と社会保障1303号60頁………………………… 167
東京地裁平成15年3月20日判決判時1840号20頁………………………… 229, 232, 233, 284
福島地裁白河支部平成15年6月3日判決判時1838号116頁 …………………… 221, 224, 287
福岡地裁平成15年8月27日判決判時1843号133頁 ……………………………… 227, 284
神戸地裁平成16年4月15日判決賃金と社会保障1427号45頁………………………… 160
名古屋地裁平成16年7月30日判決賃金と社会保障1427号54頁………………… 167, 168
横浜地裁平成17年3月22日判決判タ1217号263頁……………………………… 227, 277
東京地裁平成17年6月7日判決ウエストロー・ジャパン……………………… 230, 270
福岡地裁平成19年6月26日判決判1277号306頁 ……………………………………… 183
大阪地裁平成19年11月7日判決判時2055号96頁 ……………………………………… 252
松山地裁平成20年2月18日判決判タ1275号219頁 ……………………… 92, 161, 180
名古屋地裁一宮支部平成20年9月24日判決判時2035号104頁 ………………………… 159
神戸地裁伊丹支部平成21年12月17日判決判タ1326号239頁 …………………… 222, 257
東京地裁平成22年7月28日判決判時2092号99頁………………………………… 162, 189
岡山地裁平成22年10月25日判決判タ1362号162頁 ……………………………………… 228
東京地裁立川支部平成22年12月8日判決判タ1346号199頁 ………………………… 184
東京地裁平成23年6月14日判決ウエストロー・ジャパン……………………………… 254
東京地裁平成24年1月16日判決ウエストロー・ジャパン……………………………… 182
東京地裁平成24年3月28日判決判時2153号40頁………………………………………… 285
福岡地裁大牟田支部平成24年4月24日判決賃金と社会保障1591・1592号101頁 ……… 231
東京地裁平成24年5月30日判決自保ジャーナル1879号186頁 ……… 93, 211, 252, 255, 259
京都地裁平成24年7月11日判決ウエストロー・ジャパン……………………………… 259

判例索引

東京地裁平成24年11月13日判決ウエストロー・ジャパン‥‥‥‥‥‥‥‥‥‥‥‥‥ 109
東京地裁平成24年11月15日判決判タ1388号264頁 ‥‥‥‥‥‥‥‥‥‥‥‥‥‥‥ 218
青森地裁弘前支部平成24年12月5日判決ウエストロー・ジャパン‥‥‥‥‥‥‥‥‥ 292
東京地裁平成25年5月20日判決判時2208号67頁‥‥‥‥‥‥‥‥‥‥‥‥ 210, 212
広島地裁三次支部平成26年3月26日判決判時2230号55頁‥‥‥‥‥‥‥‥‥‥‥ 285
松山地方裁判所平成26年4月17日判決判例秘書‥‥‥‥‥‥‥‥‥‥‥‥‥‥‥‥ 185
東京地裁平成26年9月11日判決判1422号357頁 ‥‥‥‥‥‥‥‥‥‥‥‥‥‥‥ 166
東京地裁平成26年11月27日判決ウエストロー・ジャパン‥‥‥‥‥‥‥‥‥‥‥‥ 258
福岡地裁田川支部平成26年12月25日判決判時2270号41頁‥‥‥‥‥‥‥‥‥‥‥ 176
東京地裁平成26年12月26日判決ウエストロー・ジャパン‥‥‥‥‥‥‥‥‥‥‥‥ 248
大阪地裁平成27年9月17日判決判時2293号95頁‥‥‥‥‥‥‥‥‥‥‥‥‥‥‥ 182
横浜地裁平成30年3月22日判決判時2391号68頁‥‥‥‥‥‥‥‥‥‥‥‥‥‥‥‥ 5

事項索引

【数字】
6つのステップ ……………… 137, 138

【アルファベット】
PDCA サイクル ………………………… 79

【あ行】
あ　アンガーコントロール ……………… 67
　　安全配慮義務 …………………………… 93
い　意思決定支援 ………………………… 280
　　居宅・施設サービス計画書 ………… 12
　　一時性 ……………………………… 40, 51
　　「著しい」又は「著しく」 ………… 53
　　著しく ……………………………… 74, 77
　　移動の自由 …………………………… 206
　　違法性阻却事由 ……………………… 38
え　嚥下の仕組み ………………………… 156

【か行】
か　介護記録 ……………………………… 15
　　介護事故 ……………………………… 85
　　介護者要因 …………………………… 114
　　介護等放棄（ネグレクト） ………… 24
　　改善計画 …………… 21, 34, 51, 63, 80
　　過失 ……………………………… 90, 91
　　過失責任主義 ………………………… 131
　　環境要因 ……………………………… 114
　　看護記録 ……………………………… 17
　　監査（立入検査等） ……… 56, 58, 59, 60
き　虐待の本質 …………………………… 28

業務マニュアル …………………………… 144
緊急性の判断 ……………………………… 209
け　経済的虐待 …………………………… 24
　　結果回避可能性 ……………………… 137
　　結果回避義務違反 …………………… 91
　　原因分析の組織的検討 ……………… 124
こ　工作物の瑕疵 ………………………… 224
　　誤嚥 …………………………………… 154
　　誤嚥事故の特徴 ……………………… 91
　　誤嚥事故の予見可能性 ……………… 161

【さ行】
さ　サービス計画の見直し ……… 145, 146
　　サービス担当者会議 ………………… 146
　　サービスを受ける権利（機会） …… 76
　　再発防止策 …………………………… 144
し　事故報告書 ………………… 108, 239
　　事実調査・確認 ………………… 8, 106
　　事前通知 ……………………………… 57
　　実地指導 …………………………… 56, 59
　　社会的弊害 …………………………… 36
　　謝罪 ………………………… 102, 121
　　食材・食事形態の選択 ……………… 165
　　食材の選択 …………………………… 166
　　食事姿勢の確保 ……………………… 175
　　職務上の義務 …………………… 73, 77
　　身体拘束 ……………………………… 36
　　身体拘束廃止未実施減算 …………… 38
　　身体的虐待 ………………… 24, 29, 30
　　身体的弊害 …………………………… 36

309

事項索引

人的環境の整備 ……………… 93
心理的虐待 …………… 24, 53, 54
せ　精神的弊害 ………………… 36
性的虐待 ……………………… 24
説得義務 ……………………… 279
切迫性 …………………… 39, 49
説明 …………………… 102, 117
そ　組織的課題 …………… 21, 69, 81
尊厳 ……………………… 64

【た行】
た　立入調査 …………………… 56, 62
立場の相互互換性 …………… 67
て　転倒事故の特徴 …………… 91
転倒事故の予見可能性 ……… 214
転倒・転落型の特徴 ………… 203

【な行】
に　任意調査 …………………… 56, 59
ね　ネグレクト ………………… 73, 75

【は行】
は　ハインリッヒの法則 ……… 128, 163
判断根拠 ……………………… 140

ひ　非代替性 ………………… 40, 50
ヒヤリハットと事故の区別基準
…………………………………… 129
ふ　物的環境の整備 …………… 93
ほ　暴行 ………………………… 29
法領域の相対性 ……………… 31
補償 …………………………… 121

【ま行】
み　見舞金 ……………………… 122
見守り体制 ………………… 181
見守りのパターン …………… 283

【や行】
ゆ　誘発事例 …………………… 226
よ　養介護事業 ………………… 24
養介護施設 ………………… 24
様子観察 …………………… 211
予見可能性 ……………… 91, 131

【ら行】
り　離脱 ………………… 292, 295
利用者要因 ………………… 113
ろ　録音 …………………… 103, 119

310

著 者 略 歴

松宮　良典（まつみや　よしのり）

ふくろう法律事務所（大阪府高槻市）。弁護士。介護支援専門員。

大阪弁護士会，高齢者・障害者総合支援センター「ひまわり」運営委員，高齢者・障がい者施設の顧問・第三者委員などを務める。

ホールヘルパー（訪問介護）の相談員，デイサービス（通所介護）の相談員，ケアマネジャー，総合高齢者福祉施設副施設長を経て，弁護士となる。

事例詳解　介護現場における
虐待・事故の予防と対応

2019年10月16日　初版発行

著　者	松	宮	良	典
発 行 者	和	田		裕

発行所　日 本 加 除 出 版 株 式 会 社

本　　社　郵便番号171‐8516
　　　　　東京都豊島区南長崎3丁目16番6号
　　　　　ＴＥＬ　(03)3953‐5757(代表)
　　　　　　　　　(03)3952‐5759(編集)
　　　　　ＦＡＸ　(03)3953‐5772
　　　　　ＵＲＬ　www.kajo.co.jp

営 業 部　郵便番号171‐8516
　　　　　東京都豊島区南長崎3丁目16番6号
　　　　　ＴＥＬ　(03)3953‐5642
　　　　　ＦＡＸ　(03)3953‐2061

組版・印刷　㈱亨有堂印刷所　／　製本　牧製本印刷㈱

落丁本・乱丁本は本社でお取替えいたします。
★定価はカバー等に表示してあります。
©2019
Printed in Japan
ISBN978‐4‐8178‐4591‐7

JCOPY〈出版者著作権管理機構　委託出版物〉
　本書を無断で複写複製（電子化を含む）することは，著作権法上の例外を除
き，禁じられています。複写される場合は，そのつど事前に出版者著作権管理
機構（JCOPY）の許諾を得てください。
　また本書を代行業者等の第三者に依頼してスキャンやデジタル化することは，
たとえ個人や家庭内での利用であっても一切認められておりません。

〈JCOPY〉　ＨＰ：https://www.jcopy.or.jp，e-mail：info@jcopy.or.jp
　　　　　電話：03-5244-5088，ＦＡＸ：03-5244-5089

改訂版 Q&A 高齢者施設・事業所の法律相談
介護現場の77問

商品番号：40587
略　号：高事

介護事業法務研究会 編

2019年10月刊 A5判 548頁 本体5,200円+税 978-4-8178-4953-1

- 高齢者施設・事業所で生じる問題を網羅し、法的対処をQ&Aでコンパクトに解説した、適切な事業運営と紛争予防に不可欠な一冊。
- 利用者や介護事業者をめぐる法律や制度の変化に対応した、待望の改訂版。
- 旧版で好評だった介護事故の裁判例一覧もさらに充実（44裁判例→55裁判例）。

実例 弁護士が悩む 高齢者に関する法律相談
専門弁護士による実践的解決のノウハウ

商品番号：40696
略　号：弁高相

第一東京弁護士会法律相談運営委員会 編著

2017年11月刊 A5判 384頁 本体3,600円+税 978-4-8178-4432-3

- 「難しい問題」に直面したときに、「採るべき方策」は何か？、「専門弁護士」は何を考え、どのように事件を解決するのか？高齢者に関する弁護士実務の「実践的」手引書。
- 事件の概要図とともに「本相談のポイント」を明示した26事例を収録。

日本加除出版

〒171-8516　東京都豊島区南長崎3丁目16番6号
TEL（03）3953-5642　FAX（03）3953-2061（営業部）
www.kajo.co.jp